U0617608

权威・前沿・原创

皮书系列为
"十二五" "十三五" 国家重点图书出版规划项目

BLUE BOOK

智库成果出版与传播平台

山东社会科学院创新工程重大项目

山东蓝皮书
BLUE BOOK OF SHANDONG

山东经济形势分析与预测（2021）

THE ANALYSIS AND FORECAST OF SHANDONG'S ECONOMY(2021)

主　编／李广杰

副主编／刘晓宁　袁爱芝

社会科学文献出版社
SOCIAL SCIENCES ACADEMIC PRESS (CHINA)

图书在版编目（CIP）数据

山东经济形势分析与预测 . 2021/李广杰主编 . --
北京：社会科学文献出版社，2021.8
（山东蓝皮书）
ISBN 978 - 7 - 5201 - 8708 - 4

Ⅰ. ①山⋯　Ⅱ. ①李⋯　Ⅲ. ①区域经济 - 经济分析 -
山东 - 2020②区域经济 - 经济预测 - 山东 - 2021　Ⅳ.
①F127. 52

中国版本图书馆 CIP 数据核字（2021）第 146547 号

山东蓝皮书

山东经济形势分析与预测（2021）

主　　编／李广杰
副 主 编／刘晓宁　袁爱芝

出 版 人／王利民
组稿编辑／宋月华
责任编辑／韩莹莹
文稿编辑／李小琪 等

出　　版／社会科学文献出版社·人文分社（010）59367215
　　　　　地址：北京市北三环中路甲 29 号院华龙大厦　邮编：100029
　　　　　网址：www. ssap. com. cn
发　　行／市场营销中心（010）59367081　59367083
印　　装／天津千鹤文化传播有限公司

规　　格／开　本：787mm×1092mm　1/16
　　　　　印　张：21　字　数：343 千字
版　　次／2021 年 8 月第 1 版　2021 年 8 月第 1 次印刷
书　　号／ISBN 978 - 7 - 5201 - 8708 - 4
定　　价／138.00 元

本书如有印装质量问题，请与读者服务中心（010 - 59367028）联系

主要编撰者简介

李广杰　山东社会科学院国际经济研究所所长、研究员。主要研究领域为区域经济、对外经济、生态经济。入选"齐鲁文化英才"、山东省智库高端人才入库专家。主要社会兼职："山东省经济形势分析与预测软科学研究基地"副主任、山东省政府研究室特邀研究员、山东省政协经济委和社法委特聘专家、山东省服务贸易协会专家咨询委员会副主任委员、山东省"一带一路"研究中心专家委员会委员、中国亚洲太平洋学会常务理事、中国生态经济学会常务理事、齐鲁工业大学硕士生导师。

刘晓宁　经济学博士，山东社会科学院国际经济研究所副研究员，中国社科院世经政所博士后，山东省工商联参政议政委员会、山东省服务贸易协会专家委员会特约专家，山东省贸促会专家库成员，山东青年政治学院产业教授，入选山东省理论人才"百人工程"。主要研究领域为国际经济与贸易、跨国投资。主持国家社科基金项目2项、山东省社科基金项目4项，出版学术专著2部，发表学术论文30余篇。

袁爱芝　山东社会科学院智库研究中心副主任、副研究员，山东省经济学会理事。主要研究领域为区域经济、生态经济。主持山东省社科规划项目2项，在《生态经济》等学术期刊发表论文10余篇，参编多部著作。

前　言

2020 年，是极不平凡的一年。面对突如其来的新冠肺炎疫情、世界经济深度衰退等多重严重冲击，山东全省上下坚持以习近平新时代中国特色社会主义思想为指导，全面落实党中央、国务院和省委、省政府各项决策部署，坚持稳中求进工作总基调，贯彻新发展理念，统筹推进新冠肺炎疫情防控和经济社会发展，创新实施八大发展战略，强力推进九大改革攻坚，以落实"六保"、促进"六稳"，守住了疫情防控底线，经济运行第 2 季度实现企稳反弹，整体呈现稳步复苏态势，全年生产总值增长 3.6%、规模以上工业增加值增长 5%、固定资产投资增长 3.6%、外贸进出口总额增长 7.5%、实际使用外资增长 20.1%，分别比全国平均水平高出 1.3 个、2.2 个、0.7 个、5.6 个、15.6 个百分点，新旧动能转换初见成效，高质量发展积厚成势，人民福祉水平持续提升，全面建成小康社会取得决定性进展。2020 年，山东在较短时间内有效控制疫情，恢复生产生活秩序，并使经济发展逐渐回归正常轨道，成果来之不易。但也应看到，2020 年山东经济运行中仍然存在需求端恢复滞后于生产端、中小企业生产经营较为困难、基层财政收支矛盾突出等问题。

2021 年，山东经济发展面临的宏观环境总体将有所改善，但仍存在一些不利因素和挑战。从国际环境看，世界各国疫苗接种陆续展开，主要经济体将保持扩张性政策，全球经济复苏趋势有所增强，全球跨境贸易和投资将呈现弱势复苏态势，但世界经济形势仍然复杂严峻，全球经济复苏一定程度上仍然存在不确定性，世界各国经济复苏将呈现明显分化趋势，加之受全球疫情走势存在不确定性、贸易投资保护主义抬头等因素影响，山东开展国际经贸合作仍面临不少制约。从国内环境看，我国经济整体呈现持续稳定恢复态势，国家宏观政策将保持连续性、稳定性、可持续性，供给侧结构性改革将深入推进，改革开放力度将持续加大，加快构建以国内大循环为主体、国内国际双循环相互促进的新发展格局，我国强大的国内市场潜力将逐步释放，为山东依托国内大市场优势、保持经济较快发展提供重要支撑；此外，区域全面经济伙伴关系协定（RCEP）、中欧全面投资协定（CAI）有望尽快生效实施，为山东深化与东盟、日韩、欧盟之间经贸合作提供了重要机遇。从省内环境看，山东产业体系完整、基础设施完善、人力资源丰富，新旧动能转换已初见成效，经济持续恢复具备较强的要素支撑和产业基础支撑；为保持经济运行在合理区间，省委、省政府作出一系列重要部署，相关政策举措的陆续落地落实，将为全省经济平稳运行提供有效支撑。展望2021年，随着国内国际环境的持续改善，市场预期和信心将逐步增强，山东经济运行面临的积极因素将进一步增多，有基础有条件保持稳定恢复态势，经济增速将呈现前高后低格局，全年有望实现6%左右的增长。

2021年是"十四五"规划开局之年。山东应认真贯彻落实中央决策部署，主动服务国家构建新发展格局，坚持稳中求进工作总基调，立足当前、着眼长远，统筹发展和安全，进一步巩固拓展疫情防控成果，扎实做好"六稳"工作、全面落实"六保"任务，深入实施八大发展战略，深化改革开放，着力打通经济运行中的堵点难点，在进一步巩固经济稳定复苏基础、保持经济运行在合理区间的同时，努力实现经济高质量发展新突破。一是统筹推进疫情防控与经济发展，做好常态化疫情防控，健全公共卫生体系，扎实做好"六稳""六保"工作；二是着力激发消费需求潜力，通过积极培育新型消费、打造消费新热点、提升消费设施水平，更好地发挥消费对经济增长的基础性作用；三是继续聚焦扩大有效投资，通过加快推进新基建投资、强化传统基建投资、突出重大项目投资带动作用、激活企业投资意愿，实现投资合理增长；四是加大中小企业纾困力度，拓宽中小企业融资渠道、降低中小企业运营成本、进一步提高政务服务效能，助力中小企业走出困境；五是加快推进新旧动能转换，加强培育先进制造业集群，加速改造提升传统制造业，加快发展现代服务业；六是深化重点领域关键环节改革，进一步深化"放管服"改革、国企国资改革、财税金融体制改革，增强经济发展动力活力。

"十四五"时期，是山东奋力实现"走在前列、全面开创"的关键时期。面对外部环境和我国发展阶段的新变化，山东应坚持以习近平新时代中国特色社会主义思想为指导，深入贯彻新发展理念，以推动高质量发展为主题，以深化供给侧结构性改革为主线，以体制改革、科技创新、对外开放为动力，发挥经济大省、人口大省、产业门类齐全、市场潜力巨大、战略平台叠加等优势，加快融入新发展格局，在服务全国构建新发展格局中率先探索有效路径，以创新驱动、高质量供给引领和创造新需求，增强内需拉动山东经济的主引擎作用，扩大高水平开放、增强全球资源要素集聚配置能力、贯通国内国际两个市场，更好地促进山东经济循环畅通和高质量发展。一是牢牢把握扩大内需这一战略基点。面对我国发展进入新阶段以及外部环境的新变化、新趋势、新挑战，山东经济发展需要紧紧围绕扩大内需这一战略基点展开，注重需求侧管理，针对制约内需潜力释放的结构性问题，加强体制机制建设和相关政策调节，形成扩大内需的长效机制，推动消费扩容提质、投资持续增长。二是加快构建现代产业体系。党的十九届五中全会提出，加快发展现代产业体系，推动经济体系优化升级。山东作为经济大省、工业大省，加快新旧动能转换和产业数字化，优化提升产业链供应链，构建安全高效的现代产业体系，促进供给结构优化、供给质量提升，是"十四五"时期融入新发展格局、推进现代化强省建设的重要任务。应聚力推进先进制造业强省建设，推动现代服务业提档升级，提升农业质量效益和竞争力，加快发展现代产业体系。三是加快高水平创新型省份建设。与先进省份相比，山东科技创新支撑高质量发展能力仍然不足。"十四五"时期，山东应着力构建全域创新体系，推动科教产深度融合，加快建设高水平创新型省份，全面增强科技创新实力，为加快新旧动能转换、融入新发展格局提供强力引擎。四是扎实推进新型城镇化和乡村振兴。推进新型城镇化和乡村振兴，是破解区域城乡发展不平衡的根本路径，是扩大投资消费需求、提升有效供给能力、畅通国民经济循环的重要举措。"十四五"期间，山东应着力加快新型城镇化进程，发挥中心城市和城市群带动作用，优化"一群两心三圈"区域布局，进一步提升山东半岛城市群综合竞争力，促进区域协调发展；大力实施乡村振兴战略，推进城乡融合发展，加快农业农村现代化，确保打造乡村振兴齐鲁样板实现重大突破。五是深化经济体制改革。中央全面深化改革委员会第十八次会议强调，要"发挥全面深化改革在构建新发展格局中的关键作用"。改革是推动发展的根本动力，近年来山东持续深化重点领域改革，加强制度创新、流程再造，经济社会发展动力和活力显著增强。

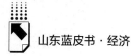

"十四五"时期，山东应坚持问题导向、目标导向、结果导向，抓好中央重大改革措施的落实落细，深化经济体制改革，着力激发各类市场主体活力、加快建设高标准市场体系、深化财税金融改革、打造一流营商环境，更好地发挥改革在融入新发展格局、推进高质量发展中的关键作用。六是推动高水平对外开放。主动融入和服务国家对外开放大局，加快构建更高水平开放型经济新体制，建设高能级对外开放平台，增强全球资源要素集聚配置能力，着力打造中国（山东）自贸试验区2.0版，推进外贸创新发展，促进双向投资量质齐增，深度融入"一带一路"建设，加强国际地方经贸合作，加快开发区转型升级，畅通完善国际物流体系，实现对外开放新高地建设新突破。

编　者

2021年2月

摘　要

2020 年是全面建成小康社会和"十三五"规划收官之年。面对突如其来的新冠肺炎疫情和复杂严峻的国内外环境，山东全面落实党中央、国务院和省委、省政府各项决策部署，统筹推进疫情防控和经济社会发展，扎实做好"六稳""六保"工作，在危机中育新机，于变局中开新局，经济增长第 2 季度实现企稳反弹，整体呈现稳步复苏态势，全年生产总值增长 3.6%。展望 2021 年，世界经济有望实现整体性复苏，但不稳定不确定因素依然较多；我国发展仍处于重要战略机遇期，经济韧性强、回旋余地大，有望在有效防控疫情的同时继续实现稳定增长。山东仍需以稳增长为主基调，深入实施八大发展战略，持续巩固经济回升势头，着力打通经济运行中的堵点难点，进一步增强发展后劲，加快融入以国内大循环为主体、国内国际双循环相互促进的新发展格局，努力塑造高质量发展新优势，实现"十四五"时期经济社会发展的良好开局。2021 年，预计山东 GDP 增速在 6.0% 左右。

关键词： 山东经济　高质量发展　"十四五"开局　新发展格局

目 录

Ⅰ 总报告

B.1 2020～2021年山东经济形势分析与预测及"十四五"山东经济发展

展望 …… 山东社会科学院"山东经济形势分析与预测"课题组 / 001

    一 2020年山东经济运行态势分析 ………………………… / 002

    二 2020年山东经济运行中存在的问题 …………………… / 015

    三 2021年山东经济形势展望 …………………………… / 018

    四 2021年山东经济发展的对策建议 …………………… / 022

    五 "十四五"山东：加快融入新发展格局 推进经济高质量

发展 …………………………………………………… / 026

B.2 2020～2021年山东经济运行的统计分析 ……… 董晓青 杨渊薪 / 036

    一 2020年经济运行主要特点 …………………………… / 037

    二 当前经济运行面临的主要问题 ……………………… / 051

    三 几点建议 ……………………………………………… / 053

Ⅱ 产业发展与专题分析篇

B.3 山东制造业数字化转型的现状、趋势与对策 ……………… 王 娜 / 055

B.4 山东现代服务业高质量发展的基本思路和对策建议……… 王　双 / 071

B.5 山东海洋经济发展态势与对策建议……………………… 刘　康 / 088

B.6 2020～2021年山东固定资产投资运行分析及对策建议

　　　……………… 山东省发展改革委投资处课题组 / 103

B.7 山东新旧动能转换三年成效

　　　——基于近万家企业数据调查分析

　　　……………………………………………… 邵　帅 / 119

B.8 山东不同区域打造乡村振兴齐鲁样板的特色路径

　　　……………………… 山东省发展改革委课题组 / 136

Ⅲ 区域发展与对外开放篇

B.9 加快打造具有全球影响力的山东半岛城市群的对策建议

　　　……………………………………………… 袁爱芝 / 148

B.10 鲁苏浙三省县域经济发展比较分析与对策建议

　　　……………… 中国人民银行济南分行课题组 / 161

B.11 山东对外贸易创新发展的对策建议 ………………… 王　爽 / 184

B.12 山东深化与东盟投资合作形势分析及对策建议 ……… 段晓宇 / 203

B.13 山东利用韩资的现状、趋势与策略 ………………… 陈晓倩 / 217

B.14 深化山东对共建"一带一路"国家投资的思路与对策 …… 卢庆华 / 233

Ⅳ 典型分析篇

B.15 济南：建设国内大循环中心节点和国内国际双循环战略支点

　　　……………………………… 高珂　刘帅　杨洋 / 246

B.16 烟台：中国（山东）自由贸易试验区烟台片区制度创新成效

　　　与改革升级路径 ……………………………… 陈　军 / 257

B.17　青岛：促进文化产业高质量发展的实施路径

　　…………………………… 金　花　刘　玫　韩　萍 / 270

B.18　东营：推动新旧动能转换实现质量发展 ………… 张月锐 / 284

Abstract　…………………………………………………… / 299

Contents　…………………………………………………… / 300

皮书数据库阅读**使用指南**

总报告

General Reports

B.1

2020~2021年山东经济形势分析与预测及"十四五"山东经济发展展望

摘　要： 2020年，面对突如其来的新冠肺炎疫情和复杂严峻的国内外环境，山东统筹推进疫情防控和经济社会发展，扎实做好"六稳""六保"工作，经济运行第2季度实现企稳反弹，整体呈稳步复苏态势，全年生产总值增长3.6%。2021年，世界经济有望实现整体性复苏，但疫情影响广泛深远，不确定、不稳定因素依然较多。山东仍需以稳增长为主基调，在继续做好疫情防控的同时采取积极措施对冲疫情影响，聚焦八大发展战略、聚焦"六稳""六保"、聚焦构建"双循环"新发展格局，努力塑造高质量发展新优势，为全省"十四五"规划实施开好头、起好步。

* 课题组成员：袁红英，博士，山东社会科学院副院长、研究员，研究方向为宏观经济、财政金融；李广杰，山东社会科学院国际经济研究所所长、研究员，研究方向为区域经济、对外经济、生态经济；刘晓宁，博士，山东社会科学院国际经济研究所副研究员，研究方向为国际经济与贸易、跨国投资；袁爱芝，山东社会科学院智库研究中心副主任、副研究员，研究方向为生态经济、区域经济。报告执笔人：李广杰、刘晓宁。

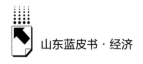

关键词：　山东经济　新冠肺炎疫情　"六稳""六保"　新发展格局

2020 年是全面建成小康社会和"十三五"规划收官之年。面对复杂严峻的宏观环境，特别是新冠肺炎疫情的巨大冲击，山东全面落实党中央、国务院和省委、省政府各项决策部署，统筹推进新冠肺炎疫情防控和经济社会发展工作，集中精力抓好"六稳""六保"，在危机中育新机，于变局中开新局，经济运行自第 2 季度起进入稳步复苏通道，呈现回稳向好的发展态势。展望 2021 年，世界经济有望实现整体性复苏，但不稳定、不确定因素依然较多；我国发展仍处于重要战略机遇期，经济韧性强、回旋余地大，有望在有效防控疫情的同时继续实现稳定增长。山东应坚持稳中求进的工作总基调，深入实施八大发展战略，持续巩固经济回升势头，着力打通经济运行中的堵点难点，进一步增强发展后劲，加快构建以国内大循环为主体、国内国际双循环相互促进的新发展格局，努力实现"十四五"时期经济社会发展的良好开局。

一　2020年山东经济运行态势分析

2020 年，面对新冠肺炎疫情给经济发展带来的巨大冲击，山东采取有力有效措施积极应对，推动经济增长实现 V 形回升态势，主要经济指标持续向好，供给和需求持续改善，经济增长的积极因素逐步增多。

（一）从发展走势看，经济增长实现 V 形反弹，各季度增速始终高于全国

2020 年初，突如其来的疫情使经济社会诸多领域几乎停摆。第 1 季度，全省地区生产总值同比下降 5.8%。在此形势下，全省上下坚决贯彻习近平总书记关于统筹推进疫情防控和经济社会发展工作的重要指示，扎实做好"六稳"工作、全面落实"六保"任务，科学推进复工复产，千方百计稳住经济基本盘。第 2 季度，地区生产总值同比下降 0.2%，较第 1 季度降幅收窄 5.6个百分点，实现了企稳反弹。进入第 3 季度，经济运行继续向好的态势不断巩固，全省地区生产总值增速由负转正，达 1.9%。第 4 季度，全省地区生产总

值增速进一步升至3.6%，主要经济指标持续向好。整体来看，2020年全省经济经受住了疫情冲击，不利影响逐步得到有序化解，经济运行呈现V形复苏、逐渐向好态势，且各季度增速均高于全国平均水平，复苏进程快于全国（见图1）。从总量来看，2020年全省实现生产总值（GDP）73129.0亿元，同比增长3.6%，继续位列广东、江苏之后，居全国第三位（见图2）。

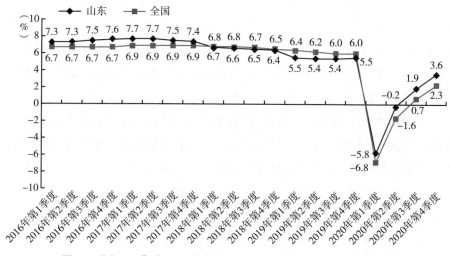

图1 "十三五"期间山东省与全国GDP增速情况（季度累计）

资料来源：国家统计局网站、山东省统计局网站。

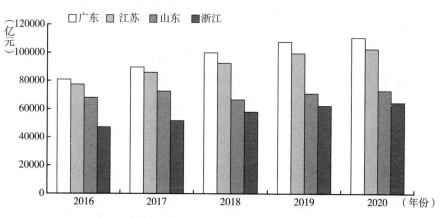

图2 "十三五"期间粤苏鲁浙地区生产总值比较

资料来源：国家统计局网站、四省统计局网站。

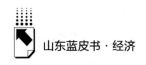

（二）从产业供给看，农业生产保持稳定，工业产能持续恢复，服务业稳步复苏

农业生产迈上新台阶。从产值看，2020年全省农林牧渔业总产值首次突破1万亿，达10190.6亿元，同比增长3.0%，成为全国首个农业总产值过万亿的省份；其中，种植业、林业、牧业、渔业、农林牧渔服务业产值分别增长3.4%、6.3%、2.3%、1.3%和5.3%。从产量看，全省粮食总产量再创历史新高，达5446.8万吨，同比增长1.7%，连续7年稳定在千亿斤以上。畜牧业产能持续恢复，猪牛羊禽肉产量721.8万吨，同比增长3.3%；其中，生猪基础产能恢复较好，年末存栏接近常年水平。[①]

工业基本盘不断稳固。2020年，全省规模以上工业增加值同比增长5.0%，比2019年提高3.8个百分点（见图3）；特别是下半年回暖态势明显，从8月份开始连续5个月增速保持在9%以上。分行业看，41个工业大类中有30个行业增加值实现正增长，占比达73.2%，比2019年提高24.4个百分点。其中，汽车、机械、电子等装备制造业表现尤为突出，全行业增加值同比增长12.6%，拉动规模以上工业增长2.9个百分点，成为全省工业增长的最重要拉动力量。[②]

服务业实现稳步复苏。服务业开年受疫情冲击较重，但第2季度以来开始稳步恢复。2020年，全省实现服务业增加值39153.05亿元，增长3.9%，增速高于全国1.8个百分点。分行业看，除了受疫情影响较为严重的住宿和餐饮业、文化体育和娱乐业外，其余服务行业全年增速均已实现由负转正。受疫情影响，在线办公、在线教育、在线医疗等以互联网技术为依托的信息服务实现大跨越发展。2020年，以信息传输、软件和信息技术服务业、金融业为代表的现代服务业增加值同比增长5.9%，成为拉动服务业复苏的主要力量。[③]

---

① 《解读：2020年农业生产再创新佳绩　实现总产值首次突破1万亿》，山东省统计局网站，2021年1月25日，http：//tjj. shandong. gov. cn/art/2021/1/25/art_ 6109_ 10284589. html。

② 《解读：2020年全省工业生产运行总体向好》，山东省统计局网站，2021年1月25日，http：//tjj. shandong. gov. cn/art/2021/1/25/art_ 6109_ 10284593. html。

③ 《解读：2020年全省经济运行呈现四大特点》，山东省统计局网站，2021年1月22日，http：//tjj. shandong. gov. cn/art/2021/1/22/art_ 6109_ 10284585. html。

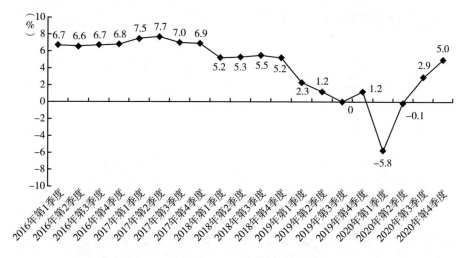

图3 "十三五"期间山东省工业增加值增速情况（季度累计）

（三）从三大需求看，投资增速稳步回升，消费市场逐步回暖，外贸出口好于预期

投资增速逐季回升。疫情暴发以来，山东在做好疫情防控的同时，全面推动复工复产达产，不断加大项目建设推进和谋划储备力度，有效支撑了投资持续回升，第2季度固定资产投资增速即实现由负转正（见图4）。2020年，全省固定资产投资同比增长3.6%，其中制造业投资、民间投资分别增长7.6%和6.9%；大项目投资增势强劲，亿元及以上项目完成投资增长7.1%，高于全部投资3.5个百分点。传统产业技术改造投资步伐加快，全年工业技改投资增长17.6%，其中制造业技改投资增长19.8%。房地产开发投资稳步回升，全年实现增长9.7%。①

消费需求稳步提振。2020年初，疫情对消费市场造成巨大冲击，第1季度全省社会消费品零售总额大幅下降15.2%（见图5）。为对冲疫情影响，山东积极出台多项政策举措，推动消费市场在年初大幅下降后逐步复苏，全年实现社会消费品零售总额29248.0亿元，基本恢复至2019年水平，高于全国增

---

① 《解读：2020年全省固定资产投资平稳增长》，山东省统计局网站，2021年1月25日，http：//tjj. shandong. gov. cn/art/2021/1/25/art_ 6109_ 10284599. html。

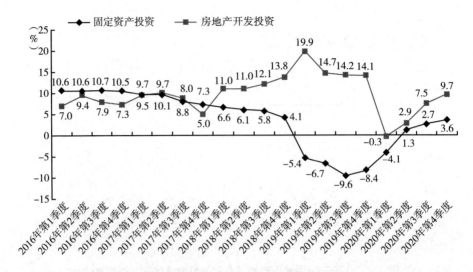

图4 "十三五"期间山东省固定资产与房地产开发投资增速情况（季度累计）

资料来源：国家统计局网站。

速3.9个百分点，但整体来看消费需求仍有待进一步激发和释放。受疫情影响，线上消费成为推动经济社会发展的新引擎，全年实现网上零售额4613.3亿元，增长13.8%。

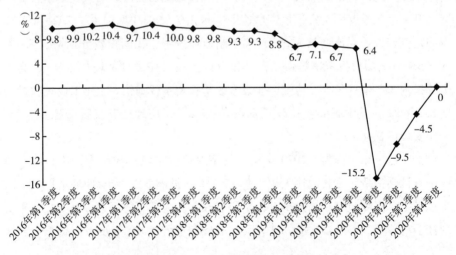

图5 "十三五"期间山东省社会消费品零售总额增速情况（季度累计）

资料来源：国家统计局网站。

对外贸易好于预期。疫情在全球范围的持续蔓延，导致对外贸易始终面临较差的外部环境。在此背景下，山东积极帮助外贸企业渡难关、保市场、保订单。随着国外疫情防控压力升级，中国制造在全球出口中的重要性再次提升，推动山东对外贸易实现逆势增长。2020年，全省实现外贸进出口额22009.4亿元，同比增长7.5%。其中出口额为13054.8亿元，增长17.3%，增速列全国第二；进口额为8954.6亿元，下降4.1%（见图6）。与此同时，外贸新业态获得蓬勃发展，全年跨境电商进出口额为138.3亿元，增长366.2%。

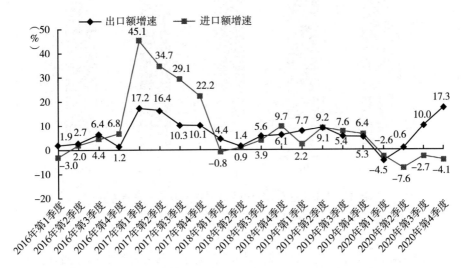

图6 "十三五"期间山东省货物贸易进出口额增速情况（季度累计）

资料来源：青岛海关网站。

（四）从结构效益看，产业结构持续优化，需求结构更趋合理，新旧动能转换步伐加快

产业结构持续优化。2020年，山东省三次产业结构由2019年的7.3∶39.9∶52.8进一步调整为7.3∶39.1∶53.6（见图7），服务业占主导的产业结构得到持续巩固。从三次产业内部结构来看，一是农业结构继续优化。全省主要农作物良种覆盖率达98%，科技进步贡献率达64.56%，农作物耕种收综合机械化水平达87%，高出全国平均水平近20个百分点。二是工业结构迈向中高端。高技术制造业增加值增长9.8%，高于规模以上工业增加值4.8个百分点；新

兴工业产业保持良好增势，新一代信息制造业、新能源新材料产业、高端装备产业、高端化工产业增加值分别增长 14.5%、19.6%、9.0% 和 9.5%，高于规模以上工业 9.5 个、14.6 个、4.0 个和 4.5 个百分点。[①] 三是服务业结构加速升级。现代服务业增加值占 GDP 比重达 28.1%，比 2019 年提高 3.4 个百分点，带动服务业内部结构优化升级。

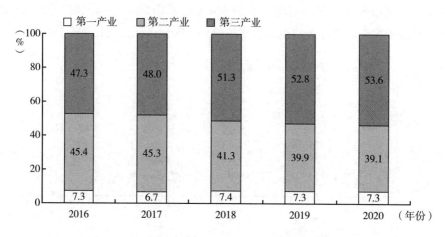

图7 "十三五"期间山东省三次产业结构变动情况

资料来源：山东省统计局网站。

需求结构更趋合理。一是投资结构明显优化。制造业投资加速回升，占全部投资比重达 25.8%，比 2019 年提高 1.0 个百分点；新兴产业投资力度加大，"四新"经济投资占比达 51.3%，比 2019 年提高 6.5 个百分点；高技术产业投资占比达 8.3%，比 2019 年提高 1.2 个百分点。[②] 利用外资方面，2020 年全省实际使用外资 176.5 亿美元，增长 20.1%，高于全国 15.6 个百分点；其中服务业实际使用外资增长 26.1%，科技成果转化、信息服务、专业技术服务、研发与设计服务等现代服务业实际外资分别增长 146.7%、91.7%、225% 和 17.6%。[③] 二是消费结

---

① 《解读：2020 年全省工业生产运行总体向好》，山东省统计局网站，2021 年 1 月 25 日，http://tjj.shandong.gov.cn/art/2021/1/25/art_ 6109_ 10284593.html。

② 《解读：2020 年全省固定资产投资平稳增长》，山东省统计局网站，2021 年 1 月 25 日，http://tjj.shandong.gov.cn/art/2021/1/25/art_ 6109_ 10284599.html。

③ 《2020 年山东实际使用外资同比增长 20.1%》，《大众日报》2021 年 1 月 26 日。

构持续升级。受疫情影响,外出消费减少、居家消费增加,且消费需求进一步向品质化、个性化迈进,新能源汽车和智慧家电成为居民消费的新增长点,全年分别增长49.1%和1.6倍。三是出口结构有所改善。从贸易方式看,以一般贸易方式出口占比达73.3%,比2019年提高3.6个百分点;从产品结构看,机电产品出口占比达42.8%,比2019年提高5.4个百分点;从出口市场看,美国、东盟、欧盟、韩国、日本等传统出口市场比重更加均衡,新兴市场占比进一步提高(见图8)。

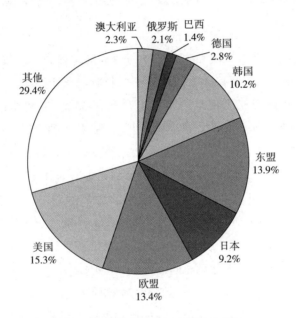

图8 2020年山东出口市场结构情况

资料来源:青岛海关网站。

新旧动能转换初见成效。2020年是山东新旧动能转换综合试验区建设的第三年,也是成效显现的一年。一是新动能持续快速发展。2020年,全省深入推进"领航型"企业培育工程,集中壮大73个"雁阵形"产业集群、105个领军企业,全年"四新"经济增加值占地区生产总值比重达30.2%,"十强"产业中的新一代信息技术制造业、高端化工产业、新能源新材料产业、高端装备产业利润分别增长75.4%、32.0%、29.9%和25.8%,分别高于规模以上工业增加值55.8个、12.4个、10.3个和6.2个百分点。二是传统动能转型成效显著。高端化工行业增加值占行业比重超过45%，钢材深加工行业增加值占行业比重超过70%。在全省营业收入前10位的行业中，有8个行业利润实现正增长。其中，石油、煤炭及其他燃料加工业、化学原料和化学制品制造业、黑色金属冶炼和压延加工业、农副食品加工业利润分别增长78.1%、19.2%、6.9%和16.7%，分别比2019年提高138.8个、45.2个、31.7个和21.8个百分点。①

（五）从发展方式看，创新发展能力进一步增强，绿色发展水平稳步提升

创新发展能力进一步增强。一是专利拥有量大幅增长。截至2020年10月，全省有效发明专利拥有量达11.6万件，同比增长17.65%。青岛、济南、烟台获批国家知识产权运营服务体系建设重点城市，专利总量均居全国前列。② 二是科技创新平台载体加速建设。山东产业技术研究院、高等技术研究院、能源研究院建设加速推进。2020年前三季度，全省新获批国家级科技企业孵化器14家、国家众创空间50家；国家级工业设计中心达到24家，数量居全国首位；新布局8家省级技术创新中心，总数达23家；入库国家科技型中小企业1.5万家，是2019年全年入库总量的1.6倍。三是创新成果转化步伐加快。2020年前三季度，全省技术市场共登记技术合同20424项，同比增长50.7%；成交额967.66亿元，同比增长186.4%。

绿色发展水平稳步提升。一是能源供给加快低碳转型。2020年，全省太阳能、风能、核能、生物质能、水能等新能源和可再生能源发电装机容量占比达30.1%，比2019年提高4.3个百分点；发电量占比达14.3%，比2019年提高1.6个百分点。二是能源利用水平继续提升。2020年，全省规模以上工业能耗下降1.4%，与2019年0.9%的增速相比，回落2.3个百分点；规模以上工业万元增加值能耗比2019年下降6.0%，有力支撑了全省节能降耗；规模以上工业二次

---

① 《解读：2020年我省工业利润高速增长》，山东省统计局网站，2021年2月10日，http://tjj. shandong. gov. cn/art/2021/2/10/art_ 6109_ 10285126. html。

② 《山东省市场监督管理局〈政府工作报告〉全年完成情况》，山东省市场监督管理局网站，2021年12月10日，http://amr. shandong. gov. cn/art/2020/12/10/art_ 178027_ 10230840. html。

能源加工转换效率达 81.0%，比 2019 年提高 1.3 个百分点。① 三是清洁能源替代效果良好。积极推进煤改气、煤改电及兰炭替代煤炭消费，大力提升天然气供给能力，全年调入天然气 205.9 亿立方米，增长 14.2%，替代煤炭消费 476.7 万吨；全年利用兰炭近 1000 万吨，替代煤炭消费 1360.0 万吨。

（六）从发展要素看，市场主体蓬勃发展、金融支撑不断夯实、基础设施短板加快补齐

市场主体蓬勃发展。为降低疫情对市场主体特别是小微企业的影响，山东积极出台多项举措，2020 年新增减税降费 1850 亿元，叠加 2019 年出台的减税降费政策，全年为市场主体减负 3490 亿元。2020 年，山东新登记市场主体 221.4 万户，其中新登记企业 79.5 万户，同比增长 11.7%；年末实有市场主体接近 1200 万户，其中民营经济市场主体达 1169.8 万户，占全部市场主体的 98.6%；全年"四上"纳统企业净增加超过一万家。

金融支撑不断夯实。一是主要金融指标增量创历史新高。2020 年末，全省社会融资规模达 15.2 万亿元，同比增长 14.5%，高于全国 1.2 个百分点；占全国增量的 5.7%，比 2019 年提高 0.3 个百分点。二是信贷结构持续优化。充分发挥 1 万亿普惠性再贷款再贴现政策、两项直达实体经济货币政策工具的导向作用，实现普惠小微企业贷款持续增量扩面。2020 年，全省普惠小微企业有贷款户数同比增长 46.1%，普惠小微贷款余额同比增长 40.1%。三是创新推出金融服务举措。在全国首创企业金融辅导员制度，初步建立省市县三级金融辅导体系，为 1.4 万余户企业解决融资 3738.6 亿元。建立抵质押物"价值重置"机制，开展中小企业应急贷款、出口订单融资封闭运行和复工复产政策性保险等试点。②

重大基础设施项目加快推进。2020 年，山东完成交通基础设施建设投资 2356 亿元，投资总量、建设规模均创历史新高。铁路方面，潍烟、莱荣、济枣 3 条高铁开工建设，潍莱高铁建成通车，新增高铁里程 123 公里。高速公路

① 《解读：2020 年我省能源生产利用水平显著提高》，山东省统计局网站，2021 年 2 月 10 日，http://tjj.shandong.gov.cn/art/2021/2/10/art_ 6109_ 10285128.html。

② 《山东举行 2020 年全省金融运行情况新闻发布会》，国务院新闻办公室网站，2021 年 1 月 22 日，http://www.scio.gov.cn/xwfbh/gssxwfbh/xwfbh/shandong/Document/1697685/1697685.htm。

方面，济泰、济乐等 15 条新建、改扩建高速公路建成通车，新增通车里程 1026 公里；全省高速通车总里程达到 7473 公里，全国排名升至第五。港口方面，青岛港自动化集装箱码头二期工程竣工投产，青岛港董家口港区 30 万吨级原油码头、日照港石臼港区大型通用泊位工程等项目完工，沿海新增万吨级以上泊位 14 个。① 机场方面，菏泽牡丹机场和青岛胶东国际机场先后试飞，济南机场二期改扩建加快推进。

（七）从发展动力看，各项改革红利进一步释放，对外开放活力进一步增强

改革力度进一步加大。一是放管服改革成效显著。以全面"减权、放权、授权"为目标，大幅压减行政权力事项，向各市及部分功能区共下放省级行政权力事项 720 项（次）。通过直接下放、服务窗口前移等方式，推动 3460 项事项实现"市县同权"。② 二是国企国资改革持续深化。稳步推进省属企业混合所有制改革，省属企业混改户数占比达 68.9%，泰山保险、山东特检等多家一级企业混改取得突破，中泰证券、山东玻纤、威海商行三家企业成功登陆资本市场，省属企业资产证券化率超过 56%。战略性重组取得重大成果，山东能源与兖矿集团、山东高速与齐鲁交通完成联合重组。优势资源加快向主业集聚，列入非主业资产清理整合三年行动计划的 388 户企业已清理退出 175 户，省属企业主业投资占比达 99%。三是财税金融改革稳步推进。全省贷款市场报价利率（LPR）改革任务顺利完成，全省企业贷款利率降至 4.67%，同比下降 0.49 个百分点；普惠小微企业融资成本下降最明显，12 月份利率为 5.50%，同比下降 0.93 个百分点。金融改革试验区创建取得突破，临沂市普惠金融服务乡村振兴改革试验区获国务院批准，成为全国首个金融服务乡村振兴改革试验区。

对外开放新高地加快打造。一是开放平台建设成效显著。自贸试验区改革试点任务扎实推进，在全国首创"一证（照）通"改革、"企财保"关税担保

---

① 《2020 年山东完成交通基础设施建设投资 2356 亿元　创历史新高》，腾讯网，2021 年 1 月 27 日，https：//new.qq.com/rain/a/20210127A034Q700。

② 《山东：深化"放管服"改革优化营商环境》，《中国建材报》2021 年 1 月 5 日。

和海铁联运货物"全程提单"模式,创新开展"企业集团加工贸易监管"改革试点;以占全省万分之7.6的面积吸引了全省1/10的外资,创造了全省1/10的进出口贸易额。① 上海合作组织地方经贸合作示范区建设加速推进。二是贸易创新试点取得突破。新增临沂、东营、潍坊3个跨境电商综试区,青岛即墨国际商贸城、烟台三站市场两个市场采购贸易试点,枣庄二手车出口试点,青岛西海岸新区入选国家进口贸易促进创新示范区,济南莱芜区等10个国家外贸转型升级基地。2020年,全省跨境电商进出口增长366.2%,市场采购贸易出口增长84.5%。三是融入"一带一路"结出硕果。2020年,"一带一路"沿线进出口6608.2亿元,同比增长9.1%,高出全省进出口整体增速1.6个百分点,占比达30%,比2019年提高0.4个百分点。"齐鲁号"中欧班列开行突破1500列,同比增长43%,可直达16个国家的44个城市。

(八)从发展效果看,居民收入增速放缓、民生保障持续改善、公共服务质量明显提升

居民收入增速放缓。2020年,全省居民人均可支配收入达32886元,同比增长4.1%,扣除价格因素实际增长1.3%,增速较往年明显放缓。其中,城镇和农村居民人均可支配收入分别达43726元和18753元,分别增长3.3%和5.5%(见图9),分别实际增长0.8%和1.8%;农村居民收入增长连续12年高于城镇居民,城乡居民收入比进一步降为2.33:1。工资性收入仍然是居民收入的主要来源,全年增长3.3%,占可支配收入的比重为56.9%,拉动全省居民人均可支配收入增长1.9个百分点。② 收入增长的同时,物价水平温和上涨,CPI(居民消费价格指数)同比上涨2.8%,比2019年回落0.4个百分点(见图10)。

民生保障持续改善。一是就业形势好于预期。2020年城镇新增就业122.7万人,超额完成110万人的目标任务;年末城镇登记失业率为3.1%,比2019年下降0.2个百分点。二是财政民生支出持续加大。2020年社会领域投资增

---

① 刘晓宁:《让改革开放"试验田"结出更多硕果》,《大众日报》2021年1月19日。

② 《2020年全省居民人均可支配收入增长4.1%》,山东省统计局网站,2021年1月25日,http://tjj.shandong.gov.cn/art/2021/1/25/art_ 6109_ 10284597.html。

图9　2011～2020年山东省城镇和农村居民人均可支配收入增速情况

资料来源：山东省统计局网站。

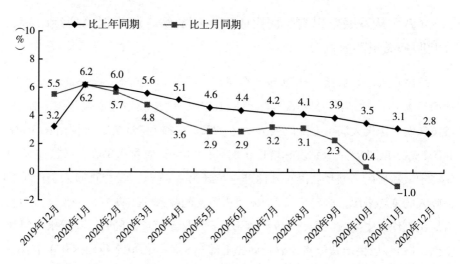

图10　2019年12月至2020年12月山东省居民消费价格指数增长情况

资料来源：国家统计局网站。

长11.8%，其中卫生和体育行业投资分别增长45.8%和53.1%；生态保护和环境治理业投资增长23.1%，推动全省人居环境持续改善，地表劣五类水体全面消除，空气优良天数平均比例达69.1%。三是社会保障体系更加完善。2020年末，全省居民医疗保险参保人数达9697.8万人，参保率达96.3%，高于全国平均水平，贫困人口及各类困难群众实现应保尽保。

公共服务质量明显提升。教育方面,控辍保学、消除大班额、整治配套园"三个清零"目标任务全面完成。累计投入1700亿元以上,新建改扩建中小学校4064所,56人及以上大班额教学班实现动态清零;累计劝返义务教育失学辍学儿童少年1.1万名,建档立卡贫困家庭失学辍学儿童实现应入尽入、动态清零;累计新建改扩建幼儿园13647所、新增学位184万个。医疗方面,全面取消了药品和医用耗材加成,建立了药品和医用耗材集中带量采购常态化机制,三批112个国家集采药品平均降价60%以上,每年可节约药费27.54亿元。与全国31个省(区、市)的4.4万多家医疗机构实现异地住院联网直接结算,数量全国最多。

二 2020年山东经济运行中存在的问题

面对新冠肺炎疫情的冲击,作为拥有1亿人口的大省,山东能在较短时间内有效控制疫情,恢复生产生活秩序,并使经济发展逐渐回归正常轨道,成果来之不易。但同时应当看到,疫情的影响广泛而深远,经济运行中仍然存在一些突出矛盾和问题,应引起高度重视并着力破解。

(一)需求端恢复滞后于生产端,消费需求有待释放

新冠肺炎疫情对消费需求产生巨大冲击,虽然线上消费的发展部分对冲了这种负面冲击,且消费在一季度大幅下降后逐步复苏,但整体来看需求端的恢复明显滞后于生产端,2020年全年的消费需求仍表现出低迷不振状态。特别是前期疫情冲击导致失业率上升和居民收入回落,使居民消费行为变得更加保守,消费能力和消费意愿均显不足。另外,居民杠杆率过高与增储意愿较强并存,高房价、高房租、高医疗教育成本等都在一定程度上导致居民扩大消费的预期和能力下降。2020年,全省居民人均消费支出20940元,比2019年名义增长2.5%,但扣除价格因素后实际为负增长。2020年,山东居民消费收入比降至63.7%,比2019年下降0.9个百分点,且低于全国65.9%的平均水平。因此,尽管国家和山东均出台了一系列促进消费的措施,但居民消费需求并没有出现井喷式释放,居民消费欲望仍需进一步激发。

(二)中小企业经营仍较为困难,面临较大生存压力

疫情使部分民营企业、中小企业面临较大生存压力。一是企业订单减少、

市场需求不足导致企业经营压力加大。二是产业链、供应链断裂风险加大导致企业经营困难加剧。全球疫情和贸易摩擦的叠加，使缺乏核心技术和关键零部件的高对外依存度企业的风险增大。三是疫情后用工紧缺、国际货运班次减少、产品库存积压占款等问题突出，造成企业用工、物流、资金成本出现明显上升，在优惠和扶持政策逐步退出后，企业生产经营压力仍然较大，尤其是中小微企业经营更加困难。[①] 四是产品价格下滑和收款周期延长等导致企业经营效益下降。工业生产者价格自2019年6月由涨转跌以来持续走低，始终在负增长区间运行（见图11）。企业资金周转困难、工业品价格持续下跌，导致企业产品周转天数增多，应收款项增加，企业利润率减少，经营效益下降。尽管全省亏损企业数量在2020年第4季度首次出现了同比减少，但仍处于21.2%的较高水平（见图12）。

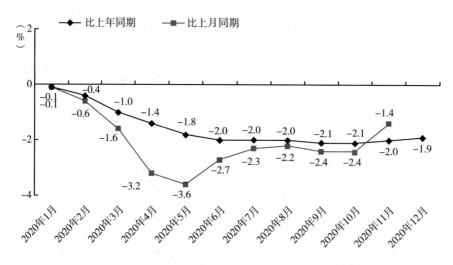

图11 2020年1~12月山东省工业生产者出厂价格指数增长情况

资料来源：国家统计局网站。

（三）财政收支矛盾加剧，"三保"支出压力较大

疫情影响下经济增速放缓，再叠加减税降费、到期债务偿还等因素，使全

---

① 陈昌盛、李承健：《2021年中国宏观经济形势研判与政策建议》，《2021年中国经济形势分析与预测》，社会科学文献出版社，2021。

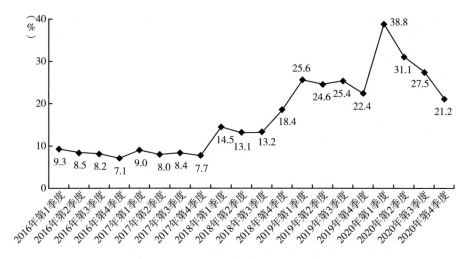

图12 "十三五"期间山东省工业企业亏损数量比重（季度累计）

资料来源：国家统计局网站。

省财政较为困难，部分市县保基本民生、保工资、保基层运转的"三保"支出压力较大，财政收支矛盾愈加凸显。2020年山东财政收入6560亿元，比2019年增长0.5%，全年新增减税降费1850亿元，而全省财政支出11231亿元，比2019年增长4.6%，财政自给率仅为58.4%，远低于广东（73.9%）、江苏（66.2%）、浙江（71.9%）等省份（见表1）。财政支出增速高于财政收入增速，导致财政收支不平衡问题进一步显现。随着疫情防控常态化，全省医疗卫生、疫情防控等相关财政支出会继续加大；同时，为应对经济下行，逆周期调节中的基建类相关投资仍需财政资金引导，给财政收支带来更大压力。

表1 2020年财政收入前十位省（区、市）的财政收支状况

省（区、市）	地方一般公共预算收入（亿元）	同比增速（%）	地方一般公共预算支出（亿元）	同比增速（%）	财政自给率（%）
广东	12922	2.1	17485	1.0	73.9
江苏	9059	2.9	13683	8.8	66.2
浙江	7248	2.8	10082	2.6	71.9
上海	7046	−1.7	8102	−0.9	87.0
山东	6560	0.5	11231	4.6	58.4
北京	5484	−5.7	6776	−3.6	80.9

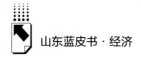

続表

省(区、市)	地方一般公共预算收入(亿元)	同比增速(%)	地方一般公共预算支出(亿元)	同比增速(%)	财政自给率(%)
四川	4258	4.6	11201	8.2	38.0
河南	4155	2.8	10383	2.2	40.0
安徽	3216	1.0	7471	1.1	43.0
福建	3079	0.9	5215	2.7	59.0

资料来源：各省份政府工作报告或预算报告。

（四）就业难与招聘难并存，劳动力结构性矛盾凸显

受疫情影响，大学生和农民工群体就业压力较大并影响收入和消费。疫情对劳动密集型行业冲击较大，低收入群体失业问题更为显著，特别是部分农民工返乡后未就业，部分农民工返城后因就业困难等原因"二次返乡"，导致农民工就业形势较为严峻。受疫情影响，高校推迟开学，导致部分高校毕业生延迟就业。根据对省内23所本专科院校毕业生的调查问卷结果，2020年毕业生择业期明显延长、择业进度放缓。[①] 同时，企业用工短缺问题十分突出，实地调研中制造业企业对用工短缺问题反映较多，招工难问题较为普遍。技能匹配度、工作灵活性、工作环境和收入水平等因素，共同导致就业难与招聘难并存，劳动力供给的结构性矛盾凸显。

三 2021年山东经济形势展望

（一）2021年国际国内经济走势判断

展望2021年，随着全球范围内新冠病毒疫苗的大量投放和接种，疫情有望逐步得到控制，助推全球经济缓慢复苏，但全球经济依然面临多重挑战。中国经济机遇与挑战并存，有望在新旧动能转换和新发展格局构建中持续向好。

1. 世界经济有望迎来整体性复苏

2020年世界经济受疫情冲击而深陷衰退泥潭，各主要机构均估算2020年

---

① 黄晋鸿、周德禄：《山东人才发展蓝皮书（2020）》，山东人民出版社，2020。

全球经济萎缩4%左右（见表2）。2021年，随着各主要经济体新冠病毒疫苗的全面接种，全球疫情可能在第2、第3季度之间迎来拐点。随后，各国政府将逐步放松防控措施，复工复产陆续展开，推动经济复苏。IMF、UN（联合国）和WB（世界银行）均预测2021年全球经济将实现4%以上的正增长，其中IMF的预测增幅最高，达5.5%（见表2）。但也不能完全排除新冠病毒变异导致疫情走势再度恶化的可能性，这也给全球经济复苏蒙上了一层不确定性。分国家来看，美国在拜登上任后，各项刺激政策将陆续出台，对美国经济复苏起到支撑作用。欧洲的"二次疫情"和"二次封锁"导致其复苏进程受阻，但大规模的新冠病毒疫苗接种，以及欧盟将继续放松对成员国的财政预算规则约束，有望助推欧洲在2021年下半年迎来稳定复苏。日本经济预计也将在放松防控、新任领导人上台以及补办奥运会等利好情况下，出现恢复性增长。新兴经济体有望集体走出衰退困境，但是复苏程度存在显著差异。分区域看，亚洲将是复苏最为强劲的地区；欧洲新兴国家和中东石油输出国预计也将走出困境，增速出现较大幅度回升；非洲和南美洲预计将呈现相对弱复苏态势。

表2 2020~2021年全球经济增长预测

	2019年			2020年估算值			2021年预测值		
	IMF	UN	WB	IMF	UN	WB	IMF	UN	WB
世界	2.8	2.5	2.3	-3.5	-4.3	-4.3	5.5	4.7	4.0
发达经济体	1.6	1.7	1.6	-4.9	-5.6	-5.4	4.3	4.0	3.3
美国	2.2	2.2	2.2	-3.4	-3.9	-3.6	5.1	3.4	3.5
欧元区	1.3	1.5	1.3	-7.2	-7.9	-7.4	4.2	5.0	3.6
英国	1.4	1.5	—	-10.0	-9.5	—	4.5	6.8	—
日本	0.3	0.7	0.3	-5.1	-5.4	-5.3	3.1	3.0	2.5
新兴和发展中经济体	3.6	3.6	3.6	-2.4	-2.5	-2.6	6.3	5.7	5.0
俄罗斯	1.3	1.3	1.3	-3.6	-4.0	-4.0	3.0	3.0	2.6
巴西	1.4	1.4	1.4	-4.5	-5.3	-4.5	3.6	3.2	3.0
印度	4.2	4.7	4.2	-8.0	-9.6	-9.6	11.5	7.3	5.4
全球贸易量	1.0	1.0	1.1	-9.6	-7.6	-9.5	8.1	6.9	5.0

资料来源：IMF、UN、WB 2021年第1期的《世界经济展望》《世界经济形势与展望》《全球经济展望》。

2. 中国经济将在动能转换中持续向好

得益于对疫情的有效防控和复工复产的有序推进，2020年中国成为世界主要经济体中唯一实现正增长的国家。2021年，基于中国的疫情防控经验和宏观调控政策的滞后效应，企业和市场信心将有所增强，中国经济会继续恢复。投资方面，房地产和基建投资将继续稳定增长，制造业投资有望恢复较快增长；消费方面，随着疫情防控进入常态化阶段和就业的逐渐走稳，消费复苏步伐有望明显加快；出口方面，得益于防疫物资出口以及疫情产生的供给替代效应，2020年中国出口表现超出预期，2021年出口增长有望出现前快后稳态势，同时进口增长也将明显加快。总体来看，在2020年较低基数的基础上，2021年中国经济增速可能呈现前高后低态势，预计全年增长7%~8%。但是应当看到，疫情带来的影响广泛而深远，叠加世界经济政治格局中原有多重调整性因素，外部环境将呈现多方面风险并存的形势。一是逆全球化和保护主义的威胁仍然存在，且在各国复苏不平衡的背景下影响恐将进一步加重；二是科技领域竞争更加激烈，可能进一步损害国家间的经贸关系；三是各国更加重视经济安全，大国之间竞争性和对抗性增强，全球治理体系重建困难重重。① 中国既面临恢复不均衡、循环不畅通、风险延后暴露等结构性挑战，也正值结构调整、效率提升和动能转换吃劲关口，巩固经济恢复成果不易，实现高质量发展任务紧迫。

（二）2021年山东经济形势预测分析

2021年，在世界经济有望迎来整体性复苏、中国经济有望持续向好的背景下，山东经济也有望保持稳定增长。新旧动能转换、乡村振兴、海洋强省、对外开放新高地等重大战略的深入实施，以及重点领域改革的推进，将持续为山东经济发展注入动力。

1. 投资方面，新基建、房地产和制造业投资有望继续稳定增长

在逆周期调节的政策导向下，预计2021年基础设施投资仍将是财政发力重点，特别是与制造业关系密切的"新基建"投资有望继续加码。但是，在

---

① 中国社会科学院宏观经济研究中心课题组：《2021年中国经济形势分析与预测》，《2021年中国经济形势分析与预测》，社会科学文献出版社，2021。

2021 年经济稳定复苏的预期下，宽松的财政政策或将逐步退出，城投企业融资也大概率出现收紧，可能会抑制一部分传统基建投资。在传统基建走弱、新基建走强综合作用下，基建投资整体将温和增长。房地产投资从疫情影响中较快恢复，成为带动投资增长的主要力量，在坚持"房住不炒"定位和"三条红线"政策背景下，各地调控政策将继续保持力度，预计 2021 年房地产开发投资仍将维持当前水平。制造业投资将随经济复苏而延续修复态势，特别是围绕新旧动能转换和"十强"产业集群培育，山东将大力推进重大支撑性、引领性项目建设，对制造业投资将产生明显拉动作用，2021 年制造业投资稳健增长的确定性较强。2021 年是"十四五"开局之年，一大批被纳入"十四五"规划的重点项目将进入密集开工建设期，必将形成可观的投资带动效应。

2. 消费方面，超大规模市场将释放需求潜力，复苏步伐有望加快

依托大国市场规模优势，我国正加速构建以国内大循环为主体、国内国际双循环相互促进的新发展格局。一体化的超大规模国内市场，将成为山东经济发展的可靠支撑。居民在疫情发生后形成的线上消费习惯有望得以延续，为在线新经济的发展开拓更大市场空间。政策层面，为夯实构建"双循环"新发展格局的国内市场基础，中央会在"十四五"开局之年陆续出台促消费的支持政策；改革层面，我国将深入推进市场化改革，破除制约区域市场和国内统一大市场形成的深层次体制障碍，也会更加积极地推动收入分配体制改革攻坚突破，培育壮大中等收入群体规模，为全方位释放大国市场优势创造条件。[①]山东居民收入的城乡、地区差距相对较小，加之人口基数较大，在分享国内超大市场红利上更具优势，进而对消费加速复苏形成支撑。但也应该看到，就业压力较大、居民可支配收入增长相对缓慢、消费能力下降、消费意愿不足、居民杠杆率持续走高等因素也会对消费增长产生制约。

3. 出口方面，领先优势或将有所减弱，有望呈现"先扬后稳"走势

2020 年，在境外疫情持续蔓延的情况下，中国疫情防控有力，产能率先恢复，吸引一部分别国订单向中国转移，再加上大量防疫物资的出口，推动外贸出口呈现超预期增长，特别是山东实现了位列全国第二的出口增速。2021

---

① 夏锦文：《在构建新发展格局中把握主动走在前列——2021 年江苏经济形势分析与预测》，《2021 年江苏发展分析与展望》，社会科学文献出版社，2021。

年，预计主要经济体疫情将逐步得到控制，随着各国复工复产，山东的防疫物资出口和对别国的替代出口会有所下降，再叠加2020年人民币升值对出口的滞后影响，以及2020年较高的基数，预计2021年山东出口增速将有所放缓。但是，2021年山东外贸仍然面临一些有利因素。一是全球经济复苏带来的外需增加，特别是拜登上任后，美国政府大概率会出台更大力度的财政刺激措施，有利于对美出口增加；二是鉴于一些新兴经济体和发展中国家获取新冠病毒疫苗的难度较大，很难在短时间内控制疫情，其生产能力无法完全恢复，山东将继续获得来自这些国家的出口替代订单；三是RCEP等经贸协定的签署生效，有利于为外贸出口营造更好的外部环境。综合多种因素，再考虑到2020年基数前低后高，2021年山东出口或将呈现"先扬后稳"的走势，但明显好于其他国家和省份的领先优势会有所减弱。

综合考虑各方面因素，并结合数量模型分析，对2021年山东经济发展主要指标预测如表3所示。需要指出，这些预测的前提是疫情能够得到持续有效的控制，不出现较大规模的反弹。

表3　2021年山东省主要经济指标预测

指标(%)	2018 年	2019 年	2020 年	2021 年预测值
GDP 增长率	6.3	5.5	3.6	6.0
第一产业增加值增长率	2.7	1.1	2.7	3.0
第二产业增加值增长率	4.1	2.6	3.3	5.5
第三产业增加值增长率	8.9	8.7	3.9	7.0
全社会固定资产投资增长率	4.1	−8.4	3.6	4.0
社会消费品零售总额增长率	8.8	6.4	0.0	8.0
出口总额增长率	6.1	5.3	17.3	5.0
居民消费价格上涨率	2.5	3.2	2.8	3.0

资料来源：实际值来自山东省统计局网站，预测值为作者预测。

四　2021年山东经济发展的对策建议

2021年是建党100周年，也是"十四五"规划和迈向现代化建设新征程的开局之年。山东应深入贯彻落实党的十九大和十九届二中、三中、四中、五中全会及中央经济工作会议精神，继续统筹推进疫情防控和经济发展，坚持稳中求进工作总基调，扎实做好"六稳""六保"工作，深入推进新旧动能转换、乡村振兴、海洋强省、三大攻坚战、军民融合、打造对外开放新高地、区域协调发展、重大基础设施建设等八大发展战略实施，深化改革开放，加快构建现代化经济体系，努力塑造高质量发展新优势。

（一）统筹推进疫情防控与经济发展

尽管国内疫情防控已取得重大战略成果和阶段性胜利，但在全球范围内，疫情仍未得到有效控制。山东应在坚持常态化疫情防控不松懈的基础上，统筹推进疫情防控与经济发展。一是做好常态化疫情防控工作。密切关注疫情形势变化和潜在风险，做好外防输入、内防反弹工作，不断巩固疫情防控取得的阶段性成果。提高对疫情的精准防控能力，不搞"一刀切"。二是构筑健全的公共卫生体系。加大医疗卫生投入力度，加强医疗卫生基础设施建设，建立健全疾病预防控制、重大疫情防控救治、应急物资储备体系。三是继续做好"六稳""六保"工作。更加重视稳就业、保民生，推动各项稳岗就业的政策措施落实落地。[①]

（二）着力激发消费需求潜力

针对2020年疫情影响下消费复苏较慢的问题，2021年应通过多种方式提振消费、激发消费需求潜力。一是积极培育新型消费。把握消费与服务业变化新趋势，强化商品消费和服务消费间的融合互动，促进旅游、文化、购物、娱乐、健康、餐饮等行业之间的集聚和一体化发展，创新业态和商业模式。[②]抓住疫情期间"云逛街""云旅游""云教育""直播带货"等新型消费模式快速发展的机遇，推动线上线下融合发展。二是打造消费新热点。规范发展夜经济、地摊经济等民生经济，推进美食街、文化旅游街建设，打造具有地区差异、各具特色的"不夜城"，制造网红经济打卡地。三是提升消费设施水平。

① 河南省社会科学院课题组：《2020—2021年河南省经济发展分析与预测》，《河南经济发展报告（2021）》，社会科学文献出版社，2020。
② 张丽娜、徐卓顺：《2020—2021年吉林省经济形势分析与预测》，《2021年吉林经济社会形势分析与预测》，社会科学文献出版社，2021。

进一步增强消费中心城市与周边城市、各县（市）消费中心之间的互联互通，大力开拓农村消费市场，加快完善农村线上线下商业网点布局，推动零售、电商、物流、快递等市场主体向农村市场延伸。

（三）继续聚焦扩大有效投资

围绕"十强"产业发展、重大基础设施建设、民生领域"补短板"，加快推进重大项目、重点项目建设，积极扩大高质量有效投资。一是加快推进新基建投资。抢抓国家新基建大机遇，围绕5G基站、大数据中心、智能交通基础设施、人工智能、工业互联网等领域加快部署一批重大项目。二是强化传统基建投资。围绕当前影响经济社会发展的城乡基础设施、公共卫生、生态环保、民生保障等领域增大"补短板"力度，为扩大有效投资奠定扎实基础。三是突出重大项目带动作用。强化项目储备，围绕"十强"产业集群培育、"两新一重"等领域谋划储备一批引领性高、带动性强的重大项目，增强投资发展后劲。四是激活企业投资意愿。建立专门项目库吸引民营企业投资，鼓励民间资本以多种方式灵活参与项目投资；发挥财政资金及专项债券的撬动和引领作用，支持不同类型的市场主体开展投资。

（四）加大中小企业纾困力度

进一步落实"非公十条""实体经济45条""民营经济35条"① 等支持民营中小企业发展的政策措施，适当延长2020年出台的关于应对疫情支持中小企业发展的政策措施，助力中小企业走出困境。一是拓宽中小企业融资渠道。加大创业担保贷款等信贷扶持力度，实施贷款风险补偿政策；引导中小企业通过创新性的金融工具解决融资难问题，推进实施民营中小企业信用融资计划。二是降低中小企业运营成本。加快电、气、热等价格改革，进一步降低中小企业用能成本；重点保障和支持中小企业创业基地、创新平台等建设用地，增设创业孵化基地提高园区运营补贴。三是提高政务服务效能。进一步简化企

---

① "非公十条"指《支持非公有制经济健康发展的十条意见》，"实体经济45条"指《支持实体经济高质量发展的若干政策》，"民营经济35条"指《支持民营经济高质量发展的若干意见》。

业审批手续，减少审批环节，不断扩大"一网通办"和"最多跑一次"改革覆盖面，全面提升企业便利化水平。

（五）加快推进新旧动能转换

根据"一年全面起势、三年初见成效、五年取得突破、十年塑成优势"的目标，全省新旧动能转换已进入突破阶段，应着力加快转换步伐。一是加大先进制造业集群培育。聚焦新一代信息技术、高端装备、新能源新材料、高端化工等重点领域，以重点企业培育、重点产业链改造、特色园区集群提升为重点，推动产业向全球价值链中高端迈进。二是加快传统制造业改造提升。推进传统制造业企业向智能化、绿色化、服务化、品牌化升级，支持企业运用物联网、大数据等现代技术实现数字化改造。三是发展壮大现代服务业。促进生产性服务业向专业化和价值链高端延伸，推动商贸物流、金融保险、电子商务、技术研发、工业设计、文化创意等服务业实现新突破。四是搭建产业链协同创新平台。加大对应用基础研究的资金投入和政策扶持，推动重大关键技术协同攻关，促进产业链向更高层次跨越发展。

（六）深化重点领域和关键环节改革

进一步发挥改革的发展动力作用，推动各重点领域和关键环节的改革方案落地。一是继续推进"放管服"改革。实施流程再造，加快数字政府建设，推进政务服务标准化、规范化、便利化；深入开展营商环境优化提升行动，完善山东省营商环境评价体系，开展各市营商环境第三方评价。二是深入推进国企国资改革，进一步完善国有资产管理体制，出台新版国资管理权责清单，启动实施现代企业制度示范工程；在重点行业加快国企资源重组，推动各类要素集中于主业；支持条件成熟的省属上市公司实施股权激励。三是继续推动财税金融体制改革。进一步规范省与市县财政事权和支出责任划分，健全对下转移支付制度；稳步推进地方金融改革，支持城商行通过引进优质战略投资者实现股权结构优化；积极稳妥地发展融资担保、互联网金融、股权融资、要素交易等新业态，支持金融机构拓展普惠金融业务。

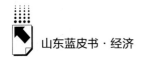

五 "十四五"山东：加快融入新发展格局
推进经济高质量发展

党的十九届五中全会提出，要加快构建以国内大循环为主体、国内国际双循环相互促进的新发展格局。构建新发展格局，是党中央基于国内发展形势、把握国际发展大势做出的重要战略选择，是立足当前、着眼长远的战略谋划，核心目的在于处理好发展、开放和安全的关系，在危机中育新机，于变局中开新局，增强内需拉动经济的主引擎作用，重塑国际合作和竞争新优势，促进国内经济高质量发展。构建新发展格局是我国新发展阶段的重大战略和重大任务，是事关全局的系统性深层次变革，对于我国实现更高质量、更有效率、更加公平、更可持续、更为安全的发展意义重大。

"十三五"以来，山东认真贯彻习近平总书记重要指示批示精神，坚持新发展理念，深化供给侧结构性改革，聚焦"走在前列、全面开创"，深入实施新旧动能转换等八大发展战略，经济社会发展实现历史性跨越，为未来发展奠定了坚实基础。"十四五"时期是山东奋力实现"走在前列、全面开创"的关键时期，面对外部环境和我国发展阶段的新变化，山东应坚持以习近平新时代中国特色社会主义思想为指导，深入贯彻新发展理念，以推动高质量发展为主题，以深化供给侧结构性改革为主线，以体制改革、科技创新、对外开放为动力，发挥经济大省、人口大省、产业门类齐全、市场潜力巨大、战略平台叠加等优势，加快融入新发展格局，在服务全国构建新发展格局中率先探索有效路径，以创新驱动、高质量供给引领和创造新需求，增强内需拉动山东经济的主引擎作用，扩大高水平对外开放、增强全球资源要素集聚配置能力、贯通国内国际两个市场，更好地促进山东经济循环畅通和高质量发展。

（一）把握扩大内需这一战略基点，推动消费扩容提质、投资持续增长

面对我国发展进入新阶段以及外部环境的新变化、新趋势、新挑战，山东经济发展需要紧紧围绕扩大内需这一战略基点展开，注重需求侧管理，针对制约内需潜力释放的结构性问题，加强体制机制建设和相关政策调节，形成扩大

内需的长效机制，推动消费扩容提质、投资持续增长。

顺应消费升级趋势，推动消费扩容提质。"十三五"以来，山东经济发展从投资驱动为主转向消费驱动为主的特征日趋明显，消费结构逐步优化，消费基础性作用不断增强。"十四五"应顺应商品消费高端化、消费结构服务化、消费方式网络化、城乡市场融合化等消费升级趋势，通过优化消费结构、创新消费模式、改善消费环境等措施，进一步释放消费潜力，推动消费扩容提质，更好地发挥消费的经济增长第一动力作用。一是优化消费结构。围绕消费升级着力增加优质产品和服务供给，加强汽车市场、住房市场、信息智能产品市场建设，加快发展文化旅游体育消费、健康养老家政消费、教育培训托幼消费，促进实物消费、服务消费提质升级。二是加快发展消费新业态、新模式。推动线上线下消费有机融合、双向提速，大力培育零售新业态、"互联网＋医疗健康"、数字文旅、在线教育、智能体育等新型消费，积极发展共享消费、定制消费、体验消费和"智能＋"服务消费，鼓励发展首店经济、宅经济等新业态、新模式。三是改善消费基础设施和消费环境。推进步行街、便利店、免税店等城市消费载体的建设，加快菜市场等社区商业网点改造，推动城市消费升级；健全城乡物流体系，降低消费品流通成本，加强县域乡镇商贸设施和到村物流站点建设，畅通农村现代商贸流通渠道；推动电子商务进农村、特色商贸小镇建设、农贸市场改造升级，激发农村消费潜力；积极发展个人消费信贷，加大金融对消费的支持力度，推动金融更好地促消费、扩内需。四是提高居民消费能力。强化就业优先政策，突出抓好重点群体就业工作，促进更加充分更高质量就业，增加城乡居民劳动收入；拓宽投资理财、房屋租金、股东分红等财产性收入渠道，多渠道增加城乡居民财产性收入；健全多层次社会保障体系，消除居民扩大消费的后顾之忧。

优化投资结构，保持投资合理增长。发挥投资对经济增长和供给结构调整的关键作用，围绕增动能、强弱项、补短板、调结构，进一步提高投资的有效性和精准性，确保投资规模合理增长。一是围绕"两新一重"扩大投资。新型基础设施方面，从山东实际出发，明确信息基础设施、融合基础设施、创新基础设施的建设重点，加快推进新型基础设施建设；新型城镇化方面，以城镇老旧小区改造、保障性租赁住房建设、城市防洪排涝设施建设为重点，加快实施城市更新行动；重大工程方面，以交通、水利、能源等领域为重点，抓好重大项目实施。二是围绕"补短板"扩大投资。山东在市政工程、农业农村、科研设施、生态环保、公共卫生、防灾减灾、民生保障等领域仍存在短板，应把"补短板"作为扩大有效投资的一条重要路径。三是聚焦产业基础高级化、产业链现代化扩大投资。围绕"十强"产业基础能力提升、产业链条安全，建设"补链强链"重大产业项目，增强"十强"产业集群核心竞争力；积极扩大战略性新兴产业投资，加强企业设备更新和技术改造。四是创新投资体制机制。发挥政府投资撬动作用，鼓励和支持民营资本参与公用事业和重大基础设施建设，激发民间投资活力；发挥财政政策对创新驱动和结构调整的引导作用，促进各类企业加强设备更新和技术改造；完善"要素跟着项目走"机制，强化资金、土地、能耗等要素统筹和精准对接，保障重点领域的重大项目快开工、早落地。

（二）加快新旧动能转换，构建现代产业体系

党的十九届五中全会提出，加快发展现代产业体系，推动经济体系优化升级。作为经济大省、工业大省，加快新旧动能转换和产业数字化，优化提升产业链供应链，构建安全高效的现代产业体系，促进供给结构优化、供给质量提升，是"十四五"时期山东融入新发展格局、推进现代化强省建设的重要任务。

加快建设先进制造业强省。一是在"三个坚决"上实现新突破。坚决淘汰落后动能，继续抓好钢铁、地炼、电解铝、焦化、轮胎、化肥、氯碱等七大行业的大调整、大优化、大布局，依法依规倒逼落后产能退出，深入推动高耗能行业高质量发展；坚决改造提升传统动能，以高端化、智能化、绿色化为主攻方向，深入实施传统工业技术改造、智能制造，持续促进传统产业提质增效升级；坚决培育壮大新动能，加快发展战略性新兴产业，着力在新一代信息技术、高端装备、新能源新材料、节能环保、生物医药等产业发展上实现新突破，打造具有全球影响力的产业集群和知名品牌，加快培育生命科学、量子信息、空天信息等未来产业。二是打好产业基础高级化和产业链现代化攻坚战。实施产业基础再造工程，加强基础零部件、基础工艺、重要基础材料等领域的关键核心技术攻关，打牢产业发展基础；实施产业链提升工程，围绕石化、汽车、家电、信息、海洋等重点产业领域，找准产业链中的优势潜力和短板弱项，推进补链、延链、强链，提升重点产业链的自主可控能力和综合竞争力。

三是提升制造业数字化、网络化、智能化水平。以建设国家工业互联网示范区为总抓手，深入实施信息技术与制造业融合发展行动，加快培育国内领先的工业互联网产业生态。四是实施企业提升工程。通过引进、新建、改造、重组、整合等方式，分行业培育壮大一批牵引力、控制力强的"领航型"企业；建立高成长企业培育库，加强培育"隐形冠军"企业、专精特新"小巨人"企业、"瞪羚"企业、"独角兽"企业。引导和支持行业龙头企业加强产业链垂直整合和跨区域发展，构建产业链上下游、大中小企业紧密配套的协同发展格局，增强产业链供应链的稳定性和竞争力。

推动现代服务业提档升级。以增加服务有效供给、提升服务供给质量、满足服务需求为导向，加快服务业业态和模式创新，推进生产性服务业、生活性服务业转型升级，构建现代服务业产业体系。推动生产性服务业向专业化和高端化拓展，大力发展研发设计、现代物流、信息服务、科技服务、商务服务、金融保险、节能环保等生产性服务业，加强生产性服务业与工业、农业、贸易的联动发展、深度融合，促进服务要素对产业链的嵌入和提升，为实体产业的质量变革、效率变革、品牌打造等提供精准化、精细化服务。推动生活性服务业向高品质、多样化升级，顺应消费升级趋势，加快发展文化、旅游、体育、健康、养老、育幼、家政、物业等生活性服务业，更好满足人民群众的服务消费需求。以标准体系和行业规范为引领，加快推进服务业标准化、品牌化建设，促进现代服务业高质量发展。

提高农业质量效益和竞争力。深入实施"藏粮于地、藏粮于技"战略，加强耕地保护和高标准农田建设，推进农业灌溉体系现代化，着力抓好粮食生产功能区、重要农产品生产保护区和特色农产品优势区建设，持续增强粮食和重要农产品供给保障能力。推进农业全产业链培育，做大做强优势特色产业，打造一批千亿级、百亿级优势特色产业集群。大力发展现代种业，加强种业新技术、新品种研发，推进种业企业培育和良种试验推广体系建设。创新农业发展方式，加快发展智慧农业，高水平推进农业科技园区建设。把农业现代化示范区作为推进农业现代化的重要抓手，积极创建国家现代农业产业园、国家绿色农业发展先行区。大力培育新型农业经营主体和服务主体，着力提升农业产业化龙头企业竞争力。加强农产品区域公用品牌和企业产品品牌培育，进一步扩大"齐鲁灵秀地、品牌农产品"的影响力。

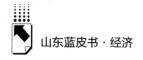

（三）大力推动科技创新，加快高水平创新型省份建设

"十三五"以来，山东科技实力持续增强，创新能力不断提升，区域创新能力居全国第六位，创新驱动发展取得显著成效。但是，与科技发展水平较高的省份相比，山东科技创新支撑高质量发展能力仍然不足。"十四五"时期，山东应着力构建全域创新体系，推动科教产深度融合，加快高水平创新型省份建设，全面增强科技创新实力，为新旧动能转换、融入新发展格局提供强力引擎。

一是强化科技创新平台体系建设。构建多层次实验室体系，新建一批国家重点实验室、省实验室、省重点实验室，积极争创国家实验室，为提升重要领域原始创新能力、突破重点产业关键技术瓶颈提供重要支撑。加快建设中国科学院济南科创城，打造高能级重大创新平台。发挥山东产业技术研究院示范带动作用，加快推进新型研发机构建设。加大省级技术创新中心培育力度，积极争创国家技术创新中心。二是实施关键核心技术攻坚工程。在集成电路、生物医药、高端装备、新材料、氢能源等领域部署一批重大科技攻关项目，组织实施"卡脖子"技术攻关，突破关键核心技术，取得一批具有牵引性、支柱性的重大创新产品。三是强化企业创新主体地位。完善以企业为主体、市场为导向、产学研相结合的技术创新体系，引导企业增加研发投入，推动各类创新要素向企业集聚，增强企业技术创新能力；加强产学研协同创新，鼓励和支持龙头企业牵头组建新型创新联合体，建设共性技术平台，解决跨行业、跨领域的关键共性技术问题，打造以高新技术企业为主体的创新型企业集群；强化创新型企业培育，促进行业龙头骨干企业成为科技领军企业，推动中小企业发展成为高新技术企业。四是优化创新创业生态。强化科技金融体系建设，健全多元化科技投入体系，形成持续稳定的科创投入机制。加强技术要素市场体系建设，打造一批科技成果交易平台。完善普惠性与个性化相结合的人才政策体系，加强战略科技人才、科技领军人才和创新团队的引进和培育。健全科技评价体系和激励机制，赋予高校、科研机构、企业、科研人员更大自主权。深化高水平大学和高水平学科建设，加强创新人才教育培养。坚持开放创新，积极引进和利用国际人才，建设一批国际人才社区、海外人才飞地、离岸研发中心，深化产业创新国际合作，更好地融入全球创新网络。

（四）扎实推进新型城镇化和乡村振兴，提升区域城乡协调发展水平

推进新型城镇化和乡村振兴，是破解区域城乡发展不平衡的根本路径，是扩大投资消费需求、提升有效供给能力、畅通国民经济循环的重要举措。"十四五"期间，山东应着力加快新型城镇化进程，发挥中心城市和城市群带动作用，优化"一群两心三圈"区域布局，进一步提升山东半岛城市群综合竞争力；大力实施乡村振兴战略，推进城乡融合发展，加快农业农村现代化，确保在打造乡村振兴齐鲁样板中实现重大突破。

加快新型城镇化进程，提升山东半岛城市群综合竞争力。深入落实黄河流域生态保护和高质量发展战略，把推进新型城镇化和区域协调发展有机结合起来，优化城镇空间布局和规模结构，加快省会、胶东、鲁南经济圈建设，更大力度推进省域一体化发展，提升"一群两心三圈"协同发展水平，加快山东半岛城市群崛起。一是提升济南、青岛两大省域中心城市发展能级和辐射带动能力。实施"强省会"战略，推进省会济南加快发展，强化科技创新、产业支撑、综合承载、资源集聚，做大体量、做优功能、补齐短板，着力打造全国重要的经济、金融、科创、贸易、文化中心，更好地发挥对山东半岛城市群建设的引领作用。着力增强青岛的开放门户枢纽、全球资源配置、科技创新策源、高端产业引领等功能，加快建设全球海洋中心城市、国际航运贸易金融创新中心、全球创投风投中心，更好地发挥青岛对全省高水平对外开放的引领带动作用。二是推动省会、胶东、鲁南经济圈一体化发展。增强设区城市的经济和人口承载能力，大力推进经济圈内部同城化建设，促进生产要素高效流动，在发展规划衔接、基础设施互联、产业发展对接、开放创新合作、公共服务协同、生态文明联建等方面实现新跨越。三是促进大中小城市和小城镇协调发展。统筹城市规划、建设、管理，优化城镇空间布局和规模结构，形成大中小城市和小城镇合理分工、协调发展的新型城镇化格局。实施城市更新行动，加快建设宜居、智能、韧性城市。推进以县城为重要载体的城镇化建设，着力增强县城综合服务能力。加快推进小城镇建设，积极推进扩权强镇，把乡镇建成服务农民的区域中心。

加快实施乡村振兴战略，打造乡村振兴齐鲁样板。2021年中央一号文件指出，构建新发展格局，潜力后劲在"三农"，迫切需要扩大农村需求，畅通

城乡经济循环。"十四五"期间,山东应把解决好"三农"问题作为重中之重,加快实施乡村振兴战略,全力打造乡村振兴齐鲁样板,推动城乡更加均衡发展。一是大力推进乡村产业振兴。着力在集群化、园区化、数字化上下功夫,推动山东农业从种养向第二、三产业延伸、从规模化生产转为园区化经营、从"设施化"向"数字化"跨越,打造农业全产业链,提升农村第一、二、三产业融合发展水平,构建现代乡村产业体系。二是大力实施乡村建设行动。统筹推进村庄规划建设,严格规范村庄撤并,不搞大拆大建。加强乡村公共基础设施建设,实施农村道路畅通工程、农村供水保障工程、乡村清洁能源建设工程、数字乡村建设发展工程、村级综合服务设施提升工程,加强道路、供水、通信等一体建设管护。实施农村人居环境整治提升五年行动,深入推进农村厕所革命、生活垃圾处理和污水治理。提升农村基本公共服务水平,引导公共教育、医疗卫生等资源向农村倾斜,推动公共就业服务机构向乡村延伸。三是加快县域内城乡融合发展。加快城乡融合发展试验区建设,把县域作为城乡融合发展的重要切入点,着力打通城乡要素平等交换、双向流动的制度性通道,强化以工补农、以城带乡,促进各类要素资源更多地向乡村流动,不断缩小城乡发展差距。四是实现巩固拓展脱贫攻坚成果同乡村振兴有效衔接。持续巩固拓展脱贫攻坚成果,健全防止返贫动态监测和帮扶机制,接续推进黄河滩区、沂蒙山区等重点区域发展,加强农村低收入人口常态化帮扶。

(五)深化经济体制改革,增强经济发展动力与活力

中央全面深化改革委员会第十八次会议强调,要"发挥全面深化改革在构建新发展格局中的关键作用"①。改革是推动发展的根本动力,近年来山东持续深化重点领域改革,加强制度创新、流程再造,经济社会发展动力和活力显著增强。"十四五"时期,山东应坚持问题导向、目标导向、结果导向,抓好中央重大改革措施的落实落细,深化经济体制改革,加快完善社会主义市场经济体制,更好地发挥改革在融入新发展格局、推动高质量发展中的关键作用。

一是激发各类市场主体活力。深化国资国企改革,加快实现由管企业向管

---

① 《习近平主持召开中央全面深化改革委员会第十八次会议》,新华网,2021年2月20日,http://zw.china.com.cn/2021-02/20/content_77229838.html。

资本转变，健全以管资本为主的国有资产监管体制，进一步明确国有资本投资公司、运营公司的定位，更好地发挥国有资本投资公司、运营公司的作用；加快国有经济布局优化和结构调整，推动国有资本向"十强"产业、优势企业、核心主业和公共服务领域集中；实施国企改革三年行动，深化国有企业劳动、人事、分配制度改革，完善市场化薪酬分配机制，加快推进国有企业混合所有制改革，释放企业创新活力。落实《山东省优化营商环境条例》，从法治保障、环境整治、方法创新等方面精准发力，破除制约民营企业发展的各种壁垒，促进民营企业、民营经济高质量发展；完善促进中小微企业和个体工商户发展政策法规体系，助推中小微企业和个体工商户转型升级，激发中小微企业和个体工商户的活力和创造力。二是加快建设高标准市场体系。推进要素市场化配置改革，建立健全统一开放的要素市场体系，创新要素市场化配置方式，健全要素市场化运行和监管机制。深化产权制度改革，完善产权制度，加强产权保护，依法平等保护民企产权，保障民营企业家权益。牢固树立"保护知识产权就是保护创新"的理念，健全完善知识产权保护体系，加强知识产权保护。三是深化财税金融改革。加强财政资源统筹，增强财政调控能力。进一步明确各级财政事权与支出责任，建立权责清晰、财力协调、区域均衡、保障有力的省以下各级财政关系，增强基层公共服务保障能力。深化预算管理制度改革，健全预算绩效管理体系，强化预算约束和绩效管理，提高财政支出效益。深化增值税、资源税等税制改革，健全地方税体系，完善税费制度，增强税费对经济发展的调节引导作用。深入推进农商行、城商行等地方金融机构改革，大力发展普惠金融，积极发展多层次资本市场，推动金融更好地服务实体经济。四是打造一流营商环境。持续深化"放管服"改革，实行政府部门权责清单制度，加快政府职能转变，更大力度向市场、社会、基层放权；完善一体化政务服务平台建设，推进政务服务标准化、规范化、便利化。健全重大政策事前评估和事后评价制度，提高决策科学化、民主化、法治化水平。完善对各类市场主体一视同仁、平等对待的制度规范，保障各种所有制经济平等受到法律保护，保障各类市场主体依法平等使用各类生产要素和公共服务资源。实施涉企经营许可事项清单管理，对新产业、新业态包容审慎监管，加强社会信用体系建设，促进企业制度性交易成本降低和市场主体发展活力、创造力增强。

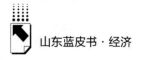

（六）推动高水平对外开放，打造对外开放新高地

推进高水平对外开放，是构建以国内大循环为主体、国内国际双循环相互促进的新发展格局的客观要求，是依托国内市场优势开拓国际合作新局面的重大举措。"十四五"期间，山东应主动融入和服务国家对外开放大局，加快构建更高水平开放型经济新体制，建设高能级对外开放平台，增强全球资源要素集聚配置能力，打造对外开放新高地。

一是高标准推进山东自贸试验区建设。超前谋划自贸试验区2.0版，赋予自贸试验区更大改革开放自主权，对标国际高水平经贸规则，加大在市场准入、管理标准、透明度、知识产权保护、监管规则等重要领域的先行先试和压力测试，形成更多可复制、可推广的制度创新成果，引领和带动全省新阶段高水平对外开放。二是推进外贸创新发展。推动国际贸易"单一窗口"全链条建设，进一步提升贸易便利化水平。加快外贸转型升级基地建设，依托各类产业集聚区，做大做强主导产业链，完善配套支撑产业链，增强优质出口产品供给能力。加快自主出口品牌培育，加强国际营销网络建设，加快发展跨境电商、市场采购、保税维修、离岸贸易等新兴贸易业态。积极扩大进口，高水平建设国家级进口贸易促进创新示范区。促进内外贸一体化，推进内外贸产品同线同标同质，引导外贸企业统筹用好国内国际两个市场。深化服务贸易创新发展试点，加快山东服务贸易发展。三是促进双向投资量质齐增。着力提升利用外资质量和水平，全面落实外商投资准入前国民待遇加负面清单管理制度，推动"非禁即入"普遍落实，进一步放宽金融、电信、教育、医疗、文化等领域市场准入，加强外商投资保护，健全外商投资服务和促进体系，围绕新旧动能转换"十强产业"，大力引进具有战略性、引领性、支撑性作用的先进制造业和高端服务业项目。有序开展对外投资，健全和保障境外投资的政策和服务体系，以钢铁、建材、电力、化工、轻纺、通信、工程机械等行业为重点，深化国际产能和装备制造合作，培育更多源自山东的跨国公司。四是深度融入"一带一路"建设。抓住《区域全面经济伙伴关系协定》（RCEP）带来的机遇，深化与日韩、东盟各国经贸合作。高标准推进上合组织地方经贸合作示范区建设，打造"一带一路"国际合作新平台，进一步提升与上合组织国家能源资源、基础设施、国际产能等方面合作水平。五是加强国际与地方经贸合作。深化与日韩的全方位、多层次、宽领域经贸合作，落实与日韩达成的地方经贸合作机制化安排，推动制度型开放先行先试，全面提升与日韩合作的层次和水平，打造中日韩地方经贸合作示范区。同时，积极拓展更多国际地方经贸合作和友城交往渠道。六是加快开发区转型升级。深化开发区体制机制创新，全面推动开发区由"政府运营型"向"企业服务型"转变；加强开发区开放创新，着力引进符合产业发展导向的重大先进制造业项目和跨国公司地区总部等功能性机构；强化开发区科技创新，依托龙头企业建设产业共性技术创新平台，增强开发区产业创新能力。七是加快完善国际物流体系。充分发挥山东区位优势和交通优势，通过构建内外联通的交通基础设施、创新中欧班列发展运营模式、进一步优化口岸通关服务等手段，构建横贯东西、南北通达、高效快捷的综合运输网络，打造辐射带动我国中西部地区发展、深度参与全球经济合作的重要门户，以及东连日韩、西接欧非、南到东盟、北接俄罗斯的国际大通道。八是加强省际合作。积极融入、对接、服务国家重大区域发展战略，加强省际经济合作，在全国新发展格局构建中更好地发挥山东作用。发挥山东半岛城市群在黄河流域生态保护和高质量发展战略中的龙头作用，加强与中原城市群、关中平原城市群的协同发展，推进产业协作和基础设施互联互通，携手打造黄河科创大走廊、黄河现代产业合作示范带；深入对接国家区域发展战略，深化与京津冀、长江经济带、粤港澳大湾区、长三角等区域的经济合作；抓住雄安新区进入大规模建设阶段机遇，更好地服务雄安新区建设。

B.2
2020~2021年山东经济运行的统计分析

董晓青　杨渊蕙*

摘　要：　2020年，山东全省上下以习近平新时代中国特色社会主义思想为指导，积极应对前所未有的新冠肺炎疫情冲击和错综复杂的宏观经济形势，扎实做好"六稳"工作、全面落实"六保"任务，大力推进八大发展战略，加快实施九大改革攻坚，出台系列务实管用政策措施，有效推动生产生活秩序快速恢复，市场供需关系稳步改善，发展活力动力持续增强，就业民生保障有力，全省经济运行呈现"一季度冷、二季度暖、三季度进"的全面恢复、持续回升向好态势，经济发展韧性潜力充分显现，高质量发展迈出新步伐，社会大局保持稳定，但仍存在服务型制造发展不够充分、劳动力供需结构性矛盾较为突出、对外开放的产业堵点较多等问题。2021年，经济发展外部环境不确定性、不稳定性因素将长期存在，"危"与"机"的动态转换也将长期存在。山东要准确识变、主动求变，发挥优势，快补短板，推动全省经济步入"稳进健"发展通道。

关键词：　经济运行　民生保障　高质量发展

---

* 董晓青，山东省统计局处长，高级统计师，研究方向为统计分析研究；杨渊蕙，国家统计局山东调查总队一级调研员，高级统计师，研究方向为经济形势分析。

2020 年，山东积极应对前所未有的新冠肺炎疫情冲击和错综复杂的宏观经济形势，以习近平新时代中国特色社会主义思想为指导，认真贯彻习近平总书记关于统筹疫情防控和经济社会发展工作的重要指示精神，深入落实党中央、国务院各项决策部署和省委、省政府工作要求，坚决打赢疫情防控的人民战争、总体战和阻击战，扎实做好"六稳"工作、全面落实"六保"任务，大力推进八大发展战略，加快实施九大改革攻坚，出台系列务实管用政策措施，有效推动生产生活秩序快速恢复，市场供需关系稳步改善，发展活力与动力持续增强，就业民生保障有力，全省经济运行呈现"一季度冷、二季度暖、三季度进"的全面恢复、持续回升向好态势，经济发展韧性潜力充分显现，高质量发展迈出新步伐，社会大局保持稳定。地区生产总值统一核算结果显示，2020 年前三季度全省实现生产总值 52186.0 亿元①，按可比价格计算，同比增长 1.9%，增速年内首次由负转正，好于全国平均水平，比上半年提高 2.1 个百分点。分产业看，第一产业增加值 3743.1 亿元，增长 1.6%，比上半年提高 0.7 个百分点；第二产业增加值 20171.2 亿元，增长 1.8%，比上半年提高 2.5 个百分点；第三产业增加值 28271.7 亿元，增长 2.0%，比上半年提高 2.1 个百分点。

一　2020年经济运行主要特点

（一）经济走稳向好势头进一步巩固

2020 年，山东统筹推进疫情防控和经济社会发展，充分发挥产业体系完备、动能转换底板加厚、市场潜力巨大等优势，加快推动复工复产、复商复学，生产生活秩序快速向常态化方向发展，经济呈现恢复性、反弹式增长。进入三季度，随着积极因素加速集聚，经济运行稳定恢复，多数指标回升向好。

1. 政策举措助推市场预期回升

加大减税降费力度，累计为市场主体新增减负 1146 亿元。争取中央下达各类转移支付和新增债券资金 6501 亿元，其中抗疫特别国债、特殊转移支付等新增资金 661.5 亿元，直达市县基层，直接惠企利民。据对 464 家制造业、

---

① 本报告所有数据、图表资料来源于山东省统计局、国家统计局山东调查总队。

建筑业、交通运输业、批零住餐企业的重点调查，截至 2020 年 9 月底，83.8% 的企业已恢复至疫情发生前水平的八成以上，44.0% 的企业产能利用率增加。企业预期信心持续提升，认为 2021 年形势持平或乐观的企业占 80.9%。

2. 行业生产加快复苏回升

（1）农业生产基本稳定

粮食总产量稳定提高。2020 年，山东省委、省政府及各级党委政府高度重视粮食生产，不断加大粮食生产的政策扶持力度和资金投入力度，全省粮食播种面积基本稳定，单产实现新突破，达 438.47 公斤/亩，全年粮食生产喜获丰收。2020 年全年粮食总产量达 5446.81 万吨，比 2019 年增加 89.81 万吨，同比增长 1.7%，增幅比全国高 0.8 个百分点。总产列黑龙江、河南之后，稳居全国第三位。其中，夏粮总产 2569.20 万吨，增加 15.93 万吨，同比增长 0.6%；秋粮总产 2877.62 万吨，增加 73.89 万吨，同比增长 2.6%。

畜牧业生产加速恢复。2020 年，山东省委、省政府统筹推进疫情防控和畜牧业发展，关系居民"菜篮子"的畜牧业生产加速恢复，生猪产能恢复成效显著，家禽生产增势稳固，主要畜产品产量稳步提升。2020 年，山东猪牛羊禽肉产量 721.80 万吨，较 2019 年增长 3.3%。其中，猪肉产量 271.03 万吨，同比增长 6.4%；禽肉产量 357.05 万吨，同比增长 7.0%。禽蛋产量 480.92 万吨，较 2019 年增长 6.8%。牛奶产量 241.42 万吨，较 2019 年增长 5.9%。

（2）工业经济全面恢复

前三季度，随着减税降费、扩消费、强投资等一系列政策效果持续显现，国内市场加快复苏，全省工业体系完备，行业门类齐全的优势发挥重要作用，生产月度增速加速上扬，"装备+出口+消费"三核拉动格局正在加速形成，工业经济形势持续向好。前三季度，全省规模以上工业增加值同比增长 2.9%，比上半年提高 3.0 个百分点。分月度看，9 月规模以上工业增加值增长 10.1%，已达到近 5 年来月度最高水平，为山东经济短期内实现强势反弹提供了强劲支撑。分行业看，在 41 个大类行业中，有 24 个行业实现增长，增长面为 58.5%。

装备工业继续保持较快增长。受重卡国三更换国六标准、各地基础设施建设进度加快等政策因素带动，前三季度装备工业实现增加值增长 11.3%，高于规模以上工业 8.4 个百分点，比上半年提高 7.5 个百分点，是当前山东省工业增长的首要拉动力量。其中，汽车、专用设备、计算机通信和其他电子设备制造等行业增加值分别增长 24.5%、15.0%、9.2%，均明显高于规模以上工业平均水平。

工业出口形势加速向好。随着欧美启动经济复苏步伐加快，国内产业门类齐全优势得以体现，部分国内产品替代了其他国家出口份额，出口订单逐渐回归国内，工业出口明显加快。前三季度，规模以上工业出口交货值下降0.8%，降幅分别比 1~8 月和上半年收窄 2.4 个和 4.5 个百分点。

消费品行业生产明显加快。前三季度，规模以上消费品行业增加值下降0.9%，降幅分别比 1~8 月和上半年收窄 0.9 个和 0.5 个百分点。在全部 13 个消费品行业中，除化纤行业外，其余 12 个行业增速均比 8 月有所提高。其中，农副食品加工、酒饮料、纺织等与礼品、假日消费相关的行业增加值增速分别比 8 月提高 8.8 个、8.7 个和 5.6 个百分点。

（3）服务业持续回暖向好

前三季度，全省服务业发展稳中向好，重点行业恢复势头良好，企业生产经营状况持续改善。服务业实现增加值 28272 亿元，增速由负转正，为 2.0%，比上半年提高 2.1 个百分点，分别比 GDP 和第二产业高 0.1 个和 0.2 个百分点。

规模以上服务业企业生产经营持续回暖。前三季度，实现营业收入同比下降 0.9%，降幅比 1~8 月收窄 1.4 个百分点。行业趋势向好面扩大，在 32 个行业大类中，有 23 个行业营业收入增速提升或降幅收窄，占比达 71.9%。

中小型企业继续领跑服务业增长。前三季度，实现营业收入增长 4.3%，比 1~8 月提高 0.8 个百分点，高于规模以上服务业 5.2 个百分点。其中，小型企业增长 2.2%，比 1~8 月提高 1.5 个百分点，高于规模以上服务业 3.1 个百分点。

服务业发展新动能加快释放。1~8 月规模以上服务业中，信息传输、软件和信息技术服务业营业收入增长 7.6%，比上半年提高 6.7 个百分点，其中互联网和相关服务增长 28.9%，连续 4 个月增速在 20% 以上；软件和信息技术服务业增长 7.8%。医药研发、检验检疫、技术改造等业务蓬勃发展，带动科学研究和技术服务业增长 4.4%，比上半年提高 11.3 个百分点，其中研究和实验发展增长 14.1%。

规模以上服务业企业减税降费成效明显。疫情发生以来，全省全面落实国家减税降费政策，及时出台"支持生活性服务业等健康发展18条"等措施，加大降税免税力度，帮助企业应对疫情，支持企业健康发展。前三季度，规模以上服务业缴纳生产税（税金及附加＋应交增值税）同比下降11.5%；每百元营业收入缴纳生产税2.7元，同比减少0.3元。受疫情冲击较大的生活性服务业税费减免效果最显著，居民服务、修理和其他服务业，文化、体育和娱乐业每百元营业收入缴纳生产税分别为2.6元和3.1元，同比分别减少0.6元和0.8元。

企业信心稳步增强。服务业企业生产经营状况加快恢复，对未来发展信心逐步增强。调查显示，三季度77.2%的规模以上服务业企业盈利环比增加或持平，比二季度提高8.2个百分点；70.7%的企业业务预订量高于或处于正常水平，比二季度提高10.5个百分点；31.8%的企业对未来经营状况表示乐观，比二季度提高5.1个百分点，其中大型、中型乐观企业占比分别达39.7%和37.1%，分别比二季度提高6.6个和6.5个百分点。

3. 需求带动作用释放

（1）重大项目加快建设

2020年，全省把抓项目稳投资作为落实"六稳""六保"的有力抓手，不断加大项目建设推进和谋划储备力度。集中抓好12121个省市县三级重点项目建设，前三季度计划新开工项目5070个，实际开工5108个。769个补短板项目开工475个，完成投资1496亿元。专项债券支持项目1678个，开工1594个，开工率94.9%，完成投资2904亿元。大项目投资拉动作用较强。前三季度，省亿元以上项目个数、计划总投资、本年完成投资同比分别增长30.8%、22.3%、8.2%，其中10亿元以上项目同比增长21.0%、20.7%、5.2%；亿元以上项目完成投资占全部投资的比重为61.3%，同比提高3.1个百分点，拉动全部投资增长4.7个百分点。在20个行业门类中，10个门类的亿元以上项目投资为正增长，其中农林牧渔业、信息传输软件和信息技术服务业、水利环境和公共设施管理业、卫生和社会工作投资增速高于40%。

（2）投资呈现企稳回升态势

一是基础设施投资拉动作用明显。前三季度，基础设施投资增长12.9%，占全部投资的比重为22.8%，同比提高2.0个百分点，拉动全部投资增长2.7个百分点。济泰高速等项目抢抓秋季施工黄金期，全力加快建设进度，道路运输业投资同比增长 8.6%，拉动基础设施投资增长 2.7 个百分点。潍烟高铁、莱荣高铁开工建设，潍莱高铁计划 2020 年内建成通车。枣菏高速、济乐高速南延、济南国际机场航站区北指廊工程建成投运。青宁输气管道工程、荣成高温气冷堆工程等重大能源项目加快推进。新建 5G 基站 4 万个，累计超过 5 万个，占全国的 1/10，16 市城区实现 5G 网络全覆盖。电信、广播电视和卫星传输服务投资增长 245.9%，拉动基础设施投资增长 0.9 个百分点。全面实施黄河灌区农业节水、小清河流域防洪综合治理等重点水利工程，截至 2020 年 9 月底，《山东省重点水利工程建设实施方案》确定的 1932 个工程已完成 1460 个，对 328 座中小型水库进行除险加固，水利管理业投资增长 47.0%，拉动基础设施投资增长 2.4 个百分点。

二是制造业投资持续好转。制造业投资不断回暖，9 月份增长 4.5%，前三季度下降 3.5%，降幅比上半年收窄 2.1 个百分点。前三季度，31 个制造业行业大类中的 9 个行业投资增速为正，18 个行业增速比 1~8 月有所提升。高技术制造业投资快速增长，增速达 27.7%，拉动制造业投资增长 3.4 个百分点；占全部制造业投资的比重为 16.3%，同比提高 4.0 个百分点，其中计算机及办公设备制造业、电子及通信设备制造业、医疗仪器设备及仪器仪表制造业投资分别增长 57.8%、21.3% 和 20.5%。

三是民间投资加速复苏。民间投资趋于活跃，9 月增长 7.6%，前三季度增长 2.3%，比上半年提高 2.7 个百分点。其中，电力热力燃气及水的生产和供应业、教育业、房地产业民间投资分别增长 44.3%、8.9% 和 4.2%，增速分别比上半年提高 11.5 个、3.3 个和 4.7 个百分点；制造业、居民服务修理和其他服务业民间投资分别下降 7.5% 和 22.3%，降幅分别比上半年收窄 1.1 个和 18.5 个百分点。

四是医药卫生领域投资加快推进。2020 年以来，山东省围绕补短板、强弱项，加快布局一批疫苗预防、创新药物以及高端医疗器械研发生产项目，推进基层医疗卫生和公共卫生项目建设。前三季度，全省医药制造业投资增长 41.6%，比上半年提高 11.1 个百分点。分项看，卫生材料及医药用品制造投资增长 112.6%，提高 26.6 个百分点；卫生行业投资增长 30.5%，提高 7.4 个百分点，其中疾病预防控制中心、乡镇卫生院、综合医院投资分别增长 136.8%、84.0% 和 15.1%，分别提高 76.9 个、8.3 个和 4.2 个百分点。

五是疫情影响较大行业投资逐步恢复。随着国内疫情得到有效控制，居民消费潜力不断释放，受疫情影响较大的批发和零售业、住宿和餐饮业、文化体育和娱乐业等行业投资逐步恢复。前三季度，批发和零售业投资下降22.3%，降幅比上半年收窄5.6个百分点，其中零售业下降11.4%，比上半年收窄8.2个百分点。住宿和餐饮业投资下降7.9%，收窄1.4个百分点，其中餐饮业下降28.7%，收窄9.0个百分点。文化体育和娱乐业投资增长11.2%，增速比上半年提高2.5个百分点，其中体育业增长129.6%，提高77.8个百分点。

（3）消费市场步入正增长通道

2020年，国家系列利促销费政策及山东省细化举措落地见效，消费市场在年初降至冰点后持续回暖，复苏进程明显加快。前三季度，实现社会消费品零售总额19960.4亿元，同比下降4.5%，降幅比上半年收窄5.0个百分点。从走势看，三季度增速由负转正，增长5.2%，扭转一、二季度下降趋势，月度增幅呈逐月扩大态势。其中9月社会消费品零售总额2605.4亿元，同比增长8.1%。

一是城乡消费协同回升均衡扩容。随着全省一系列促进农业农村高质量发展、打造乡村振兴齐鲁样板举措加快推进，商贸企业有序下沉农村市场，农村消费潜能快速释放，乡村消费市场发展提速。三季度，城镇市场实现零售额6072.0亿元，增长5.0%，比二季度提高9.3个百分点；乡村市场实现零售额1424.9亿元，增长6.4%，比城镇高1.4个百分点，比二季度提高8.9个百分点。

二是双节叠加释放传统商超销售潜能。中秋、国庆双节叠加为传统商超集聚了超旺人气，商家抢抓商机，从备货、场景布置到花式促销，全面备战节前消费，市场热度持续升温。9月，全省333家限额以上零售商超实现零售额49.5亿元，环比增长10.0%，同比增长5.9%。疫情未改消费升级趋势，畅销礼品多集中在品牌礼盒、中华老字号等升级品类，均价集中在200元左右。

三是旅游升温助推住餐行业回暖加速。省际旅游重启，国有景区门票降价，助推好客山东旅游升温。9月，台儿庄古城、尼山圣境、泰山等知名景区接待游客数量达到2020年最高值。旅游复苏带动住宿餐饮业加快回暖，限额以上住宿和餐饮企业营业额同时由降转升，分别增长6.7%和5.1%，分别比8

月回升 23.0 个和 7.8 个百分点,环比分别增长 9.5% 和 7.9%。

四是业态创新促进线上消费高速增长。线上经济逆势上扬,直播带货、社团购物、门店到家等新型消费蓬勃发展,成为消费市场一大亮点。前三季度,实物商品网上零售额增长 12.9%,高于限额以上零售额 19.4 个百分点;占比为 9.1%,同比提高 2.7 个百分点。日常居家消费品线上消费全面增长,限额以上食品饮料、服装类网上零售额分别增长 54.8% 和 15.9%,住宿餐饮企业外卖送餐服务收入增长 80.4%。

(4)房地产开发稳健运行

2020 年,全省围绕房地产稳市场、稳价格、稳预期,相继出台了加快项目建设和销售的措施,房地产市场发展基本面趋于稳定,主要指标呈现逐步回升态势。

一是项目建设规模稳步扩大。前三季度,房地产开发投资 6865.3 亿元,同比增长 7.5%,比上半年提高 4.6 个百分点。在建项目施工面积为 7.3 亿平方米,同比增长 3.3%。从房屋类型看,住宅施工面积为 5.4 亿平方米,同比增长 3.9%;以商业营业用房、办公写字楼为主的非住宅类商品房施工面积为 1.9 亿平方米,同比增长 1.6%。在建项目规模稳步提升,房地产投资后续增长有潜力。

二是销售面积恢复正常水平。随着复工复产形势不断好转,房地产市场恢复速度不断加快。前三季度,商品房销售面积为 8969.1 万平方米,增速首次由负转正,增长 0.6%,比上半年提高 5.0 个百分点。其中,住宅销售面积为 8103.2 万平方米,增长 1.3%,拉动商品房销售面积增长 1.1 个百分点。商品房销售额 7456.8 亿元,增长 4.5%,比上半年提高 6.3 个百分点,其中住宅销售额 6860.7 亿元,增长 6.4%,拉动商品房销售额增长 5.8 个百分点。

三是改善型住宅发挥明显带动作用。前三季度,房地产市场呈现品质升级趋势,以改善型需求为主的中大户型住宅发挥重要拉动作用。从投资看,90 平方米以上住宅投资 4799.0 亿元,增长 9.8%,拉动全部房地产开发投资增长 6.7 个百分点。从销售看,90 平方米以上住宅销售面积 7615.2 万平方米,增长 3.4%,拉动商品房销售面积增长 2.8 个百分点,对全省商品房销售面积回升起到了关键作用。

四是开发资金保障力度进一步增强。前三季度,房地产开发到位资金 1.4 万亿元,是开发投资的 2.0 倍,项目建设资金有保障。其中,2020 年到位资金9296.2亿元，与2019年同期持平，增速比上半年提升2.4个百分点。随着市场销售向好，企业资金筹措能力增强，自筹资金到位3056.3亿元，增长3.5%，比上半年提升2.3个百分点；占2020年到位资金的比重为32.9%，同比提升1.1个百分点。

（5）外经外贸发展势头良好。全省进出口增速逐季回升，一、二、三季度增速分别为-3.7%、-2.7%、18.2%，前三季度实现进出口总额15563.3亿元，增长4.2%，其中出口8923.6亿元，增长10.0%；进口6639.7亿元，下降2.7%。总量和增速继续保持全国前列，增速在全国外贸前六位省市中居于首位。当月进出口值、出口值创历史新高。受疫情影响，2020年初山东省月度进出口值明显下滑，此后随着疫情得到有效控制，复工复产稳步推进，进出口值波动回升，下半年回升加快，继7月、8月连续创年内新高后，9月增速继续加快，实现进出口2196.9亿元，同比增长24.5%，环比增长10.5%，再创历史新高。其中，出口1356亿元，同比增长40.0%，环比增长14.5%；进口840.9亿元，同比增长5.7%，环比增长4.7%。从进口产品看，原油、金属矿及矿砂出现下降，机电产品、农产品、消费品保持增长。前三季度，原油进口1836.9亿元，下降15.4%；机电产品进口1333.4亿元，增长7.1%；金属矿及矿砂进口1072.8亿元，下降2%，其中铁矿砂588.7亿元，增长13.7%，铝矿砂211.8亿元，下降12.7%，铜矿砂159.8亿元，下降29.6%；农产品进口867.7亿元，增长9.9%。消费品进口507.8亿元，增长17.7%。从出口产品看，机电产品占比最高，劳动密集型产品增速最快，农产品持续稳定增长。前三季度，机电产品出口3734.1亿元，增长8.7%，占全省出口的41.8%；劳动密集型产品出口1944.5亿元，增长23.8%，占全省出口的21.8%；农产品出口911.0亿元，增长4.5%，占全省出口的10.2%。此外，汽车零配件出口658.7亿元，下降11.6%，橡胶轮胎出口425.8亿元，下降11.0%；文化产品出口372.6亿元，增长20.3%；钢材出口344.4亿元，下降13.2%。

4. 财税金融运行稳定

财政收入继续改善，前三季度一般公共预算收入下降2.1%，降幅较上半年收窄3.7个百分点，其中9月一般公共预算收入、税收收入分别增长9.7%、11.7%，三季度分别增长8.1%、5.2%。信贷投放持续加快，9月末，社会融资规模达15.1万亿元，增长14.7%，增幅连续21个月高于全国；金融机构本外币贷款余额9.7万亿元，增长13.1%，增速同比提高1.8个百分点。对实体经济支持力度加大，企（事）业单位贷款余额增长10.3%，占比达63.4%；制造业新增贷款216.4亿元，同比多增1185.2亿元；普惠口径小微贷款比年初增加2012.4亿元，是2020年全年的1.7倍。新增上市公司18家，新增直接融资额5730.4亿元，增长21.3%。

（二）动能转换发力提速

坚定不移培植壮大新兴产业，坚定不移改造提升传统产业，新旧动能转换初见成效。高技术制造业快速发展，2020年前三季度实现增加值增长6.8%，高于规模以上工业增加值3.9个百分点。智能行业及产品增势强劲，其中计算机及办公设备制造业、集成电路制造业、光电子器件制造业增加值分别增长24.7%、19.3%、14.6%。服务器、智能电视、半导体分立器件、集成电路圆片等高端智能产品产量分别增长43.8%、26.4%、15.0%、36.9%。有序推进地炼产能整合，加快裕龙岛炼化一体化、世界高端铝业基地、山东重工绿色智造产业城等重大项目建设，实施技改项目8800个，完成投资增长9.3%。"十强"产业加快壮大，集中打造70个"雁阵形"产业集群、105个龙头企业。深入实施"领航型"企业培育工程，选择10个重点行业、30条重点产业链，确定主攻方向，优化产业链、供应链、创新链体系。新经济投资加速布局，"四新"经济投资增长15.8%，增速高于全部投资13.1个百分点，占全部投资的比重为48.6%；高技术产业投资增长15.1%，增速高于全部投资12.4个百分点，其中高技术制造业、高技术服务业投资分别增长27.7%和5.4%。科技创新力度不断加大，新布局8家省级技术创新中心，总数达23家。新获批国家级科技企业孵化器14家、国家众创空间50家、国家专业化众创空间2家。入库国家科技型中小企业1.5万家，是2019年全年入库总量的1.6倍。重大科技创新平台建设成效显著，高水平推进山东产业技术研究院、高等技术研究院、能源研究院建设。济南获批建设国家新一代人工智能创新发展试验区，枣庄市国家可持续发展议程创新示范区、"潍柴"国家燃料电池技术创新中心等即将获批。青岛海洋科学与技术试点国家实验室正式入列。在人工智能、医养健康、新能源、先进材料与绿色制造等领域，首批启动建设4家省实验室。创新成果转化明显加快，2020年前三季度全省技术市场共登记技术合同 20424 项，增长 50.7%；成交额 967.66 亿元，增长 186.4%。线上消费加速拓展，实物商品网上零售额增长 18.3%；占社会消费品零售总额的 14.1%，同比提高 4.8 个百分点。外贸新业态蓬勃发展，跨境电子商务进出口 41.8 亿元，增长 149%，其中网购保税进口增长 786.7%、跨境直购出口增长 81.8%。

（三）转型升级步实态稳

经济结构持续优化升级，2020 年前三季度山东三次产业结构为 7.2∶38.6∶54.2，服务业比重同比提高 0.7 个百分点，高于第二产业 15.5 个百分点。在当前复杂多变的经济环境下，服务业对经济增长的贡献率达 53.8%，拉动经济增长 1.0 个百分点，充分发挥了经济发展"稳定器"和"推进器"的作用。高技术服务业逆势加快发展，前三季度实现营业收入 1638.1 亿元，占规模以上服务业比重为 28.0%，同比提高 2.5 个百分点；增长 8.5%，增速比规模以上服务业高 9.4 个百分点，比上半年提高 5.4 个百分点；拉动规模以上服务业增速提升 2.2 个百分点，比上半年提高 1.4 个百分点，有力地带动了整个服务业加快恢复。工业加快向中高端迈进，前三季度，工业技改投资增长 9.4%，比上半年提升 1.5 个百分点；规模以上工业装备制造业增加值占比为 25.2%，比上半年提高 0.9 个百分点，9 月，高端化工、高端装备增加值分别增长 13.8% 和 15.1%。投资结构不断优化，服务业投资占比达 68.3%，同比提高 0.5 个百分点；"四新"经济投资增势强劲，前三季度增长 15.8%，增速高于全部投资 13.1 个百分点；占全部投资的比重为 48.6%，同比提高 5.5 个百分点，拉动全部投资增长 7.7 个百分点。其中，现代农林牧渔业、节能环保活动、互联网与现代信息技术服务投资增速均超过 30%。"十强"产业投资增长较快，前三季度项目个数、完成投资分别增长 13.9% 和 3.8%。其中，新一代信息技术、高端装备、高端化工、新能源新材料、高效农业、医养健康六大产业的项目个数与完成投资增速均超过 10%。消费升级动力增强，限额以上能效等级 1 级和 2 级商品类零售额增长 64.6%，智能家用电器和音响器材增长 1.7 倍，新能源汽车增长 35.9%。积极扩大线上消费，实施"优质鲁货与电商平台对接工程"，大力发展直播带货，与中央广播电视总台合作开展"新消费 爱生活——山东消费年"活动，第三方机构监测数据显示，前三季度全省电商直播场次 101.9 万场，参与直播商品 145.7 万件，实现网络零售额

336.3亿元。以"鲁有礼、齐购物、惠享山东"为主题，举办"2020惠享山东消费促进季"专项活动，同时推动家政企业由单纯提供居家服务向"服务＋产品"经营模式转变，指导电商、快递企业"下沉式"供应促消费，打通末端配送"最后一百米"，进一步释放居民消费潜力。山东各市聚焦不同行业、多种需求，线上发放消费券3.56亿元，拉动消费14.79亿元。

（四）市场活力持续释放

通过推动企业登记注册便利化，开办"一窗通"系统等制度创新、流程再造和"一次办好"改革，建立容缺受理、办理、预批复制度，进一步深化"放管服"改革，持续优化营商环境。市场主体快速增加，2020年前三季度新登记市场主体163.2万户，其中新登记企业60.5万户，增长14.5%。有序推进国资国企改革，新增混改企业72家，推动符合条件的10户上市公司全部实施股权激励。港口集团组建后，年货物吞吐量跃居全球首位，2020年以来吞吐量、集装箱量、效益三大指标逆势增长，领跑全国沿海港口。山东重工与中国重汽重组后，重卡产销量跃居国内和全球前列。实施山东能源与兖矿集团、山东高速与齐鲁交通联合重组，组建了国欣颐养健康集团、国欣文旅集团，为全省"十强"产业发展注入新活力。加快推进农村集体产权制度改革，97.5%的村（组）完成股权证书发放，土地流转面积达到3890.4万亩。公共卫生、科教人才、财税金融等领域改革取得实质性进展。交通物流保持较快增长态势，铁路货运量增长12.1%，其中9月增长11.9%；公路水路货运量下降0.3%，降幅比上半年收窄1.6个百分点，其中9月货运量增长7.7%。邮政快递增速提升，邮政业务总量增长38.2%，比上半年提升4.7个百分点；快递业务总量增长44.2%，比上半年提升5.1个百分点。电信业务总量增长17.4%。

（五）对外开放水平提升

2020年，为稳住外贸基本盘，全省及时出台、动态优化稳外贸稳外资工作方案，先后制定稳外贸"15条"、稳外贸稳外资"32条"、高水平利用外资"20条"等政策措施，积极应对疫情防控压力、外部经贸摩擦阻力等，把握外贸形势变化，积极拓展外贸市场，稳外贸工作扎实推进，外经外贸取得明显成效。一是贸易结构继续优化。一般贸易、保税物流进出口保持增长，前三季度一般贸易进出口 10639.4 亿元，增长 6.4%，占同期全省进出口总值的 68.4%，高于加工贸易 51.0 个百分点；以加工贸易方式进出口 2700.7 亿元，下降 10.7%；以保税物流方式进出口 1886.2 亿元，增长 12.2%。二是民营外贸企业进出口突破万亿元。2020 年前三季度，外贸民营企业保持增长势头，实现进出口 1.1 万亿元，占全省进出口 68.6%，同比提升 4.5 个百分点；增长 11.5%，增速比上半年提高 8.8 个百分点。其中，出口 6213.3 亿元，增长 21.8%；进口 4470.0 亿元，下降 0.1%。9 月，民营企业进出口 1542.9 亿元，增长 36.7%，环比增长 11.9%。其中，出口 988.7 亿元，增长 63.7%；进口 554.2 亿元，增长 5.6%。三是海关特殊监管区带动作用突出。2020 年前三季度，全省海关特殊监管区域进出口 1687.3 亿元，增长 13.9%，较全省外贸增速高 9.7 个百分点，占全省外贸总值的 10.8%。其中，进口 1008.3 亿元，增长 8.2%；出口 679 亿元，增长 23.5%。四是共建"一带一路"国家进出口增长势头良好。2020 年前三季度，共建"一带一路"国家进出口 4687.4 亿元，增长 10.0%，占全省进出口的 30.1%，同比提高 1.6 个百分点。其中，东盟市场进出口增速一直保持上升态势，前三季度实现新高，成为山东省第一大贸易伙伴。对东盟进出口 2038.8 亿元，同比增长 22.9%，增速高出 1~8 月 4.2 个百分点。其中，出口 1216.7 亿元，增长 29.1%；进口 822.1 亿元，增长 14.7%。东盟 10 国中，对马来西亚、泰国、越南进出口分别为 487.7 亿元、372.1 亿元、368.5 亿元，合计占东盟进出口的 60.2%。同期，对拉丁美洲进出口 1815.2 亿元，下降 11.3%；对欧盟（不含英国）进出口 1668.5 亿元，增长 10.6%；对美国进出口 1564.2 亿元，增长 7.4%；对韩国进出口 1486.5 亿元，增长 3.6%。此外，对日本进出口 1134.9 亿元，增长 2.9%；对非洲进出口 1083.4 亿元，下降 20.5%。全力打造对外开放新高地，实施自贸试验区试点任务 102 项，形成 60 项制度创新案例，36 项已在省内复制推广。1~8 月，自贸试验区实际利用外资 7.7 亿美元，完成进出口 1837.3 亿元。上合示范区"四大中心"建设初见成效，1~8 月上合示范区进出口 7.2 亿美元，增长 16%。全力开拓"一带一路"市场，开行欧亚班列 1151 列，增长 45.5%。成功举办对话山东—日本产业合作交流会，组织 3 场"山东连线世界 500 强"活动和 50 场山东出口商品云展会。实际使用外资高速增长，2020 年前三季度达到 107.8 亿美元，增长 27.9%，增速高于全国 25.4 个百分点，在全国排名前六位省市中居于首位。高技术产业实际使用外资增长 48.5%。中国香港、新加坡、美国、荷兰、日本、澳大利亚等主要外资来源地对山东省投资分别增长 41.6%、130.3%、31.6%、63.2%、42.6% 和 127.1%。

（六）生态环保建设全面推进

深入贯彻落实绿色发展理念，持续推进"四减四增"，加快绿色循环低碳发展，大力发展新能源，持续推动节能降耗减排，能源生产与消费结构明显优化，经济生态转化取得新进展。新能源和可再生能源发电量增长快。2020 年前三季度，新能源发电装机容量 3748.1 万千瓦，增长 18.7%，占全部电力装机容量的 25.7%。其中，水电装机容量增长 76.4%，风电增长 21.1%，太阳能发电增长 20.7%，垃圾发电增长 29.2%。从发电看，新能源发电量 610.4 亿千瓦时，增长 10.6%，其中风能、太阳能、生物质发电量分别增长 21.1%、20.7% 和 10.5%。工业减煤效果明显。前三季度，规模以上工业煤炭消费量 26648.1 万吨，下降 14.0%，降幅比上半年高 1.1 个百分点；累计压减煤炭消费 4354.9 万吨，已超额完成全年压煤任务。其中，六大高耗能行业压煤占规模以上工业压煤总量的 93.8%。电代煤成效明显，新能源和可再生能源发电量以及省外输入电量合计达 867 亿千瓦时，增长 23.2%。进一步减少燃煤发电，其中燃煤发电减少用煤 1113.5 万吨，炼焦用煤减少 1711.3 万吨。用能效率不断提高。全省重点用能企业不断更新设备，加强节能管理，调整产品结构，重点耗能工业产品单耗下降面不断扩大　能源利用效率不断提升。前三季度，在重点监测的 65 项产品指标中，有 41 项产品单耗同比下降，下降面为 63.1%，同比扩大 1.6 个百分点。分产品看，炼焦单耗下降 4.9%，烧碱单耗下降 2.4%，水泥单耗下降 3.5%，电解铝单耗下降 0.4%，合成氨单耗下降 2.5%，造纸单耗下降 0.9%。规模以上工业能源利用效率整体同比提升 1.2 个百分点。生态环境持续向好，空气质量改善明显，全省主要污染物平均浓度持续降低，PM2.5 浓度同比下降 14.3%，优良天数比例平均为 69.5%，同比增加 12.8 个百分点；设区市 166 条黑臭水体全部消除。

（七）民生保障兜底能力增强

1. 积极稳岗援企保就业，就业局势保持总体稳定

先后出台稳就业"24 条"、保居民就业"34 条"、"三保'10 条'"，制定

支持多渠道灵活就业"20条"等一揽子政策措施,推动就业逆势恢复、总体稳定。2020年前三季度,全省城镇新增就业93.9万人,完成年度目标的93.9%,快于时序进度18.9个百分点;9月末,城镇登记失业率3.1%,同比下降0.22个百分点,保持较低水平。实施稳岗返还扩围提标,发放稳岗返还资金33.1亿元,惠及企业26.2万户,稳定就业岗位879.2万个。

2. CPI呈前高后稳态势,同比涨势趋缓

2020年1~9月,CPI月度同比涨幅呈现先回落后趋稳的特点,1~5月分别为6.2%、5.7%、4.8%、3.6%、2.9%,回落速度快、幅度大;6~8月涨幅较为稳定,分别为2.9%、3.2%、3.1%;9月涨幅为2.3%,回落至温和上涨区间。前三季度,山东居民消费价格同比上涨3.9%,涨幅较2019年同期扩大1.3个百分点;比全国高0.6个百分点,居全国31个省(区、市)中的第3位。其中,城市上涨3.5%,农村上涨4.8%;服务项目价格上涨0.6%,消费品价格上涨5.8%。结构性上涨特点突出,食品价格涨幅较大。前三季度,食品价格同比上涨16.7%,涨幅比2019年同期扩大9.6个百分点,拉动CPI上升约3.3个百分点,影响程度为84.6%。其中,在新冠肺炎疫情、非洲猪瘟疫情与"猪周期"等因素共同作用下,猪肉价格上涨88.7%,涨幅比2019年同期扩大61.4个百分点,拉动CPI上升约2.5个百分点;进入夏季,山东降水偏多,部分地区蔬菜受灾,蔬菜供需关系出现紧平衡,新鲜蔬菜价格上涨10.1%,拉动CPI上升约0.3个百分点;鲜果类、鸡蛋供应增加,价格持续走低,分别下降15.7%、10.4%。前三季度,扣除食品和能源价格的核心CPI同比上涨1.2%,涨幅比2019年同期回落0.5个百分点。

3. 居民收入增长继续好转,四项收入全面回升

2020年前三季度,山东居民收入增长延续稳定好转态势,四项收入增速全面回升。前三季度的居民人均可支配收入为24920元,同比增长3.2%,增速比上半年回升1.3个百分点。其中,人均工资性收入为14023元,同比增长2.2%,比上半年加快0.2个百分点,占可支配收入的比重为56.3%,拉动全省居民人均可支配收入增长1.3个百分点;人均财产净收入1719元,同比增长6.3%,比上半年加快0.7个百分点,拉动全省居民人均可支配收入增长0.4个百分点;人均转移净收入3718元,同比增长8.6%,比上半年加快0.6个百分点,拉动全省居民人均可支配收入增长1.2个百分点;人均经营净收入

5459 元,同比增速年内首次转正,由上半年的下降 3.1% 转为增长 1.2%,拉动全省居民人均可支配收入增长 0.3 个百分点。

4. 坚持以人民为中心,扎实办好民生实事

继续加强教育设施建设,开工新建改扩建中小学校 312 所、完工 174 所,投入使用已建成中小学校 210 所。出台实施健全完善公共卫生体系的意见,省公共卫生临床中心一期工程完工,52 家基层医疗机构达到国家社区医院标准。居民基本医保政府补助标准由 520 元提高到不低于 550 元,个人缴费标准由 250 元提高到 280 元。居民大病保险最低报销比例由 50% 提高到 60%,最高段报销比例达 75%。基本医保实现市级统收统支。长期护理保险全面推行,参保人数达到 2705.8 万人,居全国首位。住房条件持续改善,完成危房改造 3.33 万户、农村改厕 22.7 万户;棚户区改造新开工 12.79 万套,基本建成 17.96 万套,基本建成率达 150%,提前完成全年任务;新开工老旧小区改造项目 1741 个、50.4 万户,开工率分别为 99.9%、101.4%。着力推动“两不愁三保障”和饮水安全政策落实,提前完成 1778 个产业扶贫项目、1667 个无集中供水设施村通水工程任务。民生社会领域投入力度持续加大,食品制造业、医药制造业、卫生和社会工作投资分别增长 18.1%、41.6% 和 35.3%。全省地方财政支出继续向民生领域倾斜,占比为 80% 左右。安排专项扶贫资金 31 亿元,比 2019 年增长 10.7%,带动全省投入专项扶贫资金 84.38 亿元,并统筹用好涉农资金,实现脱贫攻坚与乡村振兴有效衔接,不断巩固脱贫攻坚成果。加大对贫困地区的保障力度,推动政策资金向深度贫困地区以及革命老区、黄河滩区等重点区域、重点人群倾斜,确保完成决战决胜脱贫攻坚任务。统筹安排困难群众救助资金 69.46 亿元,全力兜牢疫情防控状态下困难群众基本生活。扎实推进黄河滩区迁建,完成工程投资 282.6 亿元,占总投资的 77%,已解决 26.1 万滩区群众防洪安全问题,27 个外迁社区中有 20 个已搬迁入住。

二 当前经济运行面临的主要问题

(一)服务型制造发展还不够充分

一方面,服务业本身发展不足。传统服务业受疫情影响较大,高端服务业

支撑不足。2020 年前三季度山东省文化体育娱乐业营业收入下降 21.7%，科学研究和技术服务营业收入规模分别仅为广东的 1/7、江苏的 1/6 和浙江的 1/4。比如，网络游戏、电商平台数据中心等新型服务基本仍处于空白。山东省缺少诸如淘宝、京东、拼多多等大型电商平台和抖音、快手等视频网站，青岛海尔等区域平台聚合效益不足，2019 年网上零售业有 1484 亿元流入外省。另一方面，高端服务业与制造业融合仍偏弱。高端生产性服务业对经济发展贡献偏弱。前三季度，互联网相关服务业、软件和信息技术服务业营业收入合计仅占规模以上服务业的 7.7%，分别比苏浙粤低 8.1 个、33.2 个和 20.4 个百分点。

（二）劳动力供需结构性矛盾较为突出

一是人才结构性短缺较为明显。比如，新兴行业岗位缺口大，服务业数字化人才缺口较大，数字化管理师、全媒体运营师等岗位应聘多、能用少问题长期困扰企业。再比如，高端人才引进难。受地理位置、经济发展程度、城市设施配套等因素影响，多数企业普遍缺乏高素质创新人才，拿不出更多更好留住人才、吸引人才的优惠政策和保障措施。二是产业需求和人才培养结合不紧密。企业迫切需要高技能人才，而职业技能人才培养错位，"招聘难"和"就业难"结构性矛盾较为突出。调研显示，部分职业学院重复设置市场营销、会计、电子商务等专业，但企业急需的实用技能操作类专业十分薄弱。比如，泰安某企业需要专业技术人员 2000 人，目前仍缺口 1000 人。三是"慢就业""不就业"现象仍在一定程度上存在。传统就业观念还比较固化，特别是大学生和年轻群体，就业"看环境、求体面"，家政服务、康养护理等服务行业用工需求大、收入高，但对年轻群体基本没有吸引力。

（三）对外开放的产业堵点依然较多

从产业结构看，山东省农产品、基础医疗等出口份额提升，但高附加值、高技术产品依然无力抢占国际市场。从产业转移看，产业配套不全、人才供给不足制约承接国外尤其是日韩高端产业转移。从"双循环"看，内外循环堵点仍在一定程度上存在。从内循环看，部分企业尤其是中小企业供应链配套难，原材料供应不足、关键零部件缺货断货等问题仍较为突出。比如，以美国为主要来源的 32 类关键芯片中，有 14 类暂时无法实现同性能替代，中央处理器、数字光处理器等高端芯片断链断供风险加大。

（四）经济稳定性需高度关注

2020 年密集出台的强力政策，到期后将有序退出，对经济稳定性可能造成一定影响。据调度，2020 年以来出台的直接惠企利民的财政政策 150 项、金融政策 40 项、就业社保政策 30 项，已到期或年底前到期的分别为 45 项、10 项和 20 项。比如，减免高速通行费、延期缴纳税款、缓缴社会保险费等助企纾困政策已到期，减免房租、免除个体工商户和小微企业税费、稳岗返还失业保险费等大部分政策执行到 2020 年底。部分企业特别是依靠政策扶持勉力维持的小微企业，普遍担心政策退出有可能影响企业。再比如，2021 年可能难以继续保持 2020 年高强度、大规模、宽领域的资金支持，金融保障能力减弱有可能影响企业稳定运营。如何弥补大规模投资利好政策效力减弱，特别是国债，专项债支持减少对经济带来的不利影响，也须高度关注。

三　几点建议

2021 年，经济发展外部环境不确定性、不稳定性因素仍将存在，"危"与"机"的动态转换也将长期存在。从国内看，构建"双循环"新发展格局战略实施，将有力促使山东省流通体系、产业体系、开放体系重塑重整。只要准确识变、主动求变，发挥优势，快补短板，2021 年山东省经济有望步入"稳进健"发展通道。

（一）更大力度推进服务型制造发展

加快高端生产性服务业与制造业融合发展，聚焦高技术服务业、互联网相关服务业和信息技术服务业等关键高端生产性服务业，立足产业布局，加快创新资源转换，下大力气解决突破创新链条不优、产学研用不强、市场导向不彰等问题瓶颈，推动产业链、效益链融会贯通，带动服务业、制造业快速发展。

（二）更大力度推进就业供需动态矛盾化解

继续坚定不移完成"稳就业""保就业"工作任务，坚持减负、稳岗、扩就业、防风险并举，多方式促进就业增长，确保就业局势稳定。根据产业转型升级需要和职业院校自身发展特点，完善专业设置动态调整机制，提高专业设置与产业结构契合度。推动职业院校和行业企业构建命运共同体，形成校企深度融合常态机制，优化就业对口率、提升满意度。强化产学研联合，创新培养模式、打造生活性服务业人才培养体系，促进新经济、新服务、新业态人才发展，为服务经济数字化提供人才支撑。

（三）更大力度推进融入"双循环"新发展格局

加快基础设施补短板，畅通供应链产业链大循环，着力打造在国家"双循环"战略布局下东西对进陆海联动、粮食能源安全等战略枢纽，以及高端装备制造、能源原材料等战略支点。积极发挥"一带一路"倡议阶段区位优势，大力实施"双招双引"，增强柔性引才，在危机中育新机，于变局中开新局。对外贸易继续保持"稳""拓"并举开枝散叶，加力开拓"一带一路"、东盟新兴市场，稳住欧美传统优势市场不放松。加大一般贸易出口规模，大力支持跨境电商、市场采购贸易等外贸新业态成长，培育拉动外贸新增长点，推动外贸布局和结构双优化。

（四）更大力度保持"六稳""六保"政策接续稳定

预计2021年国家宏观调控力度将保持动态平衡，包括信贷融资、减税降费等优惠政策可能陆续取消。就山东省而言，一方面，对需要继续实施的政策应继续坚定不移落地落实，持续发挥政策支撑效应，帮助企业渡过难关、走上正轨；另一方面，对确实需要退出的政策，应及时推出相关辅助政策措施，为市场主体预留一定过渡期，巩固拓展全省经济修复回升态势。

参考文献

宋晓雨：《山东经济交出合格答卷》，《联合日报》2021年1月22日。

岳远攀：《山东前三季度经济运行成绩单出炉》，《联合日报》2020年10月21日。

产业发展与专题分析篇

Industry Development and Special Analysis

B.3
山东制造业数字化转型的
现状、趋势与对策

王　娜*

摘　要： 新一代信息技术的爆炸式发展，推动数字经济与实体经济进一步融合，数字化转型已成为山东制造业高质量发展的必由之路。山东在全国制造业版图中占有重要地位，有条件、有优势在产业基础高级化、产业链现代化和数字化转型中走在前列。当前，山东制造业数字化转型尚面临企业转型意识不强、企业资金和技术短板明显、人才需求缺口较大等问题。未来应把握好制造业数字化转型的发展规律和趋势，从做好顶层设计、发展服务型制造、深挖大数据价值、打造工业互联生态体系、加强数字化培训等方面着力，推动制造业数字化转型和高质量发展。

关键词： 制造业　数字化转型　工业互联网

---

* 王娜，博士，山东社会科学院经济研究所助理研究员，研究方向为数量经济、产业经济。

当今世界正处于数字经济与工业经济交汇更迭的过渡时期,数字经济逐渐成为促成新发展格局的重要力量和国际竞争力培育的新土壤,而对于制造业而言,进行数字化转型是抢占产业发展先机的必然选择。制造业数字化转型是指通过大数据、云计算、人工智能、工业互联网等多种数字技术与制造业的深度融合,实现对制造业的设计研发、生产制造、仓储物流、销售服务等全流程、全链条、全要素的改造,从而达到降低成本、提高效率、升级结构等目的。当前,我国制造业数字化转型所依托的软硬件技术均取得了较快发展,但同时面临一定的机遇和挑战,在新一代信息技术驱动下,仍需加深数字经济与实体经济融合,推动制造业数字化转型和结构升级。

新冠肺炎疫情给世界经济造成了严重冲击,也成为企业数字化转型的催化剂,率先实现数字化、智能化转型的企业受疫情影响相对较小,这使更多企业认识到数字化转型的重要意义。"十三五"期间,山东数字经济与实体经济进一步融合发展,制造业数字化转型进程加快,未来应大力推进制造业数字化、网络化、智能化,不断发展新业态、新模式。《中共山东省委关于制定山东省国民经济和社会发展第十四个五年规划和二〇三五年远景目标的建议》指出,未来山东要加快发展数字经济,推动数字产业化和产业数字化。在产业数字化方面,要深化互联网、大数据、人工智能同各产业融合,推动"现代优势产业集群+人工智能",支持企业"上云用数赋智"。拥抱数字经济,推动产业升级,数字化转型正成为山东制造业高质量发展的内驱动力。

一 山东制造业数字化转型发展的基础和现状

(一)创新能力不断提升,数字化转型基础雄厚

山东工业体系基础雄厚,门类较为齐全,结构较为完备。目前,山东拥有全部41个工业大类,207个工业中类中的197个,666个工业小类中的526个。2020年,山东制造业转型发展成效显著,尤其是2020年下半年以来,山东规模以上工业生产稳步回暖,增速加快,有效对冲了疫情影响。2020年1~10月,山东工业生产进一步向好发展,规模以上工业增加值累计增长3.7%,高于全国1.9个百分点。其中制造业增加值增速显著加快,累计增速达到

4.4%，高于全部规模以上工业 0.7 个百分点（见图 1）。装备工业高位运行，10 月实现增加值增长 20.0%。其中，汽车制造业、电气机械和器材制造业、金属制品制造业、专用设备制造业等行业分别增长 37.8%、21.2%、18.0% 和 15.7%。

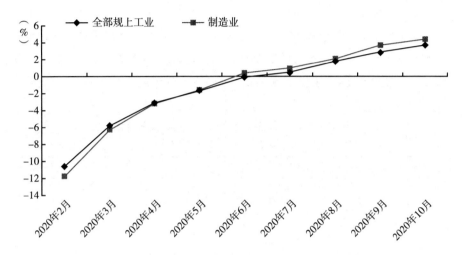

图 1　2020 年 2～10 月山东规模以上工业增加值与制造业增加值累计增速

资料来源：山东省统计局网站公开数据库。

与此同时，山东制造业技术创新能力不断提升，创新载体建设成果丰硕，"十三五"期间累计培育省级制造业创新中心 15 家，认定"一企一技术"研发中心 15 家。技术改造投资增势强劲，有力支撑了制造业技术创新能力提升。技改投资力度不断加大，2020 年 1～10 月，山东规模以上工业实施 500 万元以上技改项目 9558 个，技改投资增长 10.5%，其中制造业技改投资增长 10.3%，化学原料和化学制品制造、医药制造等 7 个行业增幅超过 30%。

（二）数字化基础设施建设投入不断加大

新型基础设施是以新发展理念为引领，以技术创新为驱动，以信息网络为基础，提供数字转型、智能升级、融合创新等服务的基础设施体系。随着《关于加快 5G 产业发展的实施意见》《关于山东省数字基础设施建设的指导意见》《山东省新基建三年行动方案（2020—2022 年）》等一系列政策文件的陆续出台，山东新型基础设施建设加速布局。截至 2020 年 12 月，山东已累计开通 5G 基站 5.1 万个，实现全省 16 市城区 5G 网络全覆盖。截至 2020 年 8 月 31 日，山东省新增区块链相关企业 652 家，同时区块链产业园建设加速发展，青岛"链湾"和山东航信两个区块链产业园已成立并投入使用。

企业数字化建设投入不断加大。根据《企业新旧动能转换情况调查》的调查数据（见表 1），2018～2020 年，超过 45% 的制造业企业增加了数字化建设投入。其中国有企业和大型企业的数字化投入占比较高、增幅较大，约有 63.3% 的国有企业增加了数字化投入，大型企业约有 60.6% 增加了数字化投入。

表 1　2018～2020 年制造业企业数字化建设投入变化情况

单位：%

数字化建设投入	国有企业	集体企业	民营企业	大型企业	中型企业	小微企业	全部企业
大幅提升	32.6	15.4	11.1	30.5	13.9	8.0	14.3
小幅提升	30.7	37.5	31.2	30.1	34.4	27.0	31.3
维持不变	22.8	31.7	31.4	23.3	35.1	27.4	30.7
小幅下降	8.4	12.1	11.9	11.2	12.0	10.1	11.2
大幅下降	3.7	2.7	2.7	3.6	2.6	3.6	3.1
无数字化建设	1.9	0.6	11.9	1.2	1.9	23.9	9.3
合计	100	100	100	100	100	100	100

资料来源：山东社会科学院、山东省税务局：《企业新旧动能转换情况调查》。

（三）数字化赋能实力不断提升，两化融合深入推进

数字化转型对实体经济赋能日益显著，两化融合发展水平持续提升。自 2019 年起，山东软件产业综合实力跻身国内第一梯队，数字产业化与产业数字化相向而行。借助"云行齐鲁"企业上云行动，上云企业数量大幅增加；通过开展"互联网 + 先进制造业"行动，"海尔卡奥斯""浪潮云洲"成为国家首批十大"双跨"工业互联网平台；通过实施智能化技改三年行动计划、智能制造"1 + N"带动提升工程，培育省级及以上智能制造试点示范项目 149 个，带动建成了一批数字化车间、智慧工厂和智慧园区。《中国智能化发展指数报告（2019）》显示，山东智能化发展指数为 67.20，居全国第 6 位，其中，

智能制造指数居全国首位。

两化融合是企业推进信息化建设，实现数字化转型的根本路径。自 2019 年以来，山东陆续出台了《关于大力推进"现代优势产业集群 + 人工智能"的指导意见》《山东省深化"互联网 + 先进制造业"发展工业互联网的实施方案》等一系列文件，两化融合持续深入推进。根据工业和信息化部发布的《中国两化融合数据地图（2019）》，山东 2019 年两化融合发展水平指数为 61.1，高出全国平均水平 6.6 个百分点。2020 年，山东率先建立"现代优势产业集群 + 人工智能"推进机制，出台全国首个"推动工业设备上云"指导意见。截至 2020 年 12 月，山东新增省级两化融合贯标试点企业 161 家，两化融合工作成效显著。

（四）数字化转型的政策支持更为有力

2019 ~ 2020 年，山东密集出台了一系列战略规划和政策措施（见表 2），加速推动数字基础设施建设和数字经济发展的规划布局，传统制造业数字化转型的发展环境不断优化。2019 年 2 月，山东省政府印发《数字山东发展规划（2018—2022 年）》，对数字经济建设做出全面部署，铺开了数字经济发展的宏伟蓝图。2019 年 7 月，山东省政府办公厅发布《山东省支持数字经济发展的意见》，强调坚持"数字产业化"和"产业数字化"两条主线，将促进新一代信息技术与实体经济深度融合作为发展重点，积极培育新产业、新业态、新模式，不断开拓经济发展新空间。2019 年 10 月，山东省大数据局和山东省财政厅联合印发《山东省数字经济园区（试点）建设行动方案》，启动数字经济园区建设，并以数字经济园区为载体打造山东数字经济发展的新高地。

2020 年 3 月，山东省政府办公厅印发《关于山东省数字基础设施建设的指导意见》，提出对 5G、人工智能、工业互联网、物联网等新型基础设施进行前瞻性布局，同时着力推动交通、能源、水利、市政等传统基础设施的数字化升级。2020 年 4 月，《山东省工业和信息化厅关于开展工业互联网牵手行动的通知》提出，为推动新兴技术与传统产业融合发展，山东将加快 5G、人工智能、工业互联网与产业融合发展，培育融合发展新业态、新模式。为加快传统产业智能化转型步伐，2020 年 7 月，山东省工业和信息化厅印发实施《山东省传统产业智能化技术改造三年行动计划（2020—2022 年）》，提出借助大数据、云计算、工业互联网等新一代信息技术，对电子、机械、汽车等多个传统行业进行技术改造，实现装备数控化、工厂智能化、园区智慧化、产链平台化、集群生态化发展。2020 年 11 月，《山东省民营经济高质量发展三年行动计划（2020—2022 年）》发布，其中，数字化赋能成为六大专项行动之一。2020 年 12 月，山东省政府发布《山东省推进工业大数据发展的实施方案（2020—2022 年）》，制定了工业大数据发展"路线图"，着力推动工业大数据应用，以数据驱动全省工业数字化转型。

表 2　2019～2020 年山东支持数字经济以及制造业转型发展的政策措施梳理

发布时间	政策名称
2019 年 2 月	《数字山东发展规划(2018—2022 年)》
2019 年 5 月	《关于大力推进"现代优势产业集群 + 人工智能"的指导意见》
2019 年 7 月	《山东省支持数字经济发展的意见》
2019 年 7 月	《山东省深化"互联网 + 先进制造业"发展工业互联网的实施方案》
2019 年 10 月	《山东省数字经济园区(试点)建设行动方案》
2019 年 11 月	《关于加快 5G 产业发展的实施意见》
2020 年 3 月	《关于山东省数字基础设施建设的指导意见》
2020 年 4 月	《山东省工业和信息化厅关于开展工业互联网牵手行动的通知》
2020 年 7 月	《山东省传统产业智能化技术改造三年行动计划(2020—2022 年)》
2020 年 9 月	《关于加快工业互联网发展若干措施的通知》
2020 年 11 月	《山东省新基建三年行动方案(2020—2022 年)》
2020 年 11 月	《山东省民营经济高质量发展三年行动计划(2020—2022 年)》
2020 年 12 月	《山东省推进工业大数据发展的实施方案(2020—2022 年)》

资料来源：作者根据相关部门网站整理。

（五）工业互联网建设先发优势明显

工业互联网作为第四次工业革命的基石，是新一代信息通信技术与工业经济深度融合的全新工业生态、关键基础设施和新型应用模式。2020 年山东工业互联网发展全面起势，成为工信部批复的"工业互联网示范区"之一。根据工信部公示的"2020 年跨行业跨领域工业互联网平台"名单，山东海尔卡奥斯和浪潮云洲两大国家级"双跨"平台尽显工业互联网平台优势，其中海尔卡奥斯工业互联网平台仍处于领跑位置，互联网平台已成为山东开展数字化赋能专项行动的重要"抓手"。

工业互联网对制造业企业发展的贡献度显著提升。《企业新旧动能转换情况调查》抽样调查数据显示，2018～2020年，约有42%的企业认为加入工业互联网对企业发展贡献较大，这一贡献在国有企业和大型企业中体现得更为明显（见表3）。

表3 2018～2020年工业互联网对制造业企业的贡献度

单位：%

工业互联网 贡献程度	国有企业	集体企业	民营企业	大型企业	中型企业	小微企业	全部企业
贡献非常大	33.0	17.5	10.9	32.9	15.1	6.6	14.8
贡献很大	28.4	35.6	26.7	30.1	31.8	18.9	27.2
贡献一般	22.3	29.0	30.1	24.5	30.9	26.5	28.5
贡献较小	7.9	13.6	12.5	7.6	15.9	12.0	13.3
基本没贡献	5.1	3.0	4.2	3.6	3.5	6.4	4.5
未加入	3.3	1.2	15.5	1.2	2.9	29.6	11.7
合计	100	100	100	100	100	100	100

资料来源：山东社会科学院、山东省税务局：《企业新旧动能转换情况调查》。

二　山东制造业数字化转型面临的问题与挑战

疫情发生后，线上企业的优秀表现足以证明企业数字化建设的重大意义，山东制造业数字化转型取得了显著进展，但也存在一定的短板，数字化转型仍面临挑战。

（一）企业数字化转型意识有待提高

数字化转型过程周期长、投资大，对于企业尤其是中小微企业而言，由于企业规模、资金实力、技术水平的限制，以及考虑到转型的巨大投入和转型后经济效益的不确定，不少企业数字化转型的主动性不强且容易陷入数字化转型困境。《山东省企业调查数据报告（2020）》数据显示，当前山东企业数字化建设的参与意识仍有待提高，企业对于互联网平台的主动参与率（准备加入和已经加入的比率之和）仅为30.6%（见表4），制造业企业参与率略高于全省平均水平，但仍未及1/3（为32.7%），民营企业尤其是小微型企业对互联网平台的主动参与率偏低。与此同时，从企业数字化服务需求结构来看，生产制造类数字化服务需求不高，企业的数字化服务需求主要集中于经营管理和市场营销两类，有这两类需求的企业占比分别为49.6%和49.1%，而对生产制造类服务存在需求的企业仅占21.9%（见表5），这从侧面表明当前山东制造业数字化转型的需求尚未得到有效激发。

表4 企业互联网平台参与情况的抽样调查分析

单位：%

企业数字化认知	国有企业	民营企业	大型企业	中型企业	小型企业	微型企业	全部企业
不了解	38.3	58.1	34.7	38.3	55.7	60.0	54.3
不想加入	20.4	13.9	17.3	19.0	14.2	14.6	15.2
准备加入	36.9	23.0	42.2	37.5	24.7	21.2	25.7
已经加入	4.4	5.0	5.8	5.3	5.5	4.3	4.9
合计	100	100	100	100	100	100	100

资料来源：山东社会科学院、山东省税务局：《山东省企业调查数据报告（2020）》。

表5 企业数字化服务需求分布的抽样调查分析

单位：%

企业数字化需求	国有企业	民营企业	大型企业	中型企业	小型企业	微型企业	全部企业
经营管理	52.7	48.8	55.5	54.2	54.5	44.5	49.6
研发设计	37.5	12.6	45.9	35.9	16.6	9.6	17.5
生产制造	34.9	18.8	39.5	40.0	23.6	14.0	21.9
市场营销	41.7	50.9	42.4	46.6	47.7	51.9	49.1
要素保障	20.8	9.4	22.0	21.6	11.5	7.9	11.7
创新发展	13.8	14.6	14.5	13.9	14.9	14.2	14.4
其他	2.7	4.3	1.8	1.9	3.4	5.3	4.0

资料来源：山东社会科学院、山东省税务局：《山东省企业调查数据报告（2020）》。

（二）企业数字化转型面临资金和技术等短板

当前，山东制造业企业数字化转型尚存在多方面短板，亟须资金、技术、人才、设施等支持。《山东省企业调查数据报告（2020）》[①] 对企业数字化需求的调查结果显示，山东企业数字化转型所需帮助多集中于资金支持和技术支持，这意味着资金和技术是企业数字化转型过程中普遍存在的两大障碍。从表6可以看出，企业数字化转型最急需的支持是资金支持（占比40.6%），其次是技术支持（占比35.8%），之后依次为人才支持（占比32%）、基础设施建设支持（占比31%）、业务指导支持（占比27.3%）。制造业调查数据显示，制造业企业对资金支持与技术支持的需求更为迫切，资金支持和技术支持需求比例分别为46.4%和42.8%，其次是人才支持、基础设施建设支持和业务指导支持，需求比例分别为36.5%、35.1%和26.8%（见表7）。

民营企业、中小型企业数字化转型的短板更为明显。从所有制结构和企业规模的需求分布来看，国有企业的需求高于民营企业，企业规模越大，数字化转型的需求越多。民营企业持不需要转型态度的比例高于国有集体企业，小微企业持这一态度的比例高于大中型企业。一方面民营企业尤其是中小型民营企业，数字化转型意识更为薄弱；另一方面由于民营企业或中小型企业自身规模较小，面对数字化转型的巨额投入，企业存在放弃数字化转型这一选择的可能。与国有企业、大型企业相比，民营企业、中小企业数字化转型之路更为困难，应加大支持力度，充分利用工业互联网平台等资源，通过平台共享、合作研发、人才柔性管理等措施降低企业转型成本。

表6 企业数字化转型所需支持的需求分布

单位：%

数字化转型所需帮助	国有企业	民营企业	大型企业	中型企业	小型企业	微型企业	全部企业
基础设施支持	35.2	30.0	39.9	33.4	33.2	27.9	31.0
资金支持	45.5	39.5	49.7	49.7	41.1	36.8	40.6
技术支持	46.5	33.2	48.9	50.1	37.8	29.2	35.8

---

① 山东社会科学院、山东省税务局：《山东省企业调查数据报告（2020）》，2020年6月。

续表

数字化转型 所需帮助	国有企业	民营企业	大型企业	中型企业	小型企业	微型企业	全部企业
人才支持	41.4	29.7	40.4	45.1	34.6	26.0	32.0
业务指导支持	31.8	26.2	32.6	33.2	27.8	24.7	27.3
不需要转型	12.7	30.1	7.4	11.9	25.9	33.5	26.7
其他	1.4	1.4	1.8	1.1	1.1	1.6	1.4

资料来源：山东社会科学院、山东省税务局：《山东省企业调查数据报告（2020）》。

表7 制造业企业数字化转型所需支持的需求分布

单位：%

数字化转型 所需帮助	国有企业	民营企业	大型企业	中型企业	小型企业	微型企业	全部企业
基础设施支持	34.6	35.1	42.9	35.5	35.5	33.8	35.1
资金支持	52.0	45.6	51.9	54.6	46.3	43.2	46.4
技术支持	52.5	41.5	59.7	53.7	43.5	37	42.8
人才支持	44.7	35.4	47.4	46.5	38.3	30.4	36.5
业务指导支持	29.7	26.4	33.8	30.3	27	24.8	26.8
不需要转型	9.2	24.7	8.4	12.1	22.0	28.7	22.9
其他	1.1	1.0	0.6	1.1	0.7	1.4	1.0

资料来源：山东社会科学院、山东省税务局：《山东省企业调查数据报告（2020）》。

（三）制造业数字化转型的人才需求缺口较大

数字化转型不仅需要数字技术和智能技术做支撑，而且需要大量数字化人才作为行业转型的使能者，对具备数字化专业技能的复合型、融合型人才的需求更为强烈。然而在企业数字化转型进程中，数字化人才的缺乏成为企业数字化转型的瓶颈。对于山东制造业而言，其涵盖的行业门类丰富，生产流程和工艺差异性大，因此制造业数字化岗位标准化程度低，职业技能跨度大。这一现象对数字化转型人才提出两方面需求：一方面转型所需人才数量大；另一方面转型中需要更多具有数字化知识和数字技术应用技能的应用型人才，以及跨专业、跨领域的复合型人才。当前，普通高等教育及职业教育改革已经开始重视数字化人才培养，但数字化人才供给尚难以满足数字化人才需求。人才供给与数字技术的爆炸式发展之间存在严重失衡，主要表现为以下三点：一是高学历、高层次数字技术专业人才严重短缺；二是同时具备数字化知识和产业经验的复合型跨界人才不足；三是对于初级数字技能人才的培养速度与数字化转型人才需求的增长速度不匹配，现有从业者的数字化技能有待提高。

（四）数字技术和实体经济的融合程度有待加深

数字经济通过运用新一代信息技术，整合大数据、云计算、人工智能、工业互联网等资源，为各类企业尤其是传统制造业企业赋予新动能。近年来，山东制造业"两化融合"发展不断深化，产业数字化、网络化、智能化水平不断提升，以海尔、浪潮、海信为代表的一大批企业已经进行了数字化改造。但对于大多数制造业企业，尤其是对于民营企业和小微企业而言，受认知水平、资金实力、人力资源的限制，智能工厂、互联网平台等数字技术应用程度仍然较低。同时，数字技术的研发与数字技术应用需求之间尚存在信息不对称、融合度不高等问题。不少企业由于缺乏知识和技术支撑，无法以数字技术赋能产品制造的全生命周期，因此也未达到提升产品生产效率、降低生产成本、提高产品质量的效果。此外，相当一部分制造业企业依然存在重视硬件更新而忽视软件升级、重视生产过程而轻视服务赋能的现象。

三　制造业数字化转型发展的趋势

制造业数字化转型主要体现在两个方面：一是5G、工业互联网、数据中心等新型基础设施建设；二是利用新一代信息技术赋能传统产业和传统基础设施，实现数字化转型升级。未来制造业发展将更加趋向于全流程制造的数字化，包括产品虚拟化、协作网络化、工厂无人化，服务远程化等。未来制造业发展的主要模式是将新一代通信技术渗透至企业生产制造以及经营管理的各环节，通过设备、产品、生产线到销售、服务的全程数字化，实现产品增值和成本节约。制造业数字化转型发展的趋势体现在智能化、网络化、协同化、服务化等多个方面。

（一）人工智能与实体经济融合成为发展趋势

未来人工智能与实体经济的融合发展成为制造业转型的趋势之一，其融合发展主要体现在感知、理解、行动和改善四个方面，其目标在于提高企业生产效率、降低企业多元成本、促进企业创新发展。制造业企业在研发设计、生产制造、仓储物流、市场营销、客户服务等方面，即在制造业全生命周期都渗透着对人工智能的应用需求。未来，人工智能将优先应用于数据源丰富、新技术接收程度较高的行业领域，如智能家居、安防、工业、医疗消费、教育行业等。技术纵深程度高的工业场景有望成为"AI +"广泛应用的突破点，汽车、3C 等行业将引领 AI 技术在产品方针环节加速普及。人工智能使智能制造标准化，同时赋能工业场景，使制造业由"制造"升级为"智造"。

（二）工业互联网是制造业数字化转型的重要引擎

工业互联网以新一代信息通信技术为支撑，从远程运维、质量管控、协同设计、共享制造、定制生产、营销服务等多个角度助力制造业企业降本增效；同时传统制造业企业借助互联网平台能够协调产业链上下游，实现从生产、供应到销售、服务的供应链价值协同。新冠肺炎疫情的全球蔓延对产业链供应链的自主可控性提出更高要求，而工业互联网能够实现全要素、全产业链、全价值链的全面链接，优化资源的有效配置，增强产业链和供应链的风险规避能力，因此工业互联网建设是未来制造业数字化转型的重要引擎。工业互联网平台是制造业数字化转型的重要载体，未来以平台为基点，可以促进企业间信息的互联互通、提升数字化产品质量、实现产品全生命周期追溯管理、稳定产业链并提高产业链现代化水平。此外，"工业互联网 + 区块链"的融合发展还将链接产业链上下游与金融机构，解决中小企业融资难、融资贵等问题。

（三）工业大数据中心成为提升数字化能力的基础保障

2020 年 4 月，中共中央、国务院印发《关于构建更加完善的要素市场化配置体制机制的意见》，数据被作为一种新型生产要素正式写入文件，成为推动经济高质量发展的新动能。在互联网经济时代，企业拥有的资源不再局限于土地、资金和厂房，数据将成为重要的基础资源和战略资源，并将发挥其对传统资源的倍增效应。未来，数据资源将成为制造业数字化转型的重要驱动力之一，也是提升制造业智能水平和运行效率的关键要素。数据要素对于制造业数字化转型的驱动作用主要体现在两个方面：一是企业生产要素的数据化，除了资金、设备、劳动力等传统生产要素可以数据化之外，借助互联网可以对生产环节的各种要素都可以进行信息化和数据化处理，从而形成对企业多维度、全方位的数据刻画，并借此实现企业的系统性评估和资源的优化配置；二是数据采集、数据存储、数据处理、数据共享、数据呈现等数字化能力的提升，涉及从订单计划、生产管理、质量管控到市场营销乃至供应链全生命周期的信息数据采集和应用，并利用大数据分析优化生产工艺、提高产品质量、实现产品和服务增值。2020 年 12 月，山东省政府发布《山东省推进工业大数据发展的实施方案（2020—2022 年）》，将推动工业大数据平台、工业基础大数据库和工业大数据中心等数据载体的建设，促进工业大数据的广泛应用，以数据资源驱动工业转型升级。

（四）制造服务化是价值链中的新增长点

2020 年 7 月 15 日，工业和信息化部等 15 部门联合印发《关于进一步促进服务型制造发展的指导意见》，为先进制造业和现代服务业深度融合进一步指明了方向。事实上，智能制造的发展和应用过程中，传统行业的界限将变得模糊，跨界创新呈现出巨大生命力。制造业服务化能够有效延伸产业链、提升价值链，有利于推动制造业转型和高质量发展。制造服务化是指企业将价值链以制造为中心向以服务为中心转移，主要可概括为两个层面的转移：一是投入服务化，即企业内部服务的有效组织和效率提升；二是产出服务化，即与产品相关的外部服务的完善带来产品的价值提升和销量增加。因此，制造业服务化是全球制造业价值链新的增长点，通过数字化的高附加值服务能够使制造业实现降本增效和产品价值提升。未来，制造业将以市场需求为导向，创新工业设计服务、供应链管理等多种发展模式，以服务"补链""强链"，将价值链向产品研发设计和销售等服务环节延伸产业链条，实现制造业价值链的地位升级。

四　山东制造业数字化转型发展的对策建议

（一）做好顶层设计，筑牢数字化转型基础

疫情防控常态化阶段，政府和企业对制造业数字化转型的必要性和紧迫性

均有更深刻的认识，值得注意的是，加快制造业数字化转型首先需要做好顶层设计，筑牢转型基础。一是对数字技术未来发展方向和数字技术推动制造业转型的发展趋势进行预判，及时把握未来产业发展规律；二是立足现有产业基础进行战略谋划、前瞻布局，根据产业发展规律和发展趋势制定合理的数字化转型"路线图"；三是夯实制造业数字化转型基础，扎实推进5G基站、人工智能、数据中心、工业互联网等新型基础设施建设，建设泛在连接、智能融合的"网、云、端"数字设施，以满足制造业高可靠、广覆盖、高速互联、智能控制等需求。

（二）加深制造业与服务业融合，发展服务型制造

新发展格局背景下，发展服务型制造有利于畅通国内国际双循环，有利于提升产业链现代化水平，有利于提高制造业全球价值链地位，增强制造业核心竞争力。推动服务型制造发展，尤其是推动先进制造业与现代服务业的深度融合可从以下几方面着手：一是以市场需求为导向，激发服务型制造技术变革，引导企业加大研发力度，强化共性技术供给，加速创新成果转化，提升制造业技术创新能力；二是大力发展高技术制造业和知识密集型服务业，不断创新生产模式、组织模式、经营模式、服务模式等，推动制造业和服务业深度融合；三是以"互联网＋"为重要抓手，推动制造业传统生产由单一机械产品的生产转为复合型智能互联产品的生产，从以往仅提供产品向同时提供产品和服务转变；四是以"平台化"发展思维实现资源整合，通过打造软件开发平台、供需信息平台、金融服务平台、技术交流平台等，有效链接制造业和服务业，促进资源优化配置，形成具有国际竞争力的服务型制造生态圈。

（三）深挖工业大数据价值，提高数字产出效率

工业大数据对于制造业转型而言是一项复杂的系统工程，需要政府和企业协同配合，共同推进大数据的开发、利用和保护。当前，工业大数据应用中还存在数据资源不丰富，数据资源难以整合，"信息孤岛""数据孤岛"等问题，企业对于数据这一关键生产要素的获取、利用和共享仍存在一定困难。产业数字化转型多体现为个别企业的成功案例，尚未形成系统的转型解决方案。为深挖工业大数据价值，提高数字赋能效率，应逐步建立和完善大数据发展机制，稳步推动工业大数据资源的开放共享。首先，通过数据管理的体制机制改革，

打破存在于政府、部门、企业等主体之间的数据要素壁垒，促进数据要素的资源整合，实现数据要素的自由流动和安全共享，提高数字产出效率。其次，通过设立数据综合管理部门，统筹协调数据要素的资源配置，推动形成数据要素的市场化配置，提升工业大数据的要素价值。再次，改善数据要素的流通环境，创新数据交易模式，规范数据交易规则，加强数据交易监管。最后，加快工业智能云平台建设和应用，推动数据采集、分析、传输、处理等业务的产业化，支持高技术企业提高云服务的便捷性、开放性和公平性，促进中小企业云应用的深度和广度，以高质量的云服务释放工业大数据红利。

（四）发挥工业互联网建设的先行优势，着力打造工业互联生态体系

山东在工业互联网建设中已领先半个身位，应把握这一机会，充分利用领先优势，在新一轮互联网竞争中抢占先机，着力打造多层次、跨行业、全方位的工业互联生态体系。一是加大工业互联网关键共性技术攻关力度。发挥"政产学研金服用"等主体的协同创新作用，加大对关键技术瓶颈的研发支持，引导和支持平台企业加大数字化研发投入力度。二是鼓励企业进行数字化、智能化改造，引导企业业务系统"上云入网"，实现企业内部生产设备、管理系统的互联互通，以及上下游企业之间技术研发、供需信息等数据资源的协同共享。三是打造区域集群发展高地。发挥龙头企业的带动示范作用，建设工业互联网平台创新示范中心、产业园区、实训基地等，带动产业链上下游企业的数字化转型，整合区域资源集群发展，推进国家示范区建设。

（五）鼓励数字化服务商发展，搭建数字化转型的公共服务平台

针对企业尤其是中小微企业技术、资金实力不足的现状，应搭建数字化转型的公共服务平台，弥补企业在数字化知识、数字化技术、数字化人才等方面的欠缺。为了推动更多的制造业企业数字化转型，深谙产业和市场发展规律的数字化公共服务平台的搭建迫在眉睫。基于这一现状，一方面应鼓励数字化服务商的发展，面向不同工业场景开发相应的工业 App，推动基于工业互联网平台的应用场景、解决方案在各个区域、行业和企业落地、生效，形成用户和App 之间双向迭代的良性循环；另一方面应着力打造数字化服务产业园，更好地重组数字化变革后的产业链环节，提供产业资源的对接与互换，形成符合产

业数字化转型发展目标的全新架构，提升区域市场竞争力和抗压能力，更好地推动区域产业经济的转型升级。

（六）加强企业数字化人才的培养培训，提升劳动者数字化素养

数字经济时代下，拥有数字化素养的复合型人才将在市场中具备更优质的竞争能力，也将为制造业数字化转型带来更多的人才红利。为充分发挥人才对于制造业数字化转型的带动作用，应提升管理部门、技术部门以及生产部门劳动者的数字化素养。一是加强企业管理者的数字化领导力，企业管理者应建立数字化理念，培养数字化思维，由上及下持续推进企业的数字化变革。二是对制造业转型所需的数字化技术人才进行定向培养，一方面注重培养战略、营销、财务等企业人员的数字化技术与业务融合的应用能力；另一方面注重软硬件工程师等人才的数字化专业能力打造，提高专业技术与业务实践的融合能力。三是加大数字化培训力度，通过高校、企业和政府之间的交流与合作，借助企业内部培训、高校教育定单式培养、校企人才合作共享、专家团队帮扶等多种方式，扩大企业数字人才队伍、提高劳动者数字化素养。四是重视制造业人才战略的长期规划，注重数字化团队建设，通过加大人才引进力度、优化人才成长环境，不断提高制造业数字化转型的技术人才储备。

参考文献

刘飞：《数字化转型如何提升制造业生产率——基于数字化转型的三重影响机制》，《财经科学》2020 年第 10 期。

王德辉、吴子昂：《数字经济促进我国制造业转型升级的机制与对策研究》，《长白学刊》2020 年第 6 期。

郑瑛琨：《经济高质量发展视角下先进制造业数字化赋能研究》，《理论探讨》2020 年第 6 期。

钟志华等：《智能制造推动我国制造业全面创新升级》，《中国工程科学》2020 年第 6 期。

祝合良、王春娟：《数字经济引领产业高质量发展：理论、机理与路径》，《财经理论与实践》2020 年第 5 期。

B.4
山东现代服务业高质量发展的
基本思路和对策建议

王 双*

摘　要：　"十三五"以来，山东服务业规模持续扩大，现代服务业增
　　　　　势良好。2020年是"十三五"的收官之年，山东服务业实现较
　　　　　快增长：服务业增速由负转正；产业结构调整持续推进；重
　　　　　点领域持续向好；新兴行业较快增长；企业信心稳步增强。
　　　　　展望"十四五"，山东将加快构建高质量发展的现代服务业
　　　　　体系：推进生产性服务业与先进制造业深度融合；丰富现代
　　　　　服务业产品供给；推动深化产业分工和融合互动；推动生活
　　　　　性服务业朝精细化和高品质方向发展；加强人才队伍建设；
　　　　　打造具有竞争力的一流营商环境。

关键词：　现代服务业　高质量发展　山东

　　2020年，在新冠肺炎疫情席卷全球、逆全球化浪潮日益兴起的大背景下，山东全面落实党中央、国务院和省委、省政府各项决策部署，坚定不移地贯彻落实创新、协调、绿色、开放、共享的新发展理念，坚持稳中求进总基调，以深化供给侧结构性改革为主线，以改革创新为根本动力，以满足人民日益增长的美好生活需要为根本目的，全面实施新旧动能转换，推动现代服务业高质量发展。现代服务业对经济增长的贡献率持续提升，对经济结构调整的作用愈加明显。

---

* 王双，博士，山东社会科学院经济研究所助理研究员，研究方向为产业经济。

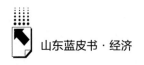

一 2020年山东现代服务业发展情况

2020年，面对新冠肺炎疫情的冲击和复杂严峻的国内外环境，山东省委、省政府科学统筹疫情防控和经济社会发展，有力有效推动生产生活秩序恢复，有力减少了疫情对服务业的不利影响。2020年前三季度，山东经济增速由负转正，服务业发展稳中向好，增加值实现同比增长，重点行业恢复势头良好，企业生产经营状况持续改善，国民经济延续稳定恢复态势。

（一）服务业增速由负转正

2020年前三季度，三次产业均实现正增长。其中，第一产业增加值3743亿元，增长1.6%，比上半年提高0.7个百分点；第二产业增加值20171亿元，增速由负转正，为1.8%，比上半年提高2.5个百分点；第三产业增加值28272亿元，增速由负转正，为2.0%，比上半年提高2.1个百分点，分别高于GDP、第二产业0.1个百分点和0.2个百分点；第三产业占GDP比重达54.2%，高于第二产业15.5个百分点。

（二）产业结构调整持续推进

2020年前三季度，山东三次产业增加值占GDP比重分别为7.2%、38.6%、54.2%，第一产业、第三产业同比增长0.1个百分点和0.7个百分点，第二产业同比下降0.8个百分点。在当前复杂多变的经济环境下，产业结构升级持续推进，产业结构更趋优化。第三产业对经济增长的贡献率达53.8%，拉动经济增长1.0个百分点，充分发挥了经济发展"稳定器"和"推进器"的作用。投资结构不断优化，服务业投资占比达到68.3%，同比提高0.5个百分点。

（三）重点领域持续向好

服务业企业生产经营持续回暖。2020年前三季度，规模以上服务业企业营业收入比上一年降低2.3%，降幅比上半年减少2.1个百分点。其他营利性服务业营业收入增长3.9%，连续4个月保持正增长。行业趋势向好面扩大，32个行业大类中15个行业营业收入实现增长，占比为46.9%，比上半年提升

9.4 个百分点。货运降幅持续收窄，公路货运实现增长。公路、水路货运量下降 0.3%，降幅比上半年减少 1.6 个百分点。其中，公路货运量增长 0.1%，年内累计首次实现增长。邮政快递增速提升，5G 建设加快推进。邮政行业业务总量增长 38.2%，比上半年提升 4.7 个百分点；快递业务总量增长 44.2%，比上半年提升 5.1 个百分点。电信业务总量增长 17.4%。截至 9 月底，全省累计开通 5G 基站 5 万个，16 市实现城区 5G 网络全覆盖。

（四）新兴行业较快增长

服务业发展新动能加快释放，现代服务业增长迅猛。2020 年 1～8 月，规模以上服务业中，信息传输、软件和信息技术服务业营业收入增长 7.6%，比上半年提升 6.7 个百分点，其中互联网和相关服务业增长 28.9%，连续 4 个月增速在 20% 以上。医药研发、检疫检验、技术改造等业务蓬勃发展，带动科学研究和技术服务业增长 4.4%，比上半年提升 11.3 个百分点，其中研究和实验发展增长 14.1%。

（五）企业信心稳步增强

服务业企业生产经营状况加快恢复，企业对未来发展的信心逐步增强。调查显示，2020 年第三季度 77.2% 的规模以上服务业企业盈利环比增加或持平，所占比重比第二季度提高 8.2 个百分点；70.7% 的企业业务预订量高于或处于正常水平，所占比重比第二季度提高 10.5 个百分点；31.8% 的企业对未来经营状况表示乐观，所占比重比第二季度提高 5.1 个百分点，其中大型、中型乐观企业占比分别达到 39.7% 和 37.1%，分别比第二季度提高 6.6 个百分点和 6.5 个百分点①。

二 "十三五"时期山东现代服务业发展情况

"十三五"以来，山东服务业规模持续扩大，取得了显著成效。2016～2019 年全省服务业增加值年均增长 10%，高出同期全省 GDP 增速 3.5 个百分点，2019 年全省服务业增加值 37640.17 亿元，占地区生产总值的比重达 53%。信息传输、软件和信息技术服务、互联网和相关服务、研发与设计服

---

① 资料来源：山东省统计局。

务、服务外包、康养、文化旅游、人力资源服务等新兴行业迅速发展，已成为经济发展的主引擎、惠民生的重要渠道、新业态新模式培育的重要平台。

（一）服务业主引擎作用愈加凸显

"十三五"时期，山东服务业实现平稳增长，2019年山东服务业增加值为37640.17亿元，占全省GDP比重为53%，与2015年服务业增加值25571.09亿元相比，增加了12069.08亿元（见图1、图2）。2016～2019年，山东服务业增加值年均增长10%，增速较快。

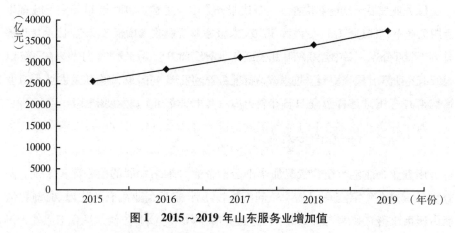

图1 2015～2019年山东服务业增加值

资料来源：2016～2020年《山东统计年鉴》。

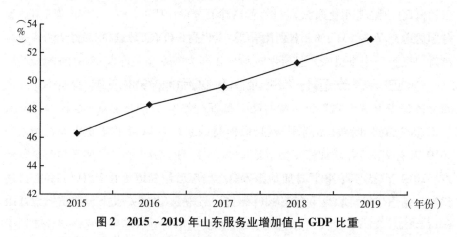

图2 2015～2019年山东服务业增加值占GDP比重

资料来源：2016～2020年《山东统计年鉴》。

（二）产业结构实现历史性转变

2016 年，山东省服务业占比首次超过第二产业，产业结构实现了由"二三一"向"三二一"的转变，以服务业为主的产业结构日益优化。2019 年，产业结构调整为 2019 年的 7.2：39.8：53.0，其中，服务业对经济增长的贡献率高达 78.2%，服务业的支柱性地位愈加明显。

（三）服务业新动能增势强劲

2019 年，山东规模以上服务业营业收入比上年增长 8.0%。其中，战略性新兴服务业、科技服务业和高技术服务业分别增长 10.8%、10.1% 和 10.8%；互联网和相关服务业、软件和信息技术服务业、商务服务业分别增长 51.4%、19.7% 和 16.9%。"四新"经济增势强劲，"十三五"以来，山东省"四新"经济增加值占地区生产总值比重由 2016 年的 22% 提高到 2019 年的 28%。2019 年，新登记"四新"经济企业增长 37.3%，新增高新技术企业 2562 家，总量 1.1 万家，增长 28.8%。

（四）投资结构持续优化

"十三五"时期，山东服务业固定资产投资额大体上呈增长态势，2015 年，山东服务业固定资产投资额为 22390.4 亿元，到 2019 年，山东服务业固定资产投资额为 35271.1 亿元，共增长 57.5%。三次产业投资构成由 2015 年的 1.9：50.8：47.3 调整为 2019 年的 1.7：30.1：68.2，服务业固定资产投资额占比提高了 20.9 个百分点（见表 1）。

表 1　2015～2019 年按产业分固定资产投资额情况

单位：亿元，%

年份	固定资产投资额	按产业分			构成			服务业固定资产投资额增速
		农业	工业	服务业	农业	工业	服务业	
2015	47381.4	898.3	24092.7	22390.4	1.9	50.8	47.3	14.2
2016	52364.4	973.6	27425.7	23965.1	1.9	52.4	45.8	7.0
2017	54236.0	1029.6	26876.3	26330.1	1.9	49.6	48.5	9.9
2018	56459.7	959.8	22301.6	33198.3	1.7	39.5	58.8	26.1
2019	51717.1	879.2	15566.8	35271.1	1.7	30.1	68.2	6.2

资料来源：2016～2020 年《山东统计年鉴》。

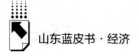
（五）发展环境实现系统性重塑

制度环境、法治环境、营商环境显著优化，山东省省级事项 1228 项全程网办、1830 项"最多跑一次"，企业开办业务由 2016 年的 20 天压缩到 2019 年的 1 天办结；市场主体达到 1156 万家，比 2015 年末增加 500 余万家。"一窗受理、一次办好"改革集中推进，市县乡"一窗受理"试点基本完成，帮办代办、吐槽找碴、窗口无权否决等机制全面推动。"证照分离"改革不断深化，2019 年，全面实施 106 项行政许可事项，在山东自贸区开展全覆盖试点，对中央、省级层面设定事项 512 项和 12 项分类推进。"放管服"改革与减税降费协同推进，省级新取消行政权力事项 10 项，承接下放管理层级行政权力事项 9 项。

三 山东与部分省份现代服务业发展质量评价

近年来，我国现代服务业发展迅猛，在产业规模、产业结构、发展速度、产业功能与创新、就业等方面都得到显著提升，表明我国现代服务业发展质量不断提升。

从产业规模方面来看，广东、江苏、山东、浙江服务业增加值均位居全国前列。2019 年，广东服务业增加值高达 59773.38 亿元，居全国首位，高于山东服务业增加值 58.8%。江苏服务业增加值高达 51064.73 亿元，位居全国第二，高于山东服务业增加值近 36%。山东服务业增加值高达 37640.17 亿元，位居全国第三。浙江服务业增加值为 33687.76 亿元，位列全国第四（见表 2）。

表 2 2015~2019 年部分省份服务业增加值

单位：亿元

年份	江苏	广东	浙江	山东
2015	34085.88	36956.24	21129.81	25571.09
2016	38458.45	42056.57	23792.36	28367.17
2017	43169.40	48085.73	27222.48	31253.80
2018	47205.16	54710.37	30718.83	34174.68
2019	51064.73	59773.38	33687.76	37640.17

资料来源：2016~2020 年《广东统计年鉴》《浙江统计年鉴》《山东统计年鉴》《江苏统计年鉴》。

从产业结构方面来看,"十三五"期间,广东、浙江、山东、江苏四省服务业增加值占 GDP 比重大体上呈现稳步增长态势。其中,广东服务业增加值占比高于江苏、浙江、山东三省,2015 年服务业增加值占 GDP 比重已超过 50%,2019 年,广东服务业增加值占 GDP 比重为 55.5%。2015 年浙江、江苏服务业增加值占 GDP 比重均为 48.6%,近年来,浙江服务业持续发展,2019 年服务业增加值占比高达 54.0%,而 2017 年江苏服务业增加值占比仅为 50.3%,同比下降 0.2 个百分点,2018 ~ 2019 年呈现缓慢上升态势。"十三五"期间,山东服务业发展迅猛,服务业增加值占 GDP 比重由 2015 年的 46.3% 增长为 2019 年的 53.0%,于 2018 年超过江苏(见图 3)。

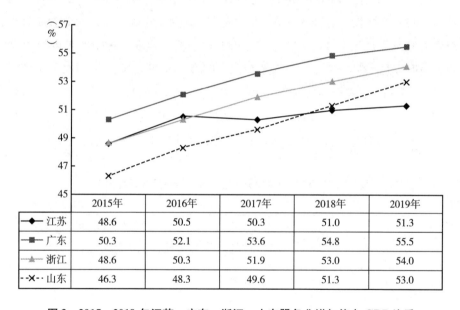

	2015年	2016年	2017年	2018年	2019年
◆ 江苏	48.6	50.5	50.3	51.0	51.3
■ 广东	50.3	52.1	53.6	54.8	55.5
▲ 浙江	48.6	50.3	51.9	53.0	54.0
✕ 山东	46.3	48.3	49.6	51.3	53.0

图 3　2015 ~ 2019 年江苏、广东、浙江、山东服务业增加值占 GDP 比重

资料来源:2016 ~ 2020 年《广东统计年鉴》《浙江统计年鉴》《山东统计年鉴》《江苏统计年鉴》。

从发展速度方面来看,2019 年广东、浙江、江苏、山东服务业增速均低于全国平均水平,其中山东服务业发展速度最高,为 10.1%,高于广东(9.3%)、浙江(9.7%)和江苏(8.2%),保持了较快的增长水平(见表 3)。

从产业功能与创新方面来看,现代服务业十分注重对现代科学技术的利用,科技研发将给现代服务业发展带来源源不断的动力支持。从研究与试验发

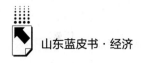

表3　2019年全国及部分省份服务业增速

单位：%

	全国	广东	浙江	江苏	山东
服务业增速	13.8	9.3	9.7	8.2	10.1

资料来源：2020年《中国统计年鉴》《广东统计年鉴》《浙江统计年鉴》《山东统计年鉴》《江苏统计年鉴》。

展（R&D）经费投入情况来看，各地区持续加大科技研发投入力度。2019年广东R&D经费投入为3098.5亿元，同比增长14.6%，居全国首位；位列第二、第三的是江苏和北京，R&D经费投入分别为2779.5亿元、2233.6亿元；浙江排名第四，R&D经费投入为1669.8亿元；紧随其后的是上海和山东，R&D经费投入分别为1524.6亿元、1494.7亿元。从R&D经费投入强度来看，北京R&D经费投入强度最大，达6.3%；上海位居第二，R&D经费投入强度为4.0%；天津排名第三，R&D经费投入强度为3.3%；广东（2.9%）、江苏（2.8%）、浙江（2.7%）、陕西（2.3%）R&D经费投入强度位列第四至第七，均高于全国平均水平；山东R&D经费投入强度为2.1%，略低于全国平均水平（见表4）。

表4　2019年全国及部分地区R&D经费投入强度排名

单位：%

排名	地区	R&D经费投入强度
	全国	2.2
1	北京	6.3
2	上海	4.0
3	天津	3.3
4	广东	2.9
5	江苏	2.8
6	浙江	2.7
7	陕西	2.3
8	山东	2.1

资料来源：国家统计局。

从就业方面来看，2015～2019年全国和山东服务业就业人数占就业总人数比重均呈上升趋势，2019年山东服务业就业人数占就业总人数比重为

37.1%，同时期全国服务业人数占就业总人数比重为 47.4%。"十三五"期间，山东服务业就业人数占就业总人数的比重低于全国平均水平，2015 年山东比全国低 7.3 个百分点，到 2019 年，山东比全国低 10.3 个百分点，服务业吸纳就业能力仍低于全国平均水平，且差距呈扩大趋势（见表 5）。

表5　2015～2019 年山东与全国服务业就业主要指标对比

单位：万人，%

年份	全国			山东		
	就业总人数	服务业就业人数	服务业就业人数占就业总人数比重	就业总人数	服务业就业人数	服务业就业人数占就业总人数比重
2015	77451	32839	42.4	6632.5	2331.3	35.1
2016	77603	33757	43.5	6649.7	2360.6	35.5
2017	77640	34872	44.9	6560.6	2368.4	36.1
2018	77586	35938	46.3	6180.6	2280.6	36.9
2019	77471	36721	47.4	5987.9	2218.6	37.1

资料来源：2016～2020 年《中国统计年鉴》和《山东统计年鉴》。

四　"十四五"山东现代服务业发展的基本思路

展望"十四五"，山东将完成高水平小康社会建设目标、全面开启高水平现代化山东建设新征程。构建高质量发展的现代服务业体系，是山东加快经济高质量发展、引领高水平发展的必然选择，是抢占价值链高端的有效途径。

（一）推进生产性服务业与先进制造业深度融合

生产性服务业的发展与经济运行效率提升、经济增长、经济结构优化密切相关，大力发展生产性服务业对于提高相关领域竞争力起到重要作用。应以促进先进制造业产业升级为目标，加快生产性服务业与先进制造业深度融合，逐步提高生产性服务业在产业结构中的比重。加大对新一代信息通信技术的利用力度，不断深化产业分工协作，促进科技创新、要素配置。围绕制造业高质量发展要求，不断提高生产性服务业供给水平，补齐支持创新创业的生产性服务业发展短板。加快建立适应产业链、价值链、创新链需求的科技服务体系，拓展知识产权服务和技术转移转化服务。大力支持"科技＋金融"融合发展，建立健全科技金融服务体系。加快构建创业孵化生态体系，推广"孵化＋创投"等孵化模式。

（二）丰富现代服务业产品供给

以满足人民美好生活需要为目标，以加大服务业投资力度为重要手段，有效扩大服务型消费供给，提高现代服务业产品的供给质量。应大力发展新业态、新技术、新工艺，推动人工智能、生命科学、物联网、数字化、区块链等新技术在现代服务业领域的转化应用，以更高标准的服务和产品满足多元化市场需求。加快培育平台经济、智能经济、绿色经济、分享经济、创意经济、流量经济、数字经济等新业态、新模式。鼓励平台服务型企业实现资源整合，加快打造一批具有区域影响力的平台型交易中心，实施服务消费创新示范工程。提升文化旅游产品质量，推进文化旅游深度融合，促进文化旅游消费升级，拓展新兴消费性服务。加快康养产业发展，促进医养深度融合，鼓励各种社会资本支持健康养老服务业发展。

（三）推动深化产业分工和融合互动

现代服务业高质量发展需要深化产业分工和融合互动。促进第一、二、三产业深度融合，是提升产业竞争力的必然选择①。目前，服务业与其他产业的关联性不强、关联效应不显著、同质化现象较为严重，生产性服务业在制造业中间投入中的占比与发达国家尚有较大差距，服务业各行业需要进一步深化分工。一是促进生产性服务业专业化发展，优化服务业细分行业的要素配置；二是以促进产业升级为目标，提高现代服务业对先进制造业、现代农业的全产业链支撑水平，构建交叉渗透、协同共进的服务生态系统；三是鼓励更多服务业企业进行专业化分工，积极打造平台型服务业企业，加快培育互联网金融、电子商务、云服务等线上发展新模式；四是创新发展模式，依托"互联网＋"，探索多样化的产业链垂直整合模式。

---

① 《三部门关于印发〈发展服务型制造专项行动指南〉的通知》，中国政府网，2016 年 7 月 28 日，http：//www. gov. cn/xinwen/2016 – 07/28/content_ 5095552. htm。

（四）推动生活性服务业朝精细化和高品质方向发展

家政服务业发展迅速。服务机构数量众多，从业人员队伍庞大，适应家政服务新需求，行业模式日新月异，行业发展细分化、专业化、信息化趋势明显。工作机制日益健全，明确了从业人员职业化、服务机构专业化和规范化、政府管理信息化，应构建与国际化大都市发展相适应的家政服务业管理体系。健康服务业多元化发展。社会医疗机构快速发展，办医水平不断提升，一批以高端服务为特征的国际化社会医疗机构入驻。养老服务业体系优化。形成多层次多样化的养老服务体系、完善的养老服务保障体系、发挥市场作用的政策支撑体系和统一的养老服务评估体系。文化服务业转型创新。文化创意产业保持健康发展态势，传统文化产业转型成效初显，出版发行市场、演艺市场、艺术品市场等都持续蓬勃兴旺，新型产业融合创新步伐加快，数字出版、网络文学、游戏市场、文化装备等领域在全国比较优势明显。商贸服务业兴旺发达。商业业态模式新颖，消费诚信度高。时尚消费的影响力大，时尚引领度高，已形成会展、商务、旅游、文化、体育联动发展的新格局，商业设施完善便捷，商业便利度高。教育服务业高质量发展。形成以需求为导向、共建共享的终身教育供给机制，各类平台提供面向各类人群的终身教育平台，中外合作举办的非学历教育和留学生教育、互联网教育等得到鼓励发展。大力发展特色旅游服务业。培育文化体验游、研学知识游、红色教育游、康养体育游、乡村民宿游等融合发展新业态，发展文化旅游、医养健康两大国际化标杆产业，推进"文旅康养融合发展示范区"建设，打造文旅、康养产业高位发展平台。体育服务业不断壮大。创新体育产品供给机制，引领体育消费新需求，依托5G、物联网、大数据和人工智能等新技术手段为体育各领域发展注入新动力成为新的潮流。住宿餐饮业聚焦便民服务。经济型饭店、新兴饭店（民宿、青年旅社等）需求不断增长。

（五）加强人才队伍建设

近年来，山东服务业人才结构有所改善，但高层次、高技能人才缺口仍然很大，产业升级引发的人才需求变化与人才培养之间不相匹配。应加快实施人才优先发展战略，推动体制机制创新，建成一支结构合理、素质精良、机制灵活、持续发展的现代服务业人才队伍,努力在人才强省和创新型省份建设中取得新的更大的成绩。推进高端创新领军人才招引,引进培养一批具有扎实理论功底、复合专业知识、优秀先进理念、开拓创新思维的海内外领军人才、知名研究专家、技术人才。推进实施多层次知识更新工程、职业继续教育工程和技能培训工程等,提升专业技术技能人才素质能力,扩大人才队伍规模。顺应产业跨界融合发展要求,制订复合型人才培养计划,引导高校和企业加强对跨界复合型人才的培养,打造一批一专多能、既专又全的跨界型、复合型、交叉型人才队伍。充分发挥驻鲁高等院校、科研机构等的作用,整合资源,集成优势,搭建现代服务业产业研究平台,为现代服务业发展提供智力支撑。创新人才评价机制,健全以岗位职责为基础,以品德、能力和业绩为导向的人才评价体系。

(六)打造具有竞争力的一流营商环境

深入推进国家和省级服务业综合改革试点,着力破除服务经济发展的深层次体制机制瓶颈、障碍。扩大现代服务业对外开放,建立现代服务业FDI(国际直接投资)和对外投资以及服务贸易整体协调发展的机制。加强服务业标准体系、法律体系、信用体系、统计系统以及知识产权保护体系建设,完善发展的制度环境。建立健全公平、规范、高效的市场准入和监管制度,为现代服务业高质量发展提供保障。对于不同类型、不同规模的现代服务业企业进行分工细化管理,构建以服务质量为导向的动态监管机制。进一步完善价格管理、预防和制止垄断行为等相关法律法规,加快企业信用监管制度改革。健全有效的多元共治模式,加强与平台型企业的数据合作对接,打通全流程数据并加以利用,提升监管效能。

五 山东现代服务业高质量发展的对策建议

(一)推进金融服务业高质量发展

深入推进金融改革和创新。鼓励金融机构围绕服务实体经济,积极进行金融组织、产品和服务模式创新,提高金融产品多样化程度和金融服务个性化水平。充分运用现代科技成果，促进科技和金融紧密结合，建立健全多层次、多渠道的科技投融资体系。积极有序发展私募股权投资和创业投资，促进私募股权投资和创业投资基金规范健康发展，着力引进海内外创业资本，鼓励民间资本设立创业投资机构。

（二）促进交通运输服务业发展

进一步加强与国家重大发展战略区（带）及省际大通道衔接，促进山东交通运输互联互通。一是在规划层面，将交通运输规划与土地利用规划、城市总体规划、重大产业布局等进行统一衔接，科学引导基础设施、运输组织、管理服务、运输装备和信息化等的规划建设；二是在建设层面，全面融入国家重大发展战略，打造便捷开放的海陆空对外交通网络，重点建设交通基础设施的关键通道、关键节点和重点工程；三是在运输方面，依托港口、公路、铁路，在重要节点打造多式联运型综合货运枢纽，提升货物的通达水平。

（三）提高商务服务业发展水平

大力发展总部经济，提升商务服务业发展能级。综合考虑各地区资源禀赋优势、区位特征及重点产业发展方向，对各地总部经济的发展模式、长远定位进行谋划。构建总部经济发展合作机制，建立全省域或覆盖重点区域中心城市、都市圈的重点产业招商引资数据库和并购信息库，打通都市圈总部企业流转通道，建立全省招商引资项目跨区域流转和利益共享机制，协调转接双方在 GDP 税收考核等方面的利益分配，强化各经济区、都市圈在产业、人才、机制、平台等方面的全方位对接。按照市场化和国家化的方向，推动全省高端商务服务业快速、健康、稳定发展。巩固发展法律服务、会计审计及税务等优势行业，突破性发展信用评价、广告会展、中介外包等产业，加快引进和培育一批国内外优秀信用评级、资产评估、广告会展、中介外包、投资咨询等专业服务机构。积极支持行业协会的发展，强化行业协会工作职能。

（四）促进公共服务业多元化发展

鼓励公共服务业多元化供给，明确政府主体责任，大力推广多元化供给方式。引进先进的服务理念、技术和管理经验，优化公共服务业结构，提高公共服务业发展水平。完善价格形成机制，通过价格来配置市场资源，从而达到供求平衡。加快公共服务业的资源配置，实现要素在行业内的自由流动，鼓励其他新的市场主体参与到公共服务业的发展中来。完善公共服务业的法律、法规体系，建立健全促进公共服务业中小企业健康可持续发展的政策体系和运行机制，支持公共服务业中小企业的发展壮大。调整和优化财政支出结构，从财税、金融、土地等方面进一步完善政策扶持体系。拓宽投融资渠道，加快开发促进公共服务业高质量发展的金融产品。

（五）提高软件和信息技术服务业创新效率

全面提高创新发展能力。围绕产业链、价值链、供应链关键环节，加强基础技术攻关，加快布局前沿技术研究和发展，构建核心技术体系，建立健全以企业为主体、以应用为导向、政产学研金服用相结合的产业创新体系。加强信息技术服务创新，形成新型信息技术服务能力，发展新兴服务模式，加快发展新型在线运营服务。鼓励平台型企业、平台型产业发展，加快培育新业态和新模式，打造"平台、数据、应用、服务、安全"协同发展的格局。围绕人工智能、云计算、大数据、移动互联网、物联网等新兴领域研究与应用，实现深度学习、类脑计算、区块链、虚拟现实等的创新。加速推进科研成果转化，大力发展以需求为导向的跨学科、跨领域交叉融合技术研究，汇聚多方资源共同推进前沿技术产业化进程。搭建产业平台，形成产业集群，带动周边一批小微企业，实现产业链整合。发挥政策、资本、中介、高校和研究机构等的协同作用，打造产业生态圈，实现产业集群效应。形成软件和信息技术服务业技术联盟，实现上下游企业联合办公、联合创新。统筹利用国内外创新要素和市场资源，加强技术、产业、人才、标准化等领域的国际交流与合作，以软件和信息技术服务业龙头企业为引领，深入融入全球产业生态圈，提升软件和信息技术服务业发展水平和层次。

（六）发展数字文化创意产业

大力发展以5G、大数据、云计算、物联网、人工智能等数字技术为载体的新型数字文化业态，创新商业模式，积极探索基于移动互联网的个性化定制、精准化营销、协作化创新等新型商业模式，搭建新的应用场景，重点培育动漫游戏、网络视听、移动媒体、创意设计等新兴文化业态。加强数字文化创意产业原创能力建设，发挥高新技术对内容创作、产品开发、模式创新等环节的支撑作用，推动文化产品和服务生产、传播、消费的数字化、网络化、智能化进程。推进动漫与文学、游戏、影视、音乐等内容形式交叉融合，加强游戏内容价值导向管理，鼓励研发具有齐鲁文化特色和自主知识产权的网络游戏，创新开发儒家文化题材的移动终端游戏作品。积极发展互联网娱乐平台，支持软件技术企业和文化企业联合开发互联网娱乐应用、音视频服务、网络表演、文化艺术服务等平台。支持发展网络音乐、网络直播表演、网络剧（节）目、虚拟旅游等网络文化娱乐产品，提高网络文化娱乐产品的原创能力和文化品位，推出传播健康向上价值观、展现山东文化形象的优秀网络原创作品。

（七）促进旅游产业高质量发展

积极对接黄河流域生态保护和高质量发展重大国家战略和长城、大运河国家文化公园建设等重大文化工程，规划建设黄河口国家公园等高端文旅"新地标"。开展全域旅游示范区创建，实施旅游"全要素提升计划"，大力开发培育精品景点、精品线路、精品服务，制定"好客山东"优品名录，每年举办文创旅创大赛。实施精品旅游景区建设行动，开展村庄景区化建设，推动全省旅游景区提档升级，提升景区文化内涵，推出一批经典文化旅游线路。推进重点文旅项目建设，完善要素保障和政策支持体系，培育文旅产业集群。开展文化产业和旅游产业融合发展示范区创建，推进文化演艺、创意设计、非遗、娱乐、动漫等与旅游融合发展，打造旅游演艺品牌项目。加快发展"文旅＋"，大力培育文化体验游、研学知识游、康养体育游、乡村民宿游等融合发展新业态，发展文化旅游、医养健康两大国际化标杆产业，推进"文旅康养融合发展示范区"建设，打造文旅、康养产业高位发展平台。实施"快旅慢游"强基工程，构建便捷的旅游交通网络。办好旅游发展大会、中国国际文化旅游博览会、中国非物质文化遗产博览会等节会活动。高质量筹办 2021 山东省旅游发展大会暨中国国际文化旅游博览会。认真总结首届旅发大会成功经验，继续办好第二届旅发大会，争取有新亮点、新特色、新突破。

（八）打造科技创新新引擎

积极促进科技服务业与其他产业深度融合，充分利用互联网、人工智能、物联网、大数据、云计算等科技服务，推动实现跨越式发展。加快产业转型升级，积极布局战略性新兴产业，探索发展线上线下融合服务、第三方云平台服务、特种定制服务等新业态。通过新机制、新产品、新模式进一步拓展市场，利用科技创新手段，加大市场拓展的协同力度，扩大业内配套机制的范围。加大新产品开发力度，丰富商业模式。优化研发资源配置，提升技术创新能级。打造一批行业创新服务平台，进一步强化创新链与产业链深度融合。从需求侧入手，跟踪研究前沿新产业技术，加强新产业技术攻关和能力建设，持续加大科研投入力度。建立对外合作的协同机制，依托行业优势企业和重点科研院校，拓宽孵化机构、风投基金等的合作渠道，打造开放式的创新合作体系。加快战略性、前瞻性技术成果转化，推进新产业技术成果落地。

（九）提升全省物流管理水平

加快物流业与上下游制造、商贸企业深度融合，推动物流业管理创新与应用。加强物流信息资源整合，建立跨地区、跨行业物流信息共享平台，依托"互联网＋物流园区"模式，实现各园区信息联通兼容。培育壮大物流主体，做大做强物流企业，在省内打造一批技术先进、主营业务突出、人员素质高、核心竞争力强的现代物流企业集团。加快发展智慧物流，依托互联网、大数据、物联网、人工智能、云计算、生物识别等现代信息技术，实现物流环节的智能化建设。建立健全现代物流组织模式，推进绿色物流循环体系建设。

参考文献

郭凯明、黄静萍：《劳动生产率提高、产业融合深化与生产性服务业发展》，《财贸经济》2020 年第 11 期。

郝志杰：《基于 TFP 视角的现代服务业高质量发展研究——以江苏为例》，《中国商论》2020 年第 23 期。

刘志彪：《现代服务业发展与供给侧结构改革》，《南京社会科学》2016 年第 5 期。

卢方元、张世芊：《中国现代服务业投入产出效应分析》，《统计理论与实践》2020 年第
　　5 期。

汪旭晖、冯文琪：《电子商务助推现代服务业升级：机制、路径及政策——以大连市为
　　例》，《北京工商大学学报》（社会科学版）2016 年第 2 期。

夏杰长、徐紫嫣：《迈向 2035 年的中国服务业：前景展望、战略定位与推进策略》，《中
　　国经济学人》（英文版）2021 年第 1 期。

赵迎红：《先进制造业与现代服务业融合发展研究文献综述》，《现代商贸工业》2021 年
　　第 1 期。

B.5
山东海洋经济发展态势与对策建议

刘 康*

摘 要： 打造海洋高质量发展战略要地是时代赋予山东的重大历史使命。2019年，山东海洋经济高质量发展取得重要进展，海洋经济发展进入新阶段，世界一流港口建设稳步快速推进，现代海洋产业体系初见成效，但相对于国家海洋经济高质量发展要求，山东海洋经济总体发展质量还有待提升。海洋经济区域发展统筹不足、海洋经济新旧动能转换滞后、海洋生态环境压力依然存在及海洋产业创新能力不容乐观等问题依然是制约山东海洋经济高质量发展的主要因素。为此，山东要进一步明确海洋经济发展定位，优化全省海洋经济发展格局，构建现代海洋产业体系，强化海洋生态环境治理，争创国家海洋经济高质量发展先行区。

关键词： 海洋经济 新旧动能转换 高质量发展

坚持新发展理念，融入新发展格局，推进海洋经济创新发展，提升海洋经济发展质量，全面推进海洋强省建设，成为国际领先的海洋经济创新引领区，是新时代赋予山东的重大历史使命，也是新时期山东沿海地区持续健康发展的基础支撑。应深入贯彻落实习近平总书记关于山东的重要指示精神，坚持海洋是高质量发展战略要地，努力在发展海洋经济上走在前列，为海洋强国建设做出山东贡献。近年来，围绕世界一流港口建设、现代海洋产业体系构建和绿色

---

* 刘康，山东社会科学院海洋经济文化研究院研究员，研究方向为海洋经济政策与区域规划。

可持续的海洋生态环境营造，全省统一认识，加快海洋战略新兴产业链的培育与融合发展，深入推进沿海港口物流运输一体化建设，加大海岸、海湾生态环境整治修复和海洋牧场投入，试点海洋经济运行监测与评估核算体系建设，有力地推动了山东海洋经济的高质量发展，为"十四五"时期山东海洋经济的持续健康发展提供了坚实的基础。

一 山东海洋经济发展现状

进入新时代，面对世界百年未有之大变局，在全球气候变化、贸易保护主义及新冠肺炎疫情的冲击下，全球经济发展面临前所未有的挑战，国内经济发展也面临诸多不确定性。向海洋进军，以陆海统筹发展为突破口，协调海洋资源开发与海洋生态环境保护间的矛盾、冲突，大力发展蓝色经济，培育新的经济增长点，成为国内沿海地区经济发展的共识。作为一个海洋大省，山东海洋经济发展得到省、市、县（区、市）三级地方政府的广泛重视，从海洋强省到海洋强市，海洋经济发展持续突破，山东取得了举世瞩目的成就，现代渔业、海洋交通运输业及海洋生物医药业、海洋盐业、海洋电力业等海洋新兴产业发展全国领先，成为当之无愧的海洋经济大省。

（一）海洋经济发展进入新阶段

2018 年以来，山东全面推进海洋强省建设，深入落实海洋强省建设"十大行动"，海洋经济发展进入新阶段。据山东省海洋局数据①：2019 年，实现海洋生产总值 1.46 万亿元②，占全省地区生产总值的比重由 2015 年的 19.7% 提高到 2019 年的 20.5%（见图 1）；占全国海洋生产总值的比重也达到 16.3%，仅次于广东，居全国第二位，海洋经济成为全省新旧动能转换及高质量发展的重要驱动力。全省海洋产业结构持续优化，以滨海旅游、港口航运等为主体的海洋服务业持续稳定发展，战略性新兴产业加速培育，海洋三大产业

---

① 本报告数据除已标明出处的外，均来自山东省海洋局相关统计资料及报告。
② 受 2018 年第四次全国经济普查结果影响，2018~2019 年的山东地区生产总值及海洋生产总值数据均进行了下调，与 2017 年及之前的数据不具有可比性，应注意区分。

比重由 2015 年的 6.8∶44.5∶48.7 调整为 2019 年的 4.2∶38.7∶57.1，海洋第一、二产业比重进一步下降，海洋第三产业比重大幅提升。

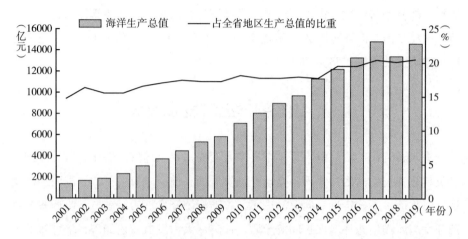

图 1　2001～2019 年山东省海洋生产总值及其占地区生产总值的比重

资料来源：山东省海洋局。

（二）世界一流港口建设稳步快速推进

面对新形势与新挑战，山东加快推进世界一流港口建设，沿海港口一体化改革取得实质性突破，成功组建山东省港口集团有限公司（以下简称"山东港口集团"），实现港口规划"一盘棋"、管理服务"一张网"、资源开发"一张图"，开启山东港口一体化发展新时代。全省沿海港口整合进程全面加速，港口物流空间布局持续优化，基本形成以青岛港为核心，以烟台港、日照港和渤海湾港为支撑的山东半岛港口群新发展格局。青岛港董家口港区、青岛国际邮轮母港、烟台港西港区、日照石臼港南港区等港口基础设施建设加快推进，铁路、公路、管道等陆海集疏运体系进一步完善，形成集装箱、油品、矿石、粮食等多元物流运输体系。集装箱业务稳步发展，国际集装箱航线数量不断增加，国际中转航线密度持续提升，码头装卸、物流中转、金融支撑等港口航运专业服务水平明显提升，航运服务空间有效拓展，海铁联运体系加快完善，以青岛港为核心的全球航运物流中心建设取得显著成效。据山东省海洋局数据，2019 年底，全省沿海港口生产性泊位达到 596 个，其中深水泊位 326 个，占比超过50%。其中，20万吨级及以上大型深水泊位22个，港口年通过能力达到9.1亿吨，高居全国首位。现与180多个国家和地区的700多个港口实现通航，开通国内外集装箱航线300余条，其中外贸航线超过200条，航线数量和密度均稳居国内领先地位。布局中西部地区内陆港18个，开通海铁联运班列线路69条，基本形成国际多式联运物流大通道。

2020年，面对国际新冠肺炎疫情的冲击，山东港口集团抢抓港口一体化改革机遇，主动出击，开拓国际航运市场，实现逆势上扬。据交通运输部数据，截至2020年10月底，山东全省港口货物吞吐量达到14.06亿吨，仅次于广东的14.41亿吨，居全国第二位。港口货物吞吐量同比增长4.8%，好于广东的3.5%、浙江的4.7%和上海的-4.3%；其中，外贸货物吞吐量达到7.92亿吨，占比达到56.3%，同比增长5.5%，对全省外向型经济发展拉动明显。全省集装箱吞吐量达到2615万标箱，在全国沿海港口及上海、广东等省市港口集装箱吞吐量出现负增长的情况下，山东沿海港口集装箱运输实现逆势增长，相比上年增长4.9%，表现优异。完成海铁联运箱量175万标箱，同比增长19.0%，居全国沿海港口首位。从主要港口情况来看，青岛港货物吞吐量超过5.04亿吨，集装箱吞吐量超过1800万标箱，均列全国第五位，但与上海港、广州港、深圳港的差距进一步缩小；日照港和烟台港的货物吞吐量也分别达到4.17亿吨和3.32亿吨，列全国沿海港口第七位和第八位，成为地方经济转型发展的重要引擎。

此外，围绕绿色港口和智慧港口建设，青岛港、日照港等均加大投入，在无人码头、船舶减排、港航大数据平台建设等方面取得突破性进展。山东港口集团获批全国首个交通强国"智慧港口建设试点单位"；青岛港集装箱全自动化码头工程建成运营，首创"氢动力+5G技术"，获批国家"绿色港口"及"2019亚太绿色港口"；青岛港"云港通"电商平台建成运行，成功入选"全国智慧港口示范工程"；日照港荣获国家首批"四星级绿色港口"称号。山东港口智能化、绿色化发展水平国际领先。

（三）现代海洋产业体系初见成效

为集聚优势资源，加快构建现代海洋产业体系，省政府进一步创新海洋经济管理体制机制，按照1名省领导牵头、1个专班跟进、1个规划引领、1个智库支持、1个协会助力、1只基金保障的工作推进体系，组建了现代海洋产业专班，成立了山东海洋产业协会和海洋产业智库，编制了《山东海洋强省建设行动方案》，设立了现代海洋产业基金，筹集了不少于55亿元财政资金，重点围绕海洋强省建设"十大行动"，全面加大对海洋产业发展的扶持力度，现代海洋产业体系建设取得明显成效。

一是海洋渔业实现全面转型提升。优化顶层设计，坚持规划引领，科学布局海洋渔业发展空间，逐步引导海水养殖业由沿岸、近海、浅水向离岸、远海、深水拓展，成功获批国内首个国家深远海绿色养殖试验区。大力发展绿色生态养殖，示范推广池塘工程化循环水养殖、工厂化循环水养殖、水产种业质量提升、配合饲料替代幼杂鱼、用药减量等五大生态健康养殖新模式，打造1万多公顷集中连片"贝、藻、参"立体生态循环养殖区。海洋牧场建设试点全面加速，现有省级以上海洋牧场示范区105处，含国家级44处，占全国的40%，稳居全国首位。实现船舶与海工装备制造产业和海水养殖、休闲渔业的融合发展，探索创建"海工+牧场"产业融合新模式，为传统渔业转型升级注入新动力。截至2020年底，已建成海上增养殖多功能管护平台48座，为渔业"新六产"发展提供了海上平台。近海捕捞稳步发展，捕捞强度得到有效控制，捕捞渔船、渔获量有序压减，远洋捕捞快速发展，海洋捕捞业结构效益明显改善。截至2019年底，全省拥有农业农村部远洋资格企业42家，投入作业的远洋渔船487艘，实现渔获量41.4万吨，高居全国前列。

二是海洋装备制造业持续稳步发展。围绕船舶与海工装备制造产业转型升级，以船舶与海工装备制造关键技术为突破口，主攻海洋核心装备国产化，初步建成青岛船舶海工制造基地、烟台海工装备制造基地、威海船舶修造基地及东营海洋石油装备制造基地等海洋装备制造基地，烟台海工装备制造基地成为全球四大深水半潜式平台建造基地及全国五大海洋工程装备建造基地之一。大洋钻探船、蛟龙深潜器、科学号考察船以及海龙、潜龙等一批具有自主知识产权的深远海装备投入使用，为山东的深远海资源开发提供了技术装备支持，超深水半潜式钻井平台、全自动深海半潜式智能渔场等一批具有自主知识产权的现代海工装备则有效地推动了我国海洋油气开发及海上养殖从近海向深海的转型，也为山东船舶与海工装备制造产业的转型发展提供了市场竞争力保障。

三是海洋新兴产业培育进程加快。"蓝色药库"建设全面启动。发布实施

《山东省海洋生物医药产业发展三年推进计划》，设立总规模达50亿元的"中国蓝色药库开发基金"，创建山东省海洋药物制造业创新中心，建成现代海洋药物、现代海洋中药等6个产品研发平台。全面实施研产融合计划，打造海洋生物医药创新创业共同体。引进建设国家级海洋药物创新平台，打造高水平海洋药物创新基地及产业技术孵化基地。2019年，全省海洋生物医药产业总产值超过200亿元，约占全国的一半。形成了以海洋药物、海洋生物制品、海洋功能食品、海洋酶等为主体的海洋生物医药产业链，国内首个治疗阿尔茨海默病的海洋药物GV971获批上市。山东成为全球最大的海藻生物产业基地，海藻酸盐产能全球第一。

海水淡化产业化发展稳步推进。发布实施《关于加快发展海水淡化与综合利用产业的意见》，创建全国海水淡化与综合利用示范区，在青岛、烟台、潍坊、威海、滨州等地建设海水淡化及配套装备制造基地。设立50亿元的山东海水淡化产业发展基金，支持海水淡化技术创新、设备制造及项目建设，推动海水淡化产业培育及规模化发展。到2019年底，初步形成青岛、烟台两个海水淡化产业集聚区，日海水淡化装机能力接近20万立方米，成为我国重要的海水淡化产业基地。

海上风电建设加快实施。修编完成《山东风电发展规划（2019—2035年)》，全面推进渤中、半岛北及半岛南三大海上风电基地建设。目前，青岛西海岸新区海上风电产业集聚区、蓝谷新能源海上风电场建设，烟台海阳千里岩、莱州湾及牟平三大海上风电集群建设及海阳风电装备产业园、蓬莱新能源装备产业基地暨风电母港建设，以及东营河口风电产业基地建设均被纳入地方海洋经济发展规划。

（四）海洋生态环境质量持续提升

围绕重点海域生态治理、陆海环境污染防治、海洋资源高效利用、海洋减灾防灾及海洋产业绿色发展等海洋生态文明建设任务，省委、省政府出台了《山东省海洋生态环境保护规划（2018—2020年)》《山东省打好渤海区域环境综合治理攻坚战作战方案》《山东省长岛海洋生态保护条例》等一系列的规制规划及政策保障措施，全面落实国家《渤海综合治理攻坚战行动计划》，完成渤海、黄海生态红线的划定工作。

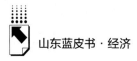

海洋生态文明示范区建设全面展开，创建国家级海洋生态文明示范区5个，省级10个，数量国内领先。青岛、烟台、威海、日照4个国家级海洋生态文明示范区建设深入展开，长岛省级海洋生态文明综合试验区建设加速推进。省委、省政府印发《关于推进长岛海洋生态保护和持续发展的若干意见》，并出台《长岛海洋生态文明综合试验区建设实施规划》《山东省长岛海洋生态保护条例》，全面实施生态治理六大攻坚行动，引领全省海洋生态文明建设。

创新海洋生态治理体制机制，全面落实"湾长制""河长制"责任机制，建立省、市、县三级"湾长制"海洋生态治理体系。坚持陆海污染统筹治理，引导"湾长制""河长制"有效衔接，建立跨区域的"湾长制"联动机制。全面清查入海排污口，强化陆源入海污染排放监控与海上污染管控，开展养殖尾水及海上漂浮物治理，从根本上减轻海洋污染压力。积极推进海洋类国家公园建设，完成黄河口国家公园、长岛国家公园申报工作，海洋保护区分类管理进展顺利。

渤海攻坚战取得阶段性成果，重点海湾及河口海域海水水质得到明显改善。2019年，全省近岸海域水质不断提升，优良水质比例达90.03%。渤海近岸水质优良率达71.61%，较2018年有了大幅度的提升。"蓝色海湾""南红北柳"以及岸线整治、海岛整治、海草床修复等海洋生态治理工程持续开展，日照、威海、青岛、烟台等获得国家"蓝色海湾"工程资金扶持，为海洋经济高质量发展提供了绿色可持续的海洋生态环境保障。

二 山东海洋经济发展面临的问题

在海洋经济发展领域，山东在国内具有一定优势和领先地位，但从整体质量、发展效益来看不尽如人意，特别是随着近海资源环境保护压力的加大，全省海洋经济发展面临更大的挑战和更多的风险。对标国家海洋高质量发展战略要地和海洋强省建设要求，全省海洋经济持续健康发展还面临诸多难点和堵点，亟待进一步改进与完善。优化提升海洋产业链能级、培育海洋经济新动能、推动海洋产业融合发展、提升海洋开发质量成为"十四五"山东海洋经济转型发展的基本方向。

（一）海洋经济区域发展统筹不足

规划引领是解决地方区域经济同质化竞争问题的最佳选择，但以《山东海洋强省建设行动方案》为核心的现有海洋经济发展政策规划体系未能对全省沿海7市海洋经济发展定位及重点任务进行明确，且区域统筹、错位发展理念也未在方案中得到充分体现，导致规划的重点项目建设与地方发展基础不匹配，存在项目重复建设、政策力度分散等问题。多年来，沿海7市海洋产业结构趋同、同质化竞争现象突出。各地出台的海洋产业政策及规划雷同，海洋产业发展存在大而全、小而全问题，产业布局分散，产业链短，地方海洋特色优势未能充分发挥。陆海产业对接、协同发展不够，产业的集聚和协同效应没有形成。

全省海洋经济高质量发展评估结果显示：沿海7市海洋经济发展顶层设计与规划引领不完善，区域海洋产业发展缺乏统筹，青岛、烟台2个海洋经济大市各自为战，区域辐射及引领作用没有得到有效发挥。从海洋产业发展来看，沿海港口整合进程缓慢，港口功能定位协调不足，集疏运基础设施建设滞后，部分港口吞吐能力过剩，不同港口间缺少深层互动与协作机制，能力过剩与泊位不足共存，不同港口缺乏紧密的业务合作和深层次战略融合。海洋特色产业园区建设统筹协调不足，临港化工、船舶海工基地建设各自为战，近岸海域及岸线利用基本饱和、冲突时有发生，造成诸多矛盾冲突与环境过载问题。船舶与海工装备制造、海洋化工新材料、海洋生物医药等产业链整合不足，低端项目重复投资问题突出，整体竞争力不强，现代海洋产业体系有待进一步完善。

（二）海洋经济新旧动能转换滞后

海洋产业发展具有很强的资源与空间依赖性，海洋资源禀赋与海域承载力决定着海洋捕捞、海水养殖、滨海旅游、海洋油气等优势海洋产业发展的空间。山东滨海旅游业、海洋渔业和海洋交通运输业三大产业增加值贡献率近80%，受到海洋资源、海域空间及国内外市场空间的制约，三大海洋产业持续增长面临严峻挑战，海洋产业结构及产业链亟待优化提升，海洋经济新旧动能转换相对滞后。

传统海洋产业转型升级未达预期。在全球航运市场需求低迷、船舶制造产能过剩的背景下，省内船舶海工企业提升市场竞争力、开发新产品市场的定位不明、办法不多。尽管以中集来福士、武船重工等为代表的船舶海工企业在深水钻探、海洋牧场装备制造市场有所突破，但仍面临整体亏损的困境。海洋渔业拓展深远海、延伸产业链的方向明确，但扶持措施不力，深远海养殖、深远海捕捞资源开发投入有待加大，海洋水产品冷链物流和精深加工能力亟待提升，水产品质量安全监管体系仍有待完善。海洋旅游市场开发裹足不前，旅游景点同质化竞争、低水平重复的问题突出，缺少具有市场带动力和品牌效应的龙头项目和旅游精品，海上及海岛旅游开发投入不足，全省滨海旅游向海洋旅游转型进展缓慢。

2019 年，全省以海洋生物医药业、船舶与海工装备制造产业、海洋电力业、海水利用业为代表的海洋战略性新兴产业保持快速增长，增加值同比增加14% 左右，但规模依旧不大，对全省主要海洋产业增加值的贡献不到 5%。海洋经济发展新动能培育滞后，新的产业增长极尚未形成。受制于技术和安全因素，海洋能始终未能实现产业化发展。滨海风电则受制于海域使用和环境政策，离岸风能发电和入网成本居高不下，风电产业化发展水平严重落后于福建、广东等南方地区。

（三）海洋生态环境压力依然存在

据《2019 年中国海洋生态环境状况公报》[①]，2019 年，山东莱州湾近海及滨州沿海仍存在一定面积的四类及劣四类水质，黄河口生态系统处在亚健康状态，海洋呈富营养化，浮游动物密度高，但生物量过少，底栖动物密度过高。山东入海河流断面水质呈现轻度污染状态，四类及劣四类水质占比高达 76.9%。2017~2018 年沿海地区入海河流总氮平均浓度远高于其他省区市，2019 年大幅下降，但仍高于除辽宁外的其他省区市。全省现有入海直排口 71 个，2019 年入海污水总量 8.29 亿吨，化学需氧量 2.45 万吨，海洋污染治理形势不容乐观。

另据《2018 年山东省海洋生态环境状况公报》[②]，2018 年，山东海水环境质量状况总体良好，海水水质优良率达到 89.2%，污染水域及重度富营养化海域主要集中在渤海湾南部及莱州湾近岸海域。黄河口、莱州湾、胶州湾及庙

---

① 《2019 年中国海洋生态环境状况公报》，生态环境部网站，2020 年 6 月 3 日，http://www.mee.gov.cn/hjzl/sthjzk/jagb/。

② 《2018 年山东省海洋生态环境状况公报》，山东省生态环境厅网站，2019 年 6 月 4 日，http://www.sdein.gov.cn/hysthjc/gzxx/201906/t20190604_2261990.html。

岛群岛典型生态系统受到环境污染、资源不合理开发等因素影响，总体依然呈现亚健康状态。主要海洋增养殖区综合环境质量良好，满足增养殖区功能要求，但部分区域存在营养盐失衡、绿潮灾害等潜在风险。绿潮影响范围缩小、影响程度降低，赤潮未发生。海水入侵严重，潍坊、威海等部分地区海水入侵加重。整体来看，山东近岸海域水污染治理仍存在较大难度，近岸海域环境质量呈现季节性波动。特别是莱州湾及渤海湾山东海域，周边地区重化工企业密集分布，再加上农业面源污染及入海河流污染的叠加，陆源污染物入海总量难以在短时间内消解，对河口海湾海域的海洋生态环境质量造成较大压力。另外，大规模的沿岸及近海养殖污染也不容忽视，海上旅游开发造成的污染物排放及生态破坏时有发生。

（四）海洋产业创新能力不容乐观

近年来，山东海洋科技能力全国领先优势出现弱化的趋势。据《国家海洋创新指数报告 2019》，山东海洋创新指数排名已经从 2015 年的第 2 位下降到 2017 年的第 3 位，海洋科技创新投入不足，全省海洋技术研发经费占海洋科技总投入的比重低，远低于广东、江苏、辽宁、上海等省市投入水平。科研院所和涉海高校研发成果与海洋产业市场需求不匹配，科技成果转化率低，对海洋新兴产业培育及传统产业改造的驱动作用不强，直接影响全省海洋经济新旧动能转换进程。

《山东海洋强省建设行动方案》对海洋科技创新给予高度重视，也逐年加大对海洋科技创新及涉海企业技术创新的支持力度，但相对于广东、上海等省市投入仍处在较低水平，使得原来的领先优势大幅缩减。在科技创新载体方面，山东至今未提出全国科创中心、综合性国家科学中心的建设目标和方案，布局和行动均落后于广东省，海洋试点国家实验室也未能实现入列目标。在大科学设施建设方面，大洋钻探船、岩芯库等重大设施花落别家，科考船数量和性能的绝对优势也出现弱化趋势。涉海高层次人才、青年人才引进政策和支持力度相比南方地区处在劣势地位，高端海洋科技人才流失现象屡有发生。海洋科技创新的产业拉动作用不尽如人意，海洋科技研发与市场需求脱节的问题依然突出，涉海企业研发能力薄弱的局面仍未得到有效改观。

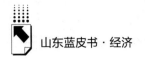

三 山东海洋经济发展的对策建议

以山东省海洋经济发展"十四五"规划为引领，对标国内外一流港口建设和现代海洋产业体系构建，加快优化海洋产业发展格局，强化海洋生态环境治理，深化对外开放与区域合作体制机制创新，力争把山东半岛打造成为国家海洋高质量发展战略要地。

（一）进一步明确海洋经济发展定位

一是国家海洋经济高质量发展先行区。依托胶东经济圈一体化发展，充分发挥青岛、威海、烟台海洋经济创新发展示范城市和青岛蓝谷等国家海洋经济发展示范区的政策优势，推进国际海洋创新中心建设，实施海洋战略性新兴产业壮大和深远海开发培育工程，建设海洋高新技术产业培育基地与深远海开发保障基地，争创国家海洋经济高质量发展先行区。实施海洋产业智慧化发展工程，以新一代信息技术提升全省"智慧海洋"建设水平，围绕智慧渔业、智慧港航、智能制造、智慧环保等海洋新业态培育，构建覆盖全省的海洋智慧产业链。

二是国家军民融合创新示范区。以青岛古镇口国家军民融合创新示范区、长岛省级军民融合发展示范区建设为重点，加快推进青岛、烟台、威海及潍坊军民融合创新产业园区建设，延伸军民融合产业链。支持中船重工、中集集团、中柏京鲁船业等国有及民营企业参与军民融合项目建设，合作共建海洋工程实验室、海洋装备研究院、物流服务保障平台等军民融合创新载体，打造青岛、烟台、潍坊等军民融合发展产业基地。

三是陆海区域协同发展试验区。完善顶层设计与规划引领，强化区域陆海政策统筹协同，突出地方资源优势与产业特色，构建各具特色和市场竞争力的海洋产业链，避免区域同质化发展和低层次竞争，打造以青岛为龙头，以烟台、威海、潍坊为支撑，以东营、滨州、日照为节点的山东海岸带协同发展新格局。创新陆海联动发展机制，打造陆海融合发展产业链，推动陆海物流、临港制造、装备制造、现代渔业、休闲旅游、海洋新能源及海水淡化等陆海产业深度融合发展，构建陆海统筹的沿海产业带，推进陆海区域协同发展试验区建设。

（二）优化全省海洋经济发展格局

一是突出规划统筹，优化海洋开发空间布局。编制全省海岸带保护与利用规划，探索陆海联动的海洋空间规划机制，统筹协调海洋空间规划、区域海洋经济规划与海洋产业规划，建立以国土空间规划为基础、海岸带保护与利用规划为核心、海洋经济与海洋产业专项规划为支撑的省、市海洋发展规划体系，强化区域海洋经济规划的权威性和引领性。优化山东海洋经济发展"十四五"规划内容，把临海产业园区布局与临海产业发展纳入海洋经济发展规划，围绕沿海港口整合，统筹规划国家海洋经济发展示范区与临港产业园区建设，明确陆海产业链配置、特色产业园区及基础设施建设重点区域，以规制调控地方过度投资与重复建设，引导沿海各市海洋产业错位发展和特色化发展。创新海洋经济发展考核机制，设定差异化的考核指标，鼓励地方特色化发展。以胶东经济圈一体化发展为契机，支持沿海地市依据互补性原则探索共建、共享机制，构建区域协同发展新格局。

二是坚持创新引领，培育海洋经济发展新动能。全面推进海洋产业创新发展示范基地建设，以青岛、烟台等国家海洋经济发展示范区建设为重点，加快推进山东省船舶与海洋工程装备创新中心、中国北方海工装备制造基地建设，重点建设深海油气、海洋牧场、海上风电、深远海养殖等大型海上智能装备平台，加快海洋经济新旧动能转换进程。引导海洋渔业、滨海旅游、船舶制造、海洋化工等传统海洋产业转型发展，加大对传统海洋产业的技术创新支持力度，推动陆海产业链融合发展，鼓励传统海洋产业开展业态创新、模式创新、路径创新，延伸传统海洋产业价值链。开展海洋经济新动能培育三年行动，打造国家海洋牧场示范区、海水淡化综合利用示范城市、海上风电装备制造基地、海洋生物产业基地等一批海洋新兴产业培育和集聚载体，突出开放引领与创新驱动，加快形成海洋经济新的增长点。

（三）构建现代海洋产业体系

一是推进世界一流港口建设。发挥山东港口集团对全省港口建设运营的统筹作用，加快编制全省港口中长期发展规划，明确沿海各港口在全省港口体系中的分工定位，明确不同港口的建设运营目标任务，解决长期以来地方港口重复建设、同质竞争的问题。建立山东港口集团与沿海各市协调机制，保持和放大港口建设与城市发展、港口运营与临港产业发展的耦合效应。加快推进全球航运中心建设，以航运服务发展为主线，推动港航产业转型发展，完善海铁多式联运体系，提升港口物流的区域经济发展带动力。进一步完善沿海港口集疏运体系，优化疏港铁路、油气管道建设。推进港口现代化发展，建设青岛、日照等智慧港口、绿色港口，制定智慧港口、绿色港口山东标准，打造世界一流港口。

二是优化提升传统海洋产业。明确山东海洋产业发展在全球、全国产业分工中的定位，根据海洋产业发展态势确定传统海洋产业转型提升方向，制定相应的产业扶持政策。滨海旅游业主要针对同质化、碎片化问题，加强全省统筹，鼓励引进和培育大型综合性文旅项目，积极开发特色文旅产品和海上旅游产品。海洋渔业以远洋渔业和深远海养殖为突破口，加快调整产品结构，拓展产业发展空间，提高资源利用率。海洋食品业重点发展进口、高档水产品冷链物流和水产品精深加工，推动食品业与生物医药业的融合发展。船舶工业要推动船舶制造绿色化、智能化发展，加大船用装备制造创新型企业引进力度，增强产业链条整体竞争力。海洋化工业要结合高标准专业园区建设，进一步加强安全生产监管和服务体系建设，提高企业的安全生产意识与抗风险能力。

三是推动陆海产业融合发展。创新陆海产业发展模式，推动陆海三次产业融合发展。以省级海洋特色产业园区建设为载体，优化整合现有的海洋产业集群及其涉海产业链，打造不同行业类群和产业业态融合发展的海洋特色产业基地。重点加大对智能船舶、港口自动化装备、智能养殖装备、无人探测装备、海上运动装备及海洋环境监测设备的研发和产业化转化投入，培育壮大海洋信息产业。科学定位海洋牧场建设，推动海水养殖、休闲垂钓与海工装备产业融合发展，打造现代渔业产业综合体；以海洋文化引领海洋旅游、休闲渔业、海洋环保等产业发展，延伸滨海旅游产业链，开发海洋旅游新产品；以国家自由贸易试验区建设为契机，创新港城联动发展模式，推动港口物流、临港制造、休闲购物、邮轮游艇产业深度融合发展，打造港城联动发展示范区。

（四）强化海洋生态环境治理

一是创新海洋生态建设路径。加快推进长岛国家海洋公园建设，调整全省海洋保护区建设规划和海洋生态红线，探索海洋旅游发展新模式与新路径，大力发展生态旅游和保护区旅游。统筹陆海保护区发展，积极推动青岛崂山、东营黄河口国家公园建设，创建陆海一体的国家生态保护体系。探索海洋生态环境保护新模式，创新陆海联动污染物防治机制和海洋生物资源管理体制，建立跨区域海洋污染物排放生态补偿与追溯制度。建立"湾长制""河长制"联动协调机制，开展胶州湾、莱州湾等重点海湾入海污染物总量控制试点，全面清理整顿入海排污口。实施近岸养殖污染治理工程，严格落实海域生态红线制度，强化海洋功能区与岸线分类管理。落实海岸带保护与利用规划，整治修复黄河口、莱州湾等重点河口海湾原生盐沼湿地。

二是推动海洋产业绿色化发展。探索海洋特色产业园区循环经济发展新模式，建立省级蓝碳交易市场。积极探索蓝色碳汇技术，建立低碳生态养殖模式，引导碳汇型海洋牧场、海水养殖园区建设。强化海洋产业绿色化发展，搭建海洋产业绿色创新平台，加大对环境友好型、资源节约型涉海投资项目的扶持力度，编制海洋绿色产业发展名录，设计海洋产业绿色化发展路线图，设立海洋产业绿色化引导基金，探索海洋产业绿色化发展新路径及配套政策扶持机制。鼓励涉海企事业单位组建绿色技术创新联盟，推动海洋生态产业园区建设。大力发展海洋可再生能源，加快推进海上风电、滩涂太阳能及海洋新能源发电站建设，降低海岸带碳排放强度。

三是构建海洋生态安全屏障。实施全省海洋生态安全建设工程，统筹海洋生态安全、海洋产业安全和海洋资源安全，构建海洋生态安全屏障。加快推进以国家公园为主体的海洋保护地体系建设，优化海洋保护区空间布局，加大海洋保护区管理投入，提高海洋保护区的保护成效。创新陆海联动污染物防治机制和海洋生物资源管控机制，建立跨区域的污染物追溯、水产品原产地及生态补偿制度，探索海洋污染治理与资源修复补偿机制。鼓励海洋渔业、海洋化工业、港口航运业及滨海旅游业生态化发展，引导临海产业园区向绿色低碳、循环经济园区转型，推进海洋产业智能化发展，建立完善海洋产业安全生产体系。

参考文献

韩立民等：《中国海洋战略性新兴产业发展问题研究》，经济科学出版社，2016。

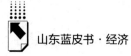

李广杰主编《山东蓝皮书：山东经济形势分析与预测（2020）》，社会科学文献出版
　　社，2020。

刘康：《创新发展路径　推进我国海洋经济高质量发展》，《民主与科学》2020 年第
　　1 期。

王宏：《着力推进海洋经济高质量发展》，《学习时报》2019 年 11 月 22 日。

杨朝光：《推动海洋经济高质量发展》，《人民日报》2018 年 7 月 1 日。

EU Maritime Affairs and Fisheries，*The EU Blue Economy Report*，2019.

OECD，*The Ocean Economy in 2030*，OECD Publishing，2016.

B.6
2020~2021年山东固定资产
投资运行分析及对策建议

山东省发展改革委投资处课题组 *

摘　要：　2020年山东省通过抓项目强投资，实现固定资产投资平稳回升，扭转了2019年以来低位承压运行的态势，为着力应对疫情冲击、统筹疫情防控和经济社会发展提供了重要支撑。为更好更实做好2021年固定资产投资管理各项工作，本报告系统梳理了2020年全省抓"四个一批"项目落地的主要做法，深入分析了固定资产投资运行态势和面临的形势，研究提出保持投资适度平稳增长、提高投资精准性有效性的工作目标和10个领域的重点任务，明确了下一步6个方面的措施，力争以高质量投资推动高质量发展，更好地发挥"十四五"期间投资优化供给结构的关键作用。

关键词：　固定资产投资　供给结构　山东

一　2020年项目管理工作及投资运行情况

2020年，山东省以习近平新时代中国特色社会主义思想为指引，坚决贯彻省委、省政府关于"六保三促"的工作部署，认真落实"四个一批"总体

＊　课题组成员：焉杰，山东省发展改革委投资处处长，研究方向为投资宏观调控、投融资体制改革；王坤，山东省发展改革委投资处二级调研员，研究方向为投资监测分析、建设项目管理；李宪泽，山东省发展改革委投资处二级主任科员，研究方向为投资监测分析、建设项目管理；吴庆华，济南市工程咨询院助理工程师，研究方向为全过程工程咨询。

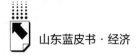

要求，加大重点项目建设推进和谋划储备力度，抢抓用好宏观政策重大机遇，结合疫情防控形势加快补短板强弱项，推动"要素跟着项目走"，着力扩投资强投资。在项目管理方面，主要推动开展了以下几项工作。

（一）健全完善"四个一批"项目推进体系

省委经济运行应急保障指挥部专门设立投资运行工作组，统筹协调重大项目建设，完善横向部门协作、纵向各级联动的投资运行协调工作机制。积极转变项目管理思路，按照"竣工一批、开工一批、储备一批、谋划一批"要求，建立"四个一批"项目库，按季度形成项目清单和数字台账。着力克服疫情影响、恢复项目建设秩序，集中抓好12121个省市县重点项目建设，5816个计划新开工项目实现应开尽开。把重点项目建设纳入各市经济社会发展综合考核，单设一定比例权重，充分发挥投资考核"指挥棒"作用。先后组织两次全省重大项目集中开工活动，总投资1.2万亿元的裕龙岛炼化一体化等1292个重大项目集中开工。

（二）分类推进省级重点项目建设

聚焦"十强"产业、基础设施、社会民生、重大平台四大重点领域，突出示范引领作用抓省重大项目，突出"四新经济"抓新旧动能转换优选项目，突出签约落地抓"双招双引"项目，突出薄弱环节抓补短板强弱项项目，筛选确定省级重点项目1907个，推动省级重点项目扩容提质。构建重点项目落地机制，分8批解决了299个难点、堵点问题。"四进"攻坚工作组对省市县重点项目实现督导服务全覆盖，累计协调解决项目开工、手续办理等方面问题近1000个。加大项目推进力度，把投资任务分解到季、落实到月，实行挂图作战。计划年内开工的1649个项目已经开工1639个，累计完成投资8700亿元。

（三）强化重大资金政策衔接争取

省级建立完善债券专班常态化工作机制，紧密衔接国家债券工作安排，共争取2923个项目列入国家专项债券储备项目清单，债券需求8589亿元。国家据此安排山东额度3234亿元，是2019年同期的近2倍，山东项目数量、需求、额度均居全国第一，有力支持了鲁南高铁、烟台机场、老岚水库、引黄灌区农业节水工程、省公共卫生临床中心等"两新一重"和补短板项目建设。持续加力推进债券项目调度，适时组织开展项目调整，债券实际安排的 1781 个项目已全部开工，完成投资 4867 亿元。同时，争取中央预算内投资 133 亿元，安排用于 1021 个项目建设，加快资金下达和支付进度，推动项目加快建设、尽快形成实物工作量，有效拉动投资增长。

（四）全面构建"要素跟着项目走"机制

围绕破除土地、能耗、资金等要素制约，坚持问题导向，在全国率先出台《关于建立"要素跟着项目走"机制的意见》（鲁政办字〔2020〕45号），明确"什么要素"跟着"什么项目"走，以及"怎样"跟着项目走等关键问题。协调各部门制定配套实施细则，形成完善配套政策体系。机制运行以来，突出省级统筹，减少一般性切块，集中要素办大事，有力促进了重点项目与政策体系的精准匹配和衔接平衡。土地方面，预支 10 万亩土地指标保障项目落地，统筹 6.3 万亩支持 273 个省重点项目，争取将国家指标 11.46 万亩用于重大基础设施建设；能耗方面，突破性启动省级能耗指标收储交易机制，收储 1000 万吨能耗指标和 1000 万吨煤炭消费指标，保障 18 个重大项目落地；资金方面，对 533 个有融资意向的重大项目累计授信 4222 亿元、发放贷款 1148 亿元，有力保障了项目融资需求。

（五）高质量开展重大项目谋划储备

针对疫情防控中发现的短板和弱项，省委、省政府见事早、行动快，积极推动谋划补短板重点项目。突出公共卫生、公共安全、应急体系、科研攻关、医疗物资产业链等重点，先后谋划实施两批项目，共 769 个，总投资 1.5 万亿元。围绕国务院研究确定的九大投向领域，结合"十四五"规划、黄河流域生态保护和高质量发展战略落地实施，提前启动 2021 年省级重点项目谋划储备工作，谋划提出一批引领性、支撑性省级重点项目。

总的来看，投资增长总体平稳。全省投资已初步扭转低位运行态势，对优化供给结构的关键作用显著发挥。受新冠肺炎疫情影响，全省固定资产投资第一季度承压开局，第二季度以来呈现明显的企稳回升、逐步向好态势，累计增速在 5 月份由负转正，全年增长 3.6%，12 月份投资已连续 8 个月实现正增长，第四季度分别比前三季度提升7.7个、2.3个和0.9个百分点，比2019年提高12个百分点，高于全国平均水平0.7个百分点。16市中15市实现正增长，区域投资运行总体平稳。

1.聚焦基础性支撑作用，三大领域投资平稳增长

首先，"两新一重"投资加速，基础设施投资平稳增长。2020年，山东省基础设施投资同比增长3.1%，拉动全部投资增速提高0.7个百分点。一是新型基础设施加速布局。数字经济核心产业投资同比增长44.9%，占全部投资比重为2.9%，同比提高0.8个百分点；5G基站建设超过5.1万个，电信广播电视和卫星传输服务投资增长271.1%。二是新型城镇化建设快速推进。全年棚户区改造新开工14.75万套，基本建成20.38万套，开工改造老旧小区项目1745个；1~11月新增综合管廊廊体74.6公里，新建城市污水管网1436公里、生活垃圾处理厂（场）25座，公共设施管理业全年投资同比增长13.6%。三是重大工程建设提速。鲁南、济莱、郑济等高速铁路项目及京沪、京台、青兰高速公路改扩建项目顺利实施；水利设施短板加速补齐，重点水源、重大引调水工程加快建设，水利设施管理投资同比增长20.8%。

其次，制造业投资加速回升，部分行业投资强势增长。继1~11月山东省制造业投资增速由负转正后，全年增速提升至7.6%。一是行业投向集中度较高。与上年相比，化学原料和化学制品制造业、非金属矿物制品业、通用设备制造业、专用设备制造业投资占制造业投资比重继续保持前四位，分别为16.6%、9.3%、8.8%、7.5%，医药制造业、计算机通信和其他电子设备制造业取代金属制品业、汽车制造业，占比分别为6.5%、6.1%。二是区域重点产业链布局进一步优化。钢铁、炼化产业向沿海地区加快集中，日照—临沂先进钢铁基地、裕龙岛高端石化基地开工建设，黑色金属冶炼和压延加工业、化学原料和化学制品制造业投资分别增长67.8%、50.7%。三是疫情刺激部分行业需求。医药制造业、计算机通信和其他电子设备制造业投资分别增长54.7%、42.8%。

最后，房地产开发投资增势稳健，济青烟"三核"集中度提升。2020年，山东省房地产开发投资呈现增速逐月稳步回升态势，1~2月同比下降4.2%，上半年增长2.9%，全年完成开发投资9450.5亿元，增长9.7%。从区域看，济南、青岛、烟台3市全年完成开发投资4568.0亿元，占全省的48.3%，占

比较上年提升 1.4 个百分点；增长 13.0%，增速高于全省平均水平 3.3 个百分点。

2. 聚焦锻长板、补短板，传统产业升级和新兴产业培育齐头并进

首先，传统产业技术改造步伐加快。2020 年，山东省深入实施《山东省传统产业智能化技术改造三年行动计划（2020—2022 年）》，以高端化、智能化、绿色化为重点，实施新一轮"万项技改""万企转型"。全年工业技改项目达 11381 个，投资同比增长 17.6%，其中制造业技改投资增长 19.8%；化学原料和化学制品制造业、黑色金属冶炼和压延加工业、有色金属冶炼和压延加工业、非金属矿物制品业等传统产业技改投资分别增长 59.9%、45.7%、26.8%、24.7%。

其次，新兴产业投资力度加大。一是"四新经济"引领产业发展，全年投资同比增长 18.7%，占全部投资的比重为 51.3%，同比提高 6.5 个百分点。二是战略性新兴产业投资支撑新增长点、新增长极，全年同比增长 15.4%，其中新一代信息技术、生物产业、新能源产业、新材料产业投资分别增长 40.5%、34.9%、25.1%、23.5%。三是高技术产业成为投资新引擎，全年投资同比增长 21.6%，占全部投资的比重为 8.3%，同比提升 1.2 个百分点，其中高技术制造业、高技术服务业投资分别增长 38.1%、8.4%。

3. 聚焦改善人民生活质量，民生产业投资力度加大

首先，农林牧渔业投资高速增长。2020 年，山东省农林牧渔业投资项目同比增加 394 个，增长 21.7%，投资同比增长 43.2%，拉动全部投资增速提升 0.9 个百分点，占全部投资的比重为 2.9%，同比提高 0.8 个百分点。粮食和重要农产品供给保障后劲较足，农业投资同比增长 26.4%，其中谷物种植、蔬菜食用菌及园艺作物种植投资分别增长 81.4%、36.0%；畜牧业投资同比增长 99.6%，其中牲畜饲养、家禽饲养投资分别增长 162.1%、35.5%。

其次，社会领域投资活力被进一步激发。2020 年，山东省社会领域投资同比增长 11.8%，占全部投资的比重为 6.1%，同比提高 0.4 个百分点；社会领域投资到位资金同比增长 12.2%，增速高于全部投资到位资金 6.5 个百分点。分领域看，健康强省建设向前推进，公共卫生医疗体系更加健全，卫生行业投资增长 45.8%；全面推进体育强省建设，完善全民健身公共服务体系，体育行业投资增长 53.1%。

最后,生态环保投资快速推进。2020年,山东省重大生态环境治理工程项目加速实施,生态保护和环境治理业投资同比增长23.1%;资源再利用投资保持快速增长,废弃资源综合利用业、污水处理及其再生利用业投资分别增长35.2%、29.2%;大力发展新能源和可再生能源,稳步推动核电、海上风电项目建设,太阳能发电、水力发电、风力发电、生物质能发电、核力发电等行业投资分别增长70.0%、45.0%、37.4%、21.5%、1.6%。

同时,要看到当前投资还存在一些问题。比如,消费品制造业投资持续低迷,全年消费品制造业投资同比下降5.9%;传统服务业投资受疫情影响较大,全年生产性服务业投资同比下降3.4%,10个领域中,5个投资增速为负;项目储备结构不够优化,省市县三级重点项目中,制造业项目分别占63.0%、56.9%和39.4%,反映了市县各级政府在项目建设中对见效较快的基础设施和房地产项目下功夫较大,而对具有带动性、引领性的制造业大项目、好项目谋划和招引不够有力。这些问题需要在下一阶段投资工作中着力解决。

二 2021年投资面临的形势

投资自主性和带动性强、关联度高,扩大有效投资是对冲经济下行压力的必然选择,更是促进形成"双循环"新发展格局的内在要求。山东省在结构调整、产业升级、民生改善以及传统基建、新基建等方面,仍具有有效投资需求和早晚要干的项目储备,需要抓住时机、积极推进。2021年是"十四五"开局之年,做好全年宏观经济管理,努力扩大有效投资,对于减弱新冠肺炎疫情影响、保持经济在合理区间运行、推动经济高质量发展至关重要。但从当前情况看,投资运行仍面临一定的不利因素和制约问题。

一是外部不确定性较强,宏观预期不稳定。受疫情及国际形势等因素影响,企业对未来预期不明朗,发展信心减弱,多数持观望等待态度。企业生产经营困难,盈利空间收窄,全省工业利润率仅为4%左右,企业利用自有盈利滚动扩大投资的能力受到限制。部分有互保责任的企业担心或有代偿风险,倾向保留较多现金储备,投资潜力也受到一定程度的抑制。

二是产业生态不系统、不完善,吸聚先进制造业投资的能力偏弱。山东省新上投资项目大多零零散散、单打独斗,产业链协同性不强,补链强链针对性不高，对"四新经济"、先进制造业以及领军企业、高层次人才团队缺乏吸聚力，暂时没有形成投资的规模优势和吸聚投资的良好生态，投资对产业链的传导带动效应发挥不足。

三是市场波动叠加主动转型，结构调整压力较大。随着山东省新旧动能转换加速推进，产业转型力度不断加大，传统行业领域投资出现回落。新兴产业发展成效初步显现，但由"新"到"强"的转换升级态势仍不稳定，以"新"促"旧"的带动提升能力仍不突出，需要统筹传统产业转型改造和新兴产业前沿引领，突出核心创新能力、高附加值产品、优势产能拓展等方面，布局重大项目，扩大优质供给。

四是投融资政策落实仍存在障碍，建设资金保障存在压力。金融运行中的不稳定、不确定因素增多，以民营企业为主的制造业信贷风险较高，制造业贷款不良率居各行业之首，银行存在惜贷畏贷心理，民营企业融资难问题仍然突出。土地财政模式难以持续，各项刚性支出有增无减，地方政府同时面临经常性支出和资本性支出压力。

同时要看到，投资作为供给侧和需求侧两端发力的重要引擎和最佳结合点，具备当期需求和下期供给的双重属性。2021年投资运行也蕴含着难得的机遇。

一是有效投资地位进一步提升。党中央、国务院多次召开会议强调，积极扩大国内有效需求，加快在建和新开工项目建设进度，扩大有效投资，发挥投资对优化供给结构的关键作用。"双循环"新发展格局下，有效投资地位进一步提升。投资通过项目建设布局国内市场，通过"双招双引"和国际合作嵌入国际市场，是畅通国内国际经济循环的关键环节、必然选择和重要抓手，对促进形成强大的国内市场、逐步形成"双循环"新发展格局具有重要意义。

二是落实重大发展战略助推释放新的投资空间。省委、省政府持续加大与国家战略规划的对接力度，一批事关全省大局和长远发展的重大事项、重大平台、重大工程加快落地，"十四五"规划、黄河流域生态保护和高质量发展、半岛城市群建设等重大发展战略高标准谋划实施，将有力拓展发展空间。同时，短板就是增长点、弱项就是发展空间，在统筹疫情防控和经济社会发展过程中，各级推动补短板强弱项，带动形成了大量投资需求。

三是项目推进体系持续完善。全省"四个一批"重点项目推进体系建立完善，"竣工一批、开工一批、储备一批、谋划一批"进一步落地落实，总投资近19万亿元的2.5万个在库管理项目将继续有序推进。省级重点项目全面扩容提质，对全省投资的支撑作用明显加强。"要素跟着项目走"机制在全国省级层面率先建立，土地、能耗等关键要素与项目的衔接联动更加紧密。

四是宏观政策有望继续发力。宏观政策预期将保持连续性、稳定性，积极的财政政策更加积极有为，2021年专项债券额度预计仍将保持在高位，继续集中支持基础设施和公共服务等补短板项目建设。国家和山东省出台的大规模减税措施，以及直达资金加快下达，对增强企业投资活力形成一定的推动作用。稳健的货币政策坚持总量适度，逆周期调控的政策效应比较明显。政策效应将逐步向投资传导，金融适时适度逆周期调节作用逐步发挥。这些措施将有效稳定投资预期，提高投资积极性和主动性。

从山东省发展实际看，一方面，多年来山东省投资积累了较大存量，过度增加总量、追求增速有可能导致局部供需结构性矛盾，应当在保持稳定增长的基础上，更加注重补短板调结构，突出把握投资质量和效益，避免盲目追求规模扩大。另一方面，随着疫情防控常态化，2021年投资运行的内外部环境有望逐步好转，市场主体的形势研判能力、预期管理能力和主动应对能力将进一步提升，投资延续2020年平稳运行趋势的基础较为坚实。大体上可以判断，2021年投资仍将保持承压运行、稳步回升态势，增速目标初步考虑5%左右。

三　2021年发展思路与重点工程

做好2021年投资工作，必须以习近平新时代中国特色社会主义思想为指导，坚持稳中求进总基调，坚持新发展理念，立足于提升投资宏观调控水平，围绕保持投资适度平稳增长、提高投资精准性有效性，以"四个一批"项目建设为统领，以市场的思维和改革的手段，聚焦深化投融资体制改革，聚焦加大补短板力度，聚焦重点领域支撑带动，聚焦核心要素统筹保障，持续保持投资平稳增长，促进形成强大的国内市场，以高质量投资促进高质量发展，更好地发挥投资优化供给结构的关键作用，为"十四五"开局起步做出投资贡献。紧密衔接"十四五"规划、黄河流域生态保护和高质量发展、半岛城市群建设等战略实施，加快推动新旧动能转换向"取得突破"迈进，突出"两新一重"和补短板，聚焦"十大工程"重点任务，落实工作项目化、项目具体化要求，强化投资项目推进实施。

（一）制造业高质量发展工程

全面提升制造业核心竞争力，加快建设制造业强省。产业基础高级化方面，积极对接国家产业基础再造工程，加快基础、关键技术和重要产品工程化攻关，实施一批产业基础再造（工业强基）项目，提高制造业基础能力。产业链现代化方面，统筹推动传统产业转型升级和战略性新兴产业发展壮大，围绕产业链锻长板补短板，聚焦重点产业关键产业链，加速布局补链延链强链项目，培育一批具有竞争力的先进制造业集群。持续抓好裕龙岛炼化一体化、山东重工绿色制造产业城、日照精品钢铁基地、临钢集团先进优特钢等在建项目建设，推进奇瑞青岛乘用车基地、日钢集团产能承接一期、海尔物联网全球创新中心、中国北方国际油气交易中心等重大引领性项目尽快落地。重大技术改造方面，以高端化、智能化、绿色化为主攻方向，深入实施技术改造三年行动计划，优化提升技改服务商队伍，持续开展技改供需对接，推进万项技改、推动万项转型。

（二）数字创新支撑工程

加快构建"泛在连接、高效协同、全域感知、智能融合、安全可信"的数字基础设施体系。数据通信设施方面，持续加强5G基站建设，新建5G基站4万个。统筹全省数据中心建设，打造济南、青岛两个低时延数据中心核心区，建设5个左右省级数据中心集聚区，开展绿色数据中心建设行动，持续推动边缘计算节点建设，构建云边结合的计算体系。融合基础设施方面，围绕新型智慧城市建设，大力推动市政、交通、能源、水利等传统基础设施数字化转型，推动鲁南智慧高铁试点建设，加快济青中线智慧高速公路项目建设，推进港区5G建设和应用，加快内河水运数字化改造。加快完善工业互联网平台体系，支持海尔卡奥斯、浪潮云洲等平台提升功能，在化工、钢铁等行业推广应用。加快充电充能基础设施建设，充电基础设施保有量达到8万个，加氢站达到18座。科技创新设施方面，积极推进中科院济南科创城、山东高等技术研究院等重大科技创新平台建设，积极推动超高速高压水动力平台等3个大科学装置建设。

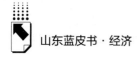

（三）综合立体交通强化工程

推进实施《山东省贯彻〈交通强国建设纲要〉的实施意见》，推动交通综合基础设施建设全面提速。铁路方面，开工建设京沪高铁辅助通道天津至潍坊、雄商高铁山东段、济滨高铁等6个高铁项目；加快建设济郑高铁山东段等8个在建项目，建成鲁南高铁曲阜至菏泽至省界段和12个铁路专用线项目。公路方面，开工建设京台高速济南至泰安段、明村至董家口等13个项目，加快建设京台高速泰安至枣庄（鲁苏界）等13个项目，进一步提升6车道以上高速公路占比。水运方面，以建设世界一流海洋港口为目标，重点推进青岛港前湾港区泛亚码头工程、烟台港西港区30万吨级原油码头二期工程建设，争取建成日照港岚山港区30万吨级原油码头三期工程。加快京杭运河湖西航道工程、京杭运河主航道升级改造工程和小清河复航工程建设，抓好大清河航道等支线航道工程建设。机场方面，开工济南遥墙国际机场二期工程，加快推进烟台机场二期等3个在建项目建设。轨道交通方面，全面展开济南城市轨道交通二期建设规划6个项目和济南东站至济阳区（先行区）有轨电车项目建设；推进青岛地铁1号线、2号线调整段、4号线、6号线一期、8号线等5个项目建设，实现1号线全线通车。

（四）能源绿色发展工程

加快改善能源结构，提高能源利用效率。可再生能源方面，积极推进首批海上风电试点示范项目建设，实现海上风电"零突破"，规划布局千万千瓦级海上风电基地。打造鲁北盐碱滩涂地、鲁西南采煤沉陷区等大型可再生能源基地。加快建设沂蒙、文登、潍坊、泰安二期抽水蓄能电站。核电基地方面，有序推进海阳、荣成等核电基地开发，荣成高温气冷堆示范项目建成并网，力争海阳核电二期工程获得国家核准，在运在建核电装机容量达到700万千瓦左右。电网通道方面，全面深化"陇电入鲁"通道前期工作，积极推进500千伏及以上电网主网架和220千伏及以下城乡电网建设。油气储运设施方面，加快推进山东天然气环网干线、中俄东线山东段等管线建设，推进中石化山东等3个LNG（液化天然气）接收站建设，力争中石化龙口LNG接收站获得核准并开工建设。

（五）水安全保障提升工程

聚焦破除水资源瓶颈，落实《山东省水安全保障总体规划》，统筹谋划建设一批重大水利工程。抗旱调蓄水源工程方面，加快老岚水库、白云水库、魏楼水库建设进度，推进开展双堠水库、官路水库等 4 座大型水库前期工作。实施一批新建小型水库、大中型水库增容等抗旱调蓄水源重点项目。水旱灾害防御工程方面，持续推动淮河流域重点平原洼地南四湖片、湖东滞洪区、恩县洼滞洪区建设，加快实施小清河防洪综合治理、大中型病险水库水闸除险加固，积极推进东平湖综合治理水利专项工程。水资源节约利用工程方面，完成引黄灌区农业节水工程建设任务，实现高效配水到田间，基本具备农业用水计量条件；实施 4 处大型灌区和 10 处中型灌区年度节水配套改造任务。重大引调水工程方面，按照国家部署做好南水北调东线二期工程前期论证工作，适时启动省内干支线及市县配套工程前期工作，研究论证南四湖水资源利用北调工程。

（六）城市更新建设工程

深入实施新型城镇化战略，优化城市空间结构和服务功能，推进城市基础设施建设，完善住房体系。市政基础设施方面，补齐城市道路、停车场、污水垃圾处理等短板，提升城市综合承载能力。新建城市道路 1000 公里、停车位 3 万个、绿道 500 公里。新增污水处理能力 40 万吨/日，新增垃圾焚烧处理能力 2500 吨/日。推进城市挂高资源共建共享，年内建设多功能智慧杆柱 1 万个以上。综合管网设施方面，新增智慧化综合管廊廊体 30 公里，新增海绵城市面积 80 平方公里，新建改造修复污水管网 1000 公里、雨水管网 1000 公里。保障性住房方面，稳步推进棚户区改造，新开工改造棚户区 12.3 万套；扎实开展老旧小区改造，开工改造老旧小区 64.97 万户；增加保障性租赁住房供给，新开工建设公租房 1540 套。

（七）农业农村建设工程

加快推动农业农村现代化，促进农业高质高效、乡村宜居宜业、农民富裕富足。重要农产品供给保障方面，大力推进高标准农田建设，年内建成高标准农田 654 万亩。扎实推进现代化海洋牧场建设综合试点，新培育国家级海洋牧场示范区 3~5 个。实施现代种业提升工程，加强科技创新联合攻关、生物育种等一批种业科技创新平台、种质资源保护利用和良种繁育基地建设。农村第一、二、三产业深度融合方面，实施农业全产业链培育计划，统筹布局建设农产品生产、加工、流通体系，围绕蔬菜、果业、水产品等培育一批产值超百亿元、千亿元优势特色产业集群。实施乡村旅游精品工程，打造一批乡村旅游重点村、旅游民宿集聚区。美丽乡村建设方面，加强乡村公共基础设施建设，完善农村客运公交、文化体育、公共照明等综合服务设施，新建改造"四好农村路" 1 万公里。开展新一轮农村人居环境整治，推进农村厕所革命、生活污水治理、生活垃圾分类、村庄绿化美化等任务实施，重点抓好省级美丽乡村试点建设。

（八）生态环境保护治理工程

实施重要生态系统保护和修复重大工程，完善污染防治区域联动机制，构建可持续的绿色发展体系。黄河生态保护方面，建设黄河下游生态廊道，实施黄河三角洲湿地生态系统修复工程，推进滩区生态、自然保护地、沿黄防护林、农田防护林、采矿损毁地修复建设。区域生态修复方面，全力推进重点区域山水林田湖草系统治理、"蓝色海湾"整治行动和海岸带保护修复工程等重大生态修复项目建设，推进京杭大运河、东平湖、南四湖以及废弃露天矿山等重点区域修复工程建设。流域综合治理方面，积极推进 2021 年度国家水土保持重点工程建设，加快推进生态清洁小流域建设，确保完成全省水土流失治理面积 1150 平方公里。

（九）社会民生福祉工程

突出基本公共服务均等化，优化公共服务和民生保障，提高居民生活品质和幸福指数。卫生健康方面，提升传染病救治能力，加快山东省公共卫生临床中心和青岛、菏泽分中心建设，各市依托现有资源开工建设 1 所达到三级标准的市级传染病医院，完善特殊监管场所传染病防控功能。加强公共卫生补短板项目建设，开展疾控中心标准化建设工程，推进省妇幼保健院、省精神卫生中心项目建设。实施基层服务能力三年提升行动，按照服务能力提升标准，加强乡镇卫生院、社区卫生服务机构、村卫生室建设。推动优质医疗资源扩容和区域均衡布局，重点加强省立医院、齐鲁医院、青岛大学附属医院、省肿瘤医院、省中医院、省千佛山医院等医院项目建设。教育发展方面，推动申报2021年省预算内投资的22个省属高校建设项目开工建设，加快山东大学创新港、康复大学、山东特殊教育职业学院新校区等重点项目建设。提升基础教育办学条件，建设学前教育学校200个、中小学教育学校200个、特殊教育学校10个，完成1万套以上乡村教师周转房建设任务。文化旅游方面，推动大运河、长城、黄河等国家文化公园（山东段）谋划实施，加快曲阜优秀传统文化传承发展示范区、齐文化传承创新示范区建设。围绕文旅融合发展，推进齐河博物馆群、章丘明水古城、高唐书画文创产业园等一批文旅重点项目建设。养老服务方面，实施敬老院改造提升三年计划，重点扶持发展护理型床位，增加养老服务供给，建设改造街道综合养老服务机构150处、农村敬老院120处，增加护理型床位3万张以上。

（十）安全发展促进工程

统筹发展和安全，坚持预防预备与应急处突相结合，增强公共安全保障能力。防灾减灾救灾方面，建设五大区域应急救援中心，强化覆盖全省和快速跨区域的森林火灾、海洋灾害、危化品事故灾害、矿山地质灾害等救援增援能力，完善城市应急救援和指挥中心建设。应急物资储备方面，加强救灾物资储备管理，推进省级救灾物资储备库项目建设。推进煤炭储备基地建设，全省煤炭应急储备能力提升到350万吨。生物食药安全方面，规范疾控机构实验室检测，推进县级以上疾控机构生物安全实验室布局发展。加快食品药品医疗器械创新和监管服务大平台建设，提升食品药品医疗器械检验检测能力和全过程监管能力。

四　保障措施

（一）强化投资形势分析研判

一是完善强投资工作机制，依托省委统筹疫情防控和经济社会发展指挥部投资工作组，抓紧制定2021年强投资工作方案，突出先进制造业、交通、能源、水利、城建、农业农村、社会民生等重点领域，明确投资目标、工作任务、重点项目和责任分工。二是强化投资运行监测，每月开展投资形势分析，每季度开展投资形势调研，跟踪研判苗头性、趋势性问题，强化对制造业投资、民间投资、房地产投资的重点研究，做好政策储备。三是优化固定资产投资考核机制，对标国家高质量发展评价指标设置，强化目标管理，发挥考核导向作用，完善考核指标体系，重点关注总体投资、民间投资、制造业投资等体现投资增长、结构、质量的关键指标，适度考虑规模因素影响。省级设立专项资金，对考核前列地市给予奖励，强化正向激励。

（二）持续加大重点项目推进力度

全面落实"四个一批"要求，坚持按季度滚动更新全省投资项目清单，实现项目动态推进、有序滚动。一是做好省级重点项目谋划储备。提前启动省级重点项目谋划工作，聚焦"十强"产业、"两新一重"、社会民生，按照省重大、新旧动能转换优选、"双招双引"、补短板强弱项等四类，提前研究明确项目方案，筛选出1600个左右省级重点项目。统筹指导各地重点项目筛选推进工作。二是实施制造业项目引领工程，针对制造业投资低位运行局面，加大制造业和民间投资项目谋划推进力度，协调督促各市重点抓不少于10个投资10亿元以上、不少于20个投资亿元以上制造业新项目，带动制造业和民间投资增长。三是加大项目协同推进力度。对各类重点项目实行清单式管理、责任化推进，坚持月调度、月报告、月通报，落实好"五个一"协调推进机制。加大前期工作经费投入，推进重大项目前期工作提速。全年组织2~3次重大项目集中开工活动，提前梳理准备第一季度集中开工项目，实现第一季度"开门红"。

（三）深化落实"要素跟着项目走"机制

土地方面，深入推进"亩产效益"评价改革，紧跟国家土地计划改革方向，优化土地指标配置细则，有针对性地扩大省级重点项目范围，强化与国家重大项目、省级重点项目清单的衔接，切实加强建设项目用地用海保障，力争更多项目被纳入国家统筹保障范围，最大限度地争取国家指标支持。继续加大批而未供和闲置土地处置力度，推动节约集约用地，最大限度地争取核补新增用地空间。能耗方面，加强项目能耗保障，继续推行能耗交易收储，积极保障符合国家产业政策、不属于落后和过剩产能的新开工建设和投产重大项目合理用能。资金方面，强化与中国人民银行济南分行衔接，加大项目融资支持力度，每季度向金融机构提供项目清单，适时开展融资对接活动，推动银行等金融机构按照市场化、风险可控的原则，保障建设项目合理融资需求，加强制造业中长期融资。

（四）积极做好专项债券等资金争取工作

专项债券方面，聚焦把握国务院研究确定的九大投向领域，结合"十四五"规划、黄河流域生态保护和高质量发展战略落地实施，坚持"资金跟着项目走"的要求，提前储备一批早晚要干、看准能干的重点项目，加大衔接争取力度，力争通过国家审核项目规模和争取额度继续位于全国前列。强化债券项目推进实施，紧盯开工、支付两个环节，尽快将债券资金转化形成实物工作量和有效投资拉动。中央预算内投资方面，对照国家确定的中央预算内投资安排结构，围绕老旧小区改造等保障性安居工程、重大水利等三农建设、公共卫生等社会民生、增强制造业核心竞争力等产业发展，强化项目储备申报，及早谋划编制次年投资建议计划，落实好"两个责任"，切实加强事中事后监管，完善绩效评价机制，不断提高投资效益。

（五）持续推进投融资模式创新

一是规范有序推广 PPP 模式，依托 PPP 项目信息监测服务平台，实时发布重点推进 PPP 项目信息，推动规范 PPP 项目尽快落地实施，提高重点推进项目数量和质量。及时向民间资本推介共享优质项目资源，完善价格形成、收益回报等机制，鼓励引导民间资本参与新型城镇化和城市群建设等基础设施补短板领域项目。二是稳妥开展基础设施领域不动产投资信托基金（REITs）试点，创新基础设施投融资模式，盘活符合国家政策导向、投资收益率稳定且运行管理水平较高的优质存量资产，推动一批项目纳入国家试点范围，推动形成投资良性循环。三是用好开发性、政策性金融政策，完善与国开行等政策性银行的合作机制，推动国开行补短板专项贷款进一步落地，发挥政策性金融低成本、期限长优势，加大对城镇棚户区改造、城乡基础设施建设等领域的支持力度，形成一批可复制、可推广的示范项目。

（六）进一步深化投融资体制改革

一是推进投资审批制度改革，优化前期工作审批办理，加强项目决策与用地、规划等资源要素和建设条件相衔接，规范优化并联审批流程。二是加强政府投资统筹管理，落实政府投资管理制度，建立投资计划编制和平衡衔接机制，科学编制各级政府投资计划。加强政府投资控制，严控投资规模，避免盲目建设、重复建设和超概算建设。三是优化提升投资项目在线审批监管平台，加强与其他部门系统的数据共享，拓展平台功能应用，做好数据治理和数据应用，依托平台建立投融资对接机制，实现投资管理"一网通办、一次办好"。

参考文献

刘中会：《坚定践行水利改革发展总基调　加快构建山东水安全保障体系》，《中国水利》
　　2020 年第 12 期。
王瑗：《纵横正有凌云笔》，《潍坊日报》2021 年 2 月 4 日。

B.7
山东新旧动能转换三年成效*
——基于近万家企业数据调查分析

邵　帅**

摘　要： 新旧动能转换重大工程实施以来，山东按照"一年全面起势、三年初见成效、五年取得突破、十年塑成优势"的总体部署稳步推进，不断取得新成效。从9000余家被调查企业反馈情况来看，大部分企业在生产经营、科技创新、开放与市场化、生态环保等主要方面的发展质量、效率显著提升，对三年来营商环境的改变也给予了高度认可，未来增长潜力可期。2021年是"十四五"开局之年，也是山东新旧动能转换开启"五年取得突破"攻坚的关键时期，需要在全面总结新旧动能转换成效的基础上重点从强健产业链、提升科技创新能力、推动区域协同、更好地融入"双循环"等方面着力，补短板、强弱项、塑造和巩固优势，通过更大力度地改革创新实现新旧动能转换新突破。

关键词： 新旧动能转换　企业调查　山东

　　2018年1月，我国首个以新旧动能转换为主题的区域发展战略综合试验区在山东启航，山东省委、省政府随即确立了"一年全面起势、三年初见成效、五年取得突破、十年塑成优势"的总体部署。2020年是山东省新旧动能

---

　　* 本报告所有数据均来源于山东社会科学院与山东省税务局联合开展的企业调查，特此说明，余不赘述。

　** 邵帅，经济学博士，山东社会科学院经济研究所助理研究员，研究方向为区域经济、环境经济。

转换"三年初见成效"之年，山东社会科学院与山东省税务局组建联合调研组，利用"鲁税通"平台，采取多阶段等距抽样法抽取 9055 家企业，开展点对点网上问卷调查，问卷涉及企业基本信息（所有制属性、规模、行业属性、主营业务等）、企业生产经营情况、企业科技发展情况、企业生态环保情况、企业现代化建设情况、政府营商环境情况等六大类共 50 多个问题，对三年来山东新旧动能转换取得的成效进行分析。调查结果显示，新旧动能转换重大工程实施以来，全省微观经济活力持续激发，经济发展宏观韧性不断增强，全省经济的质量结构、发展环境、市场主体活力等正在进行焕然一新的系统重塑，为实现"五年取得突破"奠定了坚实基础。与此同时，也发现了一些制约因素和阶段性发展瓶颈，需要在"十四五"时期补短板、强弱项，以改革创新推动山东新旧动能转换"五年取得突破"。

一 新旧动能转换持续激发全省微观经济活力

以企业为代表的微观经济主体也是新旧动能转换主体和基本单位，考察山东新旧动能转换三年成效首要的就是了解企业在全省全力推进新旧动能转换重大工程实施三年的背景下，在生产经营、科技创新、开放发展、生态环保以及对营商环境的感受等新旧动能转换的微观着力点方面是否取得了阶段性明显进步。通过问卷调查，对比受访企业三年来的发展变化发现，新旧动能转换已经成为激发全省微观经济活力的强劲引擎。

（一）企业生产经营情况持续改善

生产经营情况是衡量微观经济主体新旧动能转换成效的最直接的指标。总体而言，较三年前调查企业中超过 50% 的企业总营业收入实现增加、市场占有率实现提升，大幅增加、提升的企业占比突破 25%；接近 50% 的企业利润总额、投资总额、就业总量实现增加；48.8% 的企业已拥有自主品牌。区分企业所有制属性来看，国有集体企业生产经营情况优于其他，既是新旧动能转换前排受益者又是推动新旧动能转换的排头兵。由此可见，新旧动能转换与国有企业改革的战略对接与融合有效地激发了山东国有企业的发展活力，为继续深化和升级国有企业混改，培养更多国企与民企强强联合的大强优企业奠定了坚实基础。区分企业规模来看，大中型企业生产经营情况优于小微企业，这说明大中型企业在新旧动能转换的初始三年，由于动能转换对重大项目的倾斜可能获得了更多的发展机会。下文的企业科技发展情况、开放和市场化情况、生态环保情况等区分企业所有制属性和企业规模的调查分析同样发现了这些特点。

进一步地，区分行业属性来看，坚持以振兴实体经济为新旧动能转换的重要着力点，山东传统优势产业农林牧渔业和制造业企业成绩亮眼，于国民经济行业分类的 20 个行业中名列前两位，正通过新旧动能转换塑造山东实体经济发展新优势。此外，与三年前相比，企业盈利行业结构向"新"而行的趋势明显。调查将企业按照《山东省新旧动能转换"5 + 5"十强产业统计分类（试行）》分为新旧动能转换着力聚焦的"十强"产业和"非十强"产业，分类统计结果显示，58.4% 和 50.8% 的"十强"产业企业分别实现总营业收入、利润总额增加，分别高于"非十强"产业 20.2 个百分点和 16.0 个百分点（见表 1）。其中，五大新兴产业盈利能力提升情况较五大传统优势产业更为显著，总营业收入、利润总额平均分别增加 60% 和 52% 以上，新一代信息技术产业更是以67.4% 和 55.6% 的比例夺得五大新兴产业盈利能力提升榜的头名。

表 1 调查企业生产经营情况问卷信息汇总

单位：%

企业生产经营情况		国有集体企业	民营企业	混合所有制企业	大中型企业	小微企业	总计	"十强"产业	"非十强"产业
总营业收入	增加	68.8	52.4	41.0	61.5	44.9	56.7	58.4	38.2
	变化不大或减少	31.2	47.6	59.0	28.5	55.1	43.3	41.6	61.8
利润总额	增加	62.0	43.8	35.9	54.5	37.1	49.5	50.8	34.8
	变化不大或减少	38.0	56.2	64.1	45.5	62.9	50.5	49.2	65.2
就业总量	增加	62.7	43.2	34.4	53.5	38.1	49.0	50.5	32.7
	变化不大或减少	37.3	56.8	66.2	46.5	61.9	51.0	49.5	67.3
投资总额	增加	63.6	43.7	34.5	55.2	36.0	49.6	51.2	32.7
	变化不大或减少	36.4	56.3	65.5	44.8	64.0	50.4	48.8	67.3

续表

企业生产经营情况		国有集体企业	民营企业	混合所有制企业	大中型企业	小微企业	总计	"十强"产业	"非十强"产业
拥有自主品牌	是	63.3	43.6	30.5	55.9	31.2	48.8	50.8	27.1
	否	28.6	46.5	49.3	34.5	54.5	40.2	39.0	54.6
市场占有率提高	是	66.9	49.3	35.6	60.2	36.5	53.4	55.6	28.4
	否	25.0	37.6	48.3	31.4	41.7	34.3	33.7	41.9

（二）创新引领发展态势日益显著

创新是新旧动能转换的主导力量。《中共中央关于制定国民经济和社会发展第十四个五年规划和二〇三五年远景目标的建议》提出，坚持创新在我国现代化建设全局中的核心地位，把科技自立自强作为国家发展的战略支撑。因此，以创新为主旨的科技发展绩效是考察新旧动能转换成效的必不可少的核心指标。

根据问卷情况，调查企业中50.7%的企业研发投入比三年前增加，大幅增加的比例超过18%；48.9%的企业一半及以上的专利技术得以转化，24.6%的企业实现了大部分和绝大部分的转化；46.9%的企业数字化建设投入增加，17.6%的企业实现了大幅增加。坚持以创新驱动和支撑新旧动能转换，山东以信息传输、软件和信息技术服务业企业为代表的高新技术企业的创新表现突出，技术创新业绩良好率达到67.1%，优秀率接近30%，分别高于全省企业调查平均水平近15个百分点和10个百分点。值得关注的是，在对企业专利技术转化情况的调查中我们发现，民营企业和混合所有制企业的专利技术实现成果转化的比例明显高于国有集体企业，一定程度上反映了新旧动能转换过程中，山东民营经济和具有民营成分的混合所有制经济对创新成果的利用率更高，能更好地实现创新价值。其中，"十强"产业企业近三年来研发经费投入实现提升、专利技术转化达一半及以上的比例均超过50%，分别高出"非十强"产业企业24.0个百分点和29.4个百分点（见表2）。

又以新一代信息技术产业、新能源新材料产业在自主创新能力提升上的表现最为亮眼，35%以上的企业技术来源以自主创新为主，超过"十强"产业平均水平至少5个百分点，居"十强"前两位，形成了新旧动能转换的创新引擎。

表2　调查企业科技发展情况问卷信息汇总

单位：%

企业科技发展情况		国有集体企业	民营企业	混合所有制企业	大中型企业	小微企业	总计	"十强"产业	"非十强"产业
技术创新业绩	较好及以上	65.2	48.9	40.7	58.6	39.6	53.2	55.3	28.4
	一般及以下	34.8	51.1	59.3	41.4	60.4	46.8	44.7	71.6
研发经费投入	增加	63.5	45.2	40.2	56.8	35.5	50.7	52.7	28.7
	变化不大或减少	36.5	54.8	59.8	43.2	64.5	49.3	47.3	71.3
专利技术转化	一半及以上	47.6	50.0	59.8	53.4	37.7	48.9	51.3	21.9
	一半以下	52.4	50.0	40.2	46.6	62.3	51.1	48.7	78.1
数字化建设投入	增加	58.4	41.9	35.8	51.3	31.7	46.9	48.4	29.4
	变化不大或减少	41.6	58.1	64.2	48.7	68.3	53.1	51.6	70.6
新进人员学历分布	本科及以上	27.4	20.8	16.9	23.9	21.0	23.1	23.0	23.7
	本科以下	72.6	79.2	83.1	76.1	79.0	76.9	77.0	76.3

（三）市场主体竞争力明显提升

市场主体的开放程度和市场化程度不仅是竞争力的体现，还是衡量新旧动能转换开放绩效的重要指标。

调查结果表明（见表3），通过新旧动能转换，64.3%的企业品牌化建设力度加大，大幅加大的比例超过31%；60.7%的企业认为所属行业产业集聚度提高，行业龙头企业集聚和带动效应更加明显；加入国际质量体系认证的企业比例达到53.9%。坚持开放发展新理念，山东服务业市场主体竞争力不断提升。调查显示，服务业企业对对外开放和市场化的认可度更高，其中，信息传输、软件和信息技术服务业与金融业企业认为对外开放程度和市场化程度实现提高的比例居调查行业的前两位，占比分别达到69.8%和71.9%，以及65.6%和68.4%。"十强"产业中66.8%的企业品牌化建设力度加大，62.5%的企业认为所属行业产业集聚度提高，行业龙头企业集聚和带动效应更加明显，56.4%的企业加入国际质量体系认证。以现代金融业、精品旅游业、文化创意产业等为代表的现代服务业对开放和市场化带动的市场主体竞争力提升的认可度更高，达到70%以上，比"十强"产业平均水平高出5个百分点，是"非十强"产业的1.9倍。开放驱动的现代服务业发展新格局初显。

表3　调查企业开放和市场化情况问卷信息汇总

单位：%

企业开放和市场化情况		国有集体企业	民营企业	混合所有制企业	大中型企业	小微企业	总计	"十强"产业	"非十强"产业
对外开放程度提高	是	70.4	56.7	39.5	64.1	46.8	59.1	61.0	38.5
	否	23.4	34.0	47.8	29.2	37.7	31.6	31.1	37.0
加入国际质量体系认证	是	67.0	49.7	37.6	61.0	35.9	53.9	56.4	25.4
	否	25.2	40.6	46.7	30.7	48.1	35.7	34.4	49.9
所在行业市场化程度	提升	74.1	61.2	53.3	69.3	50.6	64.0	66.3	37.7
	变化不大或降低	25.9	38.8	46.7	30.7	49.4	36.0	33.7	62.3
企业品牌化建设力度	加大	75.1	60.7	54.2	70.4	49.0	64.3	66.8	35.2
	变化不大或减小	24.9	39.3	45.8	29.6	51.0	35.7	33.2	64.8
所属行业产业集聚度提高	是	71.4	58.2	45.1	66.0	47.6	60.7	62.5	40.7
	否	21.4	30.1	42.7	26.4	32.7	28.2	28.3	27.2

（四）生态环保导向路径更加清晰

山东是能源消耗大省和污染排放大省，煤炭消耗量及二氧化硫、氮氧化物、化学需氧量排放量均长期列全国首位。发展绿色循环经济、加快能源结构调整、加强污染防治和环境保护是山东贯彻绿色发展理念、走可持续发展道路的必然要求，也必然成为新旧动能转换的重要任务。

调查数据显示（见表4），新旧动能转换重大工程实施三年来，山东生态环保情况明显好转。55.4%的调查企业污染排放总量维持不变或减少，减少的比例超过20%；55.2%的企业环保投资增加，大幅增加的比例达到22.4%；51.7%的企业循环利用技术应用率提升，超过20%的企业实现了大幅提升。民营企业和混合所有制企业在能耗总量减少和污染排放总量减少上发挥了积极的作用。坚持将绿色作为高质量发展的鲜明底色，山东采矿业，制造业，电力、热力、燃气及水生产和供应业等污染密集型行业集聚产业，其企业生态环境总体改善率达到58%以上，高于全部被调查企业平均水平3个百分点以上。重点关注"十强"产业，全省受调查的"十强"产业企业中，超过半数生态环保情况趋于改善，数量是"非十强"产业的1.2倍。其中，高端化工作为污染密集型行业改造升级的代表，在环保投资、循环利用技术应用率等指标上的表现均好于全部被调查企业的平均水平，并且能耗总量、污染排放总量减少率优于同类型"非十强"产业3~5个百分点，正加快凝聚山东绿色发展新动能。

表4　调查企业生态环保情况问卷信息汇总

单位：%

企业生态环保情况		国有集体企业	民营企业	混合所有制企业	大中型企业	小微企业	总计	"十强"产业	"非十强"产业
生态环保变化趋势	改善	65.1	51.3	44.0	59.4	45.5	55.4	55.6	41.4
	维持不变或恶化	34.9	48.7	56.0	40.6	54.5	44.6	44.4	58.6
能耗总量	增加	72.7	54.1	52.5	66.1	44.4	59.9	62.9	25.7
	维持不变或减少	27.3	45.9	47.5	33.9	44.6	40.1	37.1	74.3
环保投资	增加	65.9	51.1	41.2	59.0	45.5	55.2	56.6	39.3
	维持不变或减少	34.1	48.9	58.8	41.0	54.4	44.8	43.4	60.7
污染排放总量	增加	57.3	37.7	40.3	51.3	28.2	44.6	47.2	15.8
	维持不变或减少	42.7	62.3	59.7	48.7	71.8	55.4	52.8	84.2
循环利用技术应用率	提升	63.8	46.2	42.2	57.7	36.7	51.7	53.8	27.5
	维持不变或降低	36.2	53.8	57.8	42.3	63.3	48.3	46.2	62.5

（五）企业发展环境更加友好

优化营商环境、推动构建亲清政商关系是新旧动能转换顺利实施的基础、支撑和保障。山东新旧动能转换三年来，在营商环境方面的变化情况很大程度上能够从企业对营商环境的满意度中反映出来。

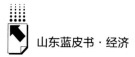

依据调查情况（见表5），66.5%的调查企业认为山东实施新旧动能转换重大工程近三年来营商环境得到明显改善；91.4%的企业在政府审批流程满意度调查中选择了满意及以上，选择非常满意的企业比例接近40%；67%以上的企业对政府的信息公开程度、法治环境改善情况给予了肯定；将近一半的企业认可政府目前对市场的干预程度，其中，民营企业给予"适度"评价的比例最高。坚持"两个毫不动摇"，着力改善民营经济发展环境，山东民营企业成为新旧动能转化的主要受益者之一，企业税费负担和融资成本在全部所有制形式的企业中下降的比例最高，对于减轻长期以来困扰民企发展的税费负担和融资压力、充分释放民企在市场经济中的活力和潜力发挥了积极作用。

表5 调查企业对营商环境的满意度情况问卷信息汇总

单位：%

企业对营商环境的满意度情况		国有集体企业	民营企业	混合所有制企业	大中型企业	小微企业	总计	"十强"产业	"非十强"产业
企业对营商环境变化的感受	改善	73.6	65.1	51.3	68.6	61.3	66.5	67.0	61.8
	基本没变或恶化	26.4	34.9	48.7	31.4	38.7	33.5	33.0	38.2
政府干预企业的程度	过度	35.0	18.2	19.3	28.9	13.2	24.4	25.7	24.4
	适度	43.3	52.5	44.7	47.7	46.9	47.4	48.2	47.4
	不足	17.5	23.5	28.9	19.4	29.9	22.1	21.3	22.1
政府信息公开程度	比较好及以上	74.0	66.9	51.6	68.3	65.4	67.5	67.9	62.4
	一般及以下	26.0	33.1	48.4	31.7	34.6	32.5	32.9	37.6
政府对知识产权的保护程度	提升	71.3	63.3	45.7	65.6	59.8	63.9	64.6	56.3
	变化不大或降低	28.7	36.7	54.3	34.4	40.2	36.1	35.4	43.7
企业对政府审批流程的满意度	满意及以上	93.0	92.1	84.8	92.4	89.0	91.4	92.0	84.2
	不太满意及以下	7.0	7.9	15.2	7.6	11.0	8.6	8.0	15.8
企业对法治环境变化的感受	改善	73.8	67.3	52.3	68.7	65.9	67.9	67.8	68.7
	基本没变或恶化	26.2	32.7	47.7	31.3	34.1	32.1	32.2	32.3

二 新旧动能转换不断增强全省经济发展宏观韧性

从问卷调查情况来看，山东新旧动能转换战略实施的总体成效在微观主体中开始显现并带动全省经济发展宏观韧性不断加强，在产业结构、重点产业、增长动力、区域布局等多个方面取得突出成绩。

（一）培育壮大"十强"产业的政策效果初步显现

新旧动能转换重大工程实施伊始，山东就布局了"十强"产业，包括新一代信息技术、高端装备、新能源新材料、现代海洋、医养健康等五大新兴产业以及高端化工、现代高效农业、文化创意、精品旅游、现代金融服务等五大优势产业。以做优做强做大"十强"产业为抓手，推动新旧动能加速转换、顺利转换。为加快形成"十强"产业引领作用，山东出台了一系列支持政策。不仅在《山东省新旧动能转换重大工程实施规划》中对"十强"产业进行了总体部署，强化了顶层设计，还实施新旧动能转换重大项目库建设，建立了"现代优势产业集群＋人工智能"推进机制，认定并集中壮大73个"雁阵形"产业集群、105个领军企业，通过"一业一策"制定完善支持配套措施等，集中优势资源实现"十强"产业重点突破。经过三年努力，培育壮大"十强"产业的政策效果初步显现。

宏观数据显示，山东"十强"产业特别是高端新兴产业发展明显提速。截至2020年10月，新一代信息技术、高端装备、新能源新材料、高端化工、现代金融服务五大产业增加值增速均高于规模以上工业增加值增速，全省已有7家"十强"产业企业市值超过千亿元；"十强"产业集群总规模将突破3万亿元。调查结果进一步地为这一结论提供了微观佐证。调查显示，在新旧动能转换重大工程的一系列培育政策的强力支持下，"十强"产业竞争优势更加明显。与三年前相比，被调查"十强"产业企业中，半数以上实现了总营业收入、利润总额、就业总量、投资总额的增加和市场占有率的提升，比例远高于"非十强"产业。在技术创新业绩、研发经费投入、专利技术转化、对外开放程度提高、数字化建设投入等方面，"十强"产业企业的相对优势同样明显。"十强"产业不但在全省的新旧动能转换中已经确立了领先优势、彰显了引领作用，而且在全国同类产业发展中也成为走在前列的排头兵。在国家发改委公布的第一批 66 个国家战略性新兴产业集群名单中，山东 7 个"十强"产业集群入选，数量居全国首位，形成了智能制造、高端装备、生态环保、生物医药等一批新经济增长点。

（二）新旧动能转换所带来的经济增长动力持续迸发

根据山东省发改委对外发布的资料，新旧动能转换重大工程实施三年来，山东经济从质量结构、体制机制到发展环境，开始实现脱胎换骨的系统性成熟。在发展质量上，山东预计 2020 年服务业的占比将达到 54%，三年提高 6 个百分点；"四新经济"快速壮大，"四新经济"的增加值占地区生产总值的比重将突破 30%，比 2017 年提高 9.3 个百分点。在发展后劲上，山东经济的增长动力明显提升。2019 年 PCT 国际专利申请量达 2329 件，是 2017 年的 1.32 倍；高新技术企业数量三年翻了一番多，达到 1.15 万家。在发展活力上，2019 年山东市场主体突破 1000 万户，三年增长 46%，2020 年新登记的市场主体达 200 万户以上，其中新登记企业 70 万户以上，增长了 15% 左右，新增上市公司 25 家，总数达到 216 家。在新动能培育上，聚焦聚力"十强"产业，连续四批推出总投资 4 万亿元的 556 个省重大项目、1577 个新旧动能转换优选项目、200 个"双招双引"项目和 796 个补短板强弱项项目。

从调查企业反馈情况来看，山东经济高质量发展的动力基础已进一步夯实。一方面，随着政府职能转变和"放管服"改革的不断深化，高质量发展的制度和政策环境正加快形成，企业对政府行政审批、法治环境、知识产权保护等多项工作高度认可；另一方面，在新旧动能转换政策支持和项目带动下，企业创新投入积极性高涨，创新成果转化成效显著，特别是新兴产业，成为创新引领产业、行业、企业发展的典范，为全省经济增长注入了活力。

（三）济青烟"三核"的辐射引领带动能力更加凸显

按照《山东省新旧动能转换重大工程实施规划》，要加快形成济南、青岛、烟台"三核引领、多点突破、融合互动"的新旧动能转换总体布局，重点是充分发挥济青烟三市经济实力雄厚、创新资源富集等综合优势，率先辐射带动，打造新旧动能转换主引擎。

济南、青岛、烟台三市连续多年占据山东 16 地市 GDP 排名的前三位，经过三年新旧动能转换期，"三核"引领作用更加凸显。截至 2020 年上半年，济青烟三市合计生产总值占山东 GDP 比重达到 40.9%，较三年前的 35.2% 提高了 5.7 个百分点，即使在受疫情冲击的 2020 年，也比年初提高 0.3 个百分点。自贸区济青烟三片区差异化发展，试点任务实施率高于全国平均水平 11 个百分点，7 个制度创新案例得到国家有关部委认可，实现建设良好开局。宏观数据表明济南、青岛、烟台三市在经济总量、发展质量效率、市场化水平等方面的优势正在进一步加强，"三核"地位更加巩固，已成为全面实现"五年取得突破"目标任务的有力支撑点。

从微观数据来看，在三市的调查企业中，其企业总营业收入、利润总额、投资总额、市场占有率、技术创新业绩等指标均高出其他地市调查企业平均值。基于三大经济圈的视角分析，以济南为核心的省会经济圈在全省新旧动能转换中的引领作用初显，经济圈内的企业在生产经营情况、科技发展情况、生态环保情况、开放和市场化情况以及对营商环境的满意度情况等方面主要指标均优于全省平均水平，领跑全省经济高质量发展。与省会经济圈辐射范围高度重合的沿黄九市企业也已成为全省新旧动能转换的"领头雁"（见表6）。

表 6   调查企业所属区域新旧动能转换成效情况问卷信息汇总

单位：%

区域新旧动能转换成效情况		省会经济圈	胶东经济圈	鲁南经济圈	沿黄九市	全省
利润总额	增加	54.7	47.0	45.1	53.7	49.5
	变化不大或减少	45.3	43.0	54.9	46.3	50.5
技术创新业绩	较好及以上	57.0	52.1	43.9	55.6	53.2
	一般及以下	43.0	47.9	56.1	44.4	46.8
生态环保变化趋势	改善	59.3	53.9	49.8	58.3	55.4
	维持不变或恶化	40.7	46.1	50.2	41.7	44.6
对外开放程度提高	是	61.8	58.7	50.7	60.5	59.1
	否	29.7	32.7	32.0	30.0	31.6
所在行业市场化程度	提升	66.8	64.2	50.7	65.2	64.0
	变化不大或降低	33.2	35.8	49.3	34.8	36.0
企业对营商环境变化的感受	改善	69.2	65.0	65.8	68.6	66.5
	基本没变或恶化	30.8	35.0	34.2	31.4	33.5

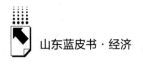

三 新旧动能转换推进中存在的主要问题分析

无论是微观数据还是宏观数据都表明，山东新旧动能转换重大工程实施三年来成效显著，已经成为全省经济高质量发展走在前列的动力源。但是，仍旧存在一些制约因素和发展不足需要在新旧动能转换的新阶段补短板、堵漏洞。

（一）民营企业技术创新的短板明显

由企业研发经费三年来投入占比的变化情况可知，民营企业中该比例提升的占 45.2%，远小于国有集体企业的 70.8%，其中，大幅提高的前者占 12.2%，仅为后者的 29.8%。从创新技术来源分析，有 54.3% 的国有集体企业选择了自主研发，而民营企业中选择自主研发的比例只有 28.5%。在数字化建设投入方面，调查企业中近三年来数字化建设投入大幅增加的也集中在国有集体企业中，占比高达 39.4%，民营企业只有 11.6%，另外，从企业创新的源泉——人力资源的角度来看，无论是研发人员数量还是质量，民营企业都同样不占上风。以上调查结果反映出，山东民营企业的技术创新短板依然明显，特别要预防其与国有集体企业之间的差距进一步扩大甚至二者逐渐分化。

（二）国有集体企业节能降耗力度有待加大

受历史因素影响，山东国有集体企业中重化工企业较多，对能源的需求量和消耗量更大。从调查情况来看，被调查的国有集体企业中，较三年前能耗总量、污染排放总量不减反增的比例均高于 50%，其中，大幅增加的比例在各类所有制企业中也遥遥领先。这一数据一方面说明新旧动能转换进一步激发了企业的发展潜能，伴随着产能和销量的扩大，能耗与排污量增加；另一方面反映出国有集体企业在节能减排上的力度不够、能力不强，尚有较大改进的空间。在绿色发展背景下，有必要着力推动国有集体企业不断深化绿色生产，更有效实现节能降耗。

（三）新的区域发展不平衡问题仍有可能发生

分区域来看，无论在企业的生产经营情况、科技发展情况、开放和市场化情况方面还是在生态环保情况方面，中部的省会经济圈和东部沿海的胶东经济圈均较鲁南经济圈有显著优势。鲁南经济圈主要由临沂、济宁、菏泽、枣庄四市构成，在 GDP 全省排名中，除了临沂近几年后来居上跻入前五、成为鲁南经济圈发展的排头兵外，其他三市长期处于中后位甚至末位。当前，省会经济圈和胶东经济圈在新旧动能转换中的区域发展新优势正加快形成，从企业发展情况来看，鲁南经济圈的落后趋势依然明显，要下更大力气多管齐下激发微观主体发展活力，避免在新旧动能转换的新阶段中出现新的区域发展不平衡问题。

（四）营商环境仍需持续优化

尽管调查企业对新旧动能转换三年来的营商环境变化总体给予了高度评价与肯定，然而，在调查数据中仍能发现一些有待优化的地方，尤其是在市场和政府关系方面。调查企业中仍有 35.0% 的国有集体企业、28.9% 的大中型企业认为地方政府存在过度干预的情况，29.9% 的小微企业则认为政府对企业干预不足。要想真正做到充分发挥市场在资源配置中的决定性作用，更好发挥政府作用，激发各类市场主体活力，必须继续推进政府行政体制改革，持续深化"放管服"改革，推动政府职能深刻转变。

四 推进新旧动能转换"五年取得突破"的建议

"十四五"是山东新旧动能转换重大工程"五年取得突破"的关键时期，需要积极破除各类瓶颈制约，通过定点改革实现重点突破。

（一）以"十强"产业为抓手，突出重点地建链补链延链强链

"十强"产业既是山东新旧动能转换"三年初见成效"的核心载体，也是新旧动能转换"五年取得突破"和"十年塑成优势"的主要发展对象，必须持续锚定"十强"产业，以产业基础高级化和产业链现代化为目标，有重点地建链补链延链强链。一是抓住数字化制造发展机遇，抢占智能制造发展高地。山东是全国工业门类最齐全、产业链最完整的工业大省，不仅传统工业基础雄厚，近年来还培育起了海尔卡奥斯、浪潮云洲等全国乃至全球知名的工业

互联网平台。应将这两种优势充分融合，发挥"1+1>2"的作用，打造以工业互联网为载体的集群式产业链发展新模式的全国样板，形成山东智能制造发展新优势。二是围绕海洋科技提升科技投入水平，以创新驱动海洋经济产业链升级。山东的海洋经济实力和海洋科技实力均在全国名列前茅，但在将科技成果转化为生产力的能力和速度上尚有较大的提升空间。应更加注重海洋领域的科技创新与海洋经济发展的有效衔接，在利用投资增量盘活海洋科技资源存量的同时，加大海洋科技成果转化的资金支持力度；鼓励并引导涉海企业利用海洋科技资源提升生产的创新能力和产品的科技含量，推动海洋经济产业链向中高端迈进、向纵深处发展。三是围绕数字技术增强数字经济实力，完善数字经济产业链。应充分发挥山东制造业和数字技术基础雄厚的叠加优势，继续加强人工智能、区块链、量子信息等前沿技术的研发应用，着重培育一批数字产业创新龙头企业，推进社会治理数字化转型，为数字经济发展提供"肥沃土壤"，加快塑造山东数字产业的全球竞争优势。四是坚持以绿色为发展底色，加快调整产业结构，做强绿色产业链供应链。山东长期以来形成的偏重化的产业结构已经成为实现高质量发展的重要瓶颈，这也是当前全省布局绿色经济的产业基底。"十强"产业中，既包括节能环保的新兴产业，也包括能耗较大的传统优势产业，因此，构建全省绿色发展新格局，必须既重视发展节能环保产业又重视在已有发展基础上加大技改投资力度，引导重化产业自我转型，推动绿色生产方式落地生根。

（二）全面推动科技创新，凝聚合力提升产业创新能力

创新是发展的第一动力，是新旧动能接续转换的动力源泉。十八大以来山东把创新摆在发展全局的核心位置，2017年就出台了《山东省创新型省份建设实施方案》，2019年又进一步聚焦八大发展战略印发了《关于深化创新型省份建设若干措施的通知》。进入新旧动能转换新阶段，要更加注重创新链与产业链的融合发展，围绕产业链部署创新链、围绕创新链布局产业链。一是强化基础研究，尤其重视引进国家重大科技项目和工程，提升自主创新能力。《中共中央关于制定国民经济和社会发展第十四个五年规划和二〇三五年远景目标的建议》提出，把科技自立自强作为国家发展的战略支撑，着重强调了加强基础研究、注重原始创新。当前，山东在基础研究上短板明显，要在持续增加

研究经费的基础上提高基础研究经费的投入比重，大力争取国家大科学计划和大科学工程，制定计划表、时间表积极创建综合性国家科学中心，推动全省基础研究能力上一个大台阶。二是加强对关键核心技术的精准支持，重点在量子技术、超级计算等领域形成可持续的领先优势。以人工智能、量子技术为代表的新一轮科技革命和产业变革正加速到来，谁抢占了技术先机谁就掌握了发展的主动权。山东在量子技术、超级计算等领域已经在全国确立起先发优势，要着力加强技术创新，提升技术载体的能级和全球影响力，推动创新成果的转化和应用，将先发优势转化为可持续的领先优势。三是充分发挥高等院校、科研院所等科技创新载体、平台的作用。山东拥有146所普通高等学校，数量位居全国第三，科研院所的数量和质量在全国也是名列前茅。因此，要充分利用高等院校、科研院所优势和人力资源量质优势，聚焦聚力"十强"产业发展的关键核心技术，鼓励高等院校、科研院所与企业开展关键技术联合攻关，推进产学研协同创新。

（三）重点突破黄河沿线，推动新旧动能转换与黄河国家战略交汇融合

新旧动能转换要在"十四五"期间如期实现"五年取得突破"的阶段性任务，除了内部持续深化体制机制改革，还需要外部更广阔的产品市场空间、更畅通的要素流通渠道和产业链上更紧密的联系与合作。黄河流域生态保护和高质量发展战略打开了山东新旧动能转换的区域新空间。未来，黄河流域将成为山东新旧动能转换的经济腹地和塑造区域新竞争优势的重要基础。推动山东新旧动能转换与黄河流域生态保护和高质量发展两大国家战略交汇融合，关键要打通区域间产品和要素流动"堵点"，构建畅通国内大循环的现代流通体系。一是以济南、青岛、临沂为中心，围绕省会经济圈、胶东经济圈和鲁南经济圈，加快实现"圈内"交通物流、商贸流通、信用体系、金融基础设施等的一体化；构建"圈间"交通物流连点成网、商贸流通便捷高效、信用体系互查互认、金融基础设施跨区域提供服务等的现代流通格局，增强中心城市及都市圈对山东半岛城市群发展的带动作用。二是以山东半岛城市群为核心构建黄河流域及北方大市场现代流通体系。以数字化、智能化技术为支撑推动黄河流域大交通建设；推动构建黄河流域更紧密的商务协作机制；推动发展线上线

下融合的区域流通新兴业态；推动济南联合郑州、西安打造对内联通南北、对外连接"一带一路"的北方交通物流综合枢纽等，显著提升山东半岛城市群的区域凝聚力、辐射力及引领力。三是利用沿海城市重点打造黄河流域向东通道和陆海枢纽。推动青岛、烟台等沿海城市积极融入黄河国家战略，打造黄河流域向东开放的重要门户、陆海枢纽和海上粮仓，更好地利用新旧动能转换的海洋优势引领黄河流域实现更多元化的发展。

（四）更好地融入国内国际"双循环"，培育内需新动能

消费是最重要的内需力量之一，在构建"双循环"新发展格局背景下，要坚持把消费作为扩大内需的主要着力点，重点是以新消费激活新需求，将新旧动能转换在供给侧实现的成果输出到消费环节，实现需求牵引供给、供给创造需求的更高水平动态平衡。一是深挖产业发展的科技需求。经过三年的新旧动能转换，科技在山东产业结构中的分量越来越重，截至2020年，全省高新技术产业产值占规模以上工业总产值的比重达到45.1%。要科学把握新科技与新供给、新消费、新需求之间的逻辑关系，以科技创新引领供给侧结构性改革，以供给侧结构性改革催生更多新消费模式，以新消费模式刺激更多新需求。逐步形成新技术支撑新供给、新供给带动新消费、新消费促进新需求的科技循环链。二是深挖人口大省的健康需求。山东人口总量居全国第二位，60岁及以上老年人口数量全国第一，但现有医疗卫生规模以及传统的医疗消费模式已经难以满足人口大省的卫生健康需求。应大力发展医养健康产业，积极推动形成"互联网＋医疗健康""互联网＋康养旅游"等新消费模式，更充分满足人民对健康消费需求的美好期待。三是深挖地理和历史资源中的文旅需求。山东文化底蕴深厚、自然风光优美，是国内外著名的旅游胜地，但具有明显地理标志的世界级文旅项目偏少。建议"十四五"期间，重点围绕泰山、黄河、儒学、海洋等四大具有山东特色的文旅要素高起点规划建设一批历史文化与现代文明融合互动的世界级文旅项目，在更深和更广维度上加深人们对"好客山东"的印象，更充分地体现山东的文旅价值。

参考文献

柴士改、李金昌：《中国经济发展新旧动能转换的监测研究》，《财经论丛》2020 年第
　　12 期。

陈景华、陈姚、陈敏敏：《中国经济高质量发展水平、区域差异及分布动态演进》，《数
　　量经济技术经济研究》2020 年第 12 期。

傅春、赵晓霞：《双循环发展战略促进新旧动能转换路径研究——对十九届五中全会构
　　建新发展格局的解读》，《理论探讨》2021 年第 1 期。

韩英、马立平：《中国高质量发展阶段下的产业结构变迁与经济增长研究——基于结
　　构－效率－速度的逻辑框架》，《经济与管理研究》2020 年第 12 期。

杨秋怡、马海倩：《上海推进经济增长动能转换的战略性新兴产业发展研究——以新型
　　生产要素的视角》，《科学发展》2021 年第 1 期。

B.8
山东不同区域打造乡村振兴
齐鲁样板的特色路径

山东省发展改革委课题组*

摘　要：　打造乡村振兴齐鲁样板是党中央赋予山东的重大历史使命。三年多来，山东深入贯彻落实习近平总书记关于乡村振兴的重要指示精神，聚焦打造可复制可推广可持续的"山东方案"，加快构建乡村振兴制度框架和政策体系，凝聚起打造样板的强大合力，高起点推进乡村振兴，打造各具特色的现代版《富春山居图》。2021年是"十四五"开局之年，认真总结各地打造乡村振兴齐鲁样板的做法和经验，对推进乡村全面振兴意义重大。山东省发展改革委会同山东农业工程学院等有关单位组成专题调研组，赴全省各有关市、县、乡、村深入开展调查研究，总结了山东打造乡村振兴齐鲁样板的十大典型经验模式，围绕"十四五"时期如何全面推进乡村振兴、打造乡村振兴齐鲁样板，从积极构建农业农村发展新格局、大力发展县域经济、鼓励发展新型农业经营主体和激发农业农村发展新动能等方面提出相关对策建议。

关键词：　乡村振兴　齐鲁样板　山东

---

* 课题组成员：梁文跃，山东省发展改革委一级巡视员，研究方向为区域发展；王丽丽，山东省林草种质资源中心职员，研究方向为农业经济；孙涛，山东省发展改革委处长，研究方向为农业经济；翟照然，山东省发展改革委副处长，研究方向为农业经济；徐海玲，山东农业工程学院齐鲁乡村振兴研究院副院长，研究方向为农业经济；王永刚，潍坊市坊子区新旧动能办副主任，研究方向为农业经济。

为切实做好山东省不同区域打造乡村振兴齐鲁样板特色路径研究工作，省发展改革委会同山东农业工程学院等有关单位组成专题调研组，赴全省各有关市、县、乡、村深入开展调查研究，结合乡村振兴战略规划协调推进、总结评估工作，对规划实施过程中遇到的突出矛盾和问题进行了重点跟踪。针对城郊、平原、山地、沿海等不同乡村风貌、不同资源禀赋等实际，围绕如何全面推进乡村振兴、打造乡村振兴齐鲁样板，调研组做了深入思考，提出相关对策建议，形成本报告。

一 多地打造乡村振兴齐鲁样板的典型经验模式

山东省境内山地、丘陵、平原、盆地交错布局，地质地貌复杂，农村资源禀赋和历史文化传统也千差万别，必须因地制宜地探索适合自身的乡村振兴之路。结合调研情况，调研组初步提炼了山东打造乡村振兴齐鲁样板的十大模式。

（一）创新打造"产业带动"模式

新泰市羊流镇依托当地非物质文化遗产——"掐辫子"延伸产业链，提升价值，制造麦秆扇、辫子帽、坐垫等工艺品，市场畅销、前景广阔，村集体年均增收 10 万元以上，户均增收 1.2 万元。阳信县围绕打造"中国第一牛县"目标，大力发展肉牛产业，全县有肉牛屠宰加工企业 76 家，年存栏肉牛 27 万头，年屠宰能力达 120 万头，屠宰加工已成为助力乡村振兴的重要产业。邹城市积极打造"食用菌工厂化生产第一市"，全市食用菌年产量达 35 万吨，产值 33 亿元，成功举办了中国食用菌行业大会暨国际食用菌博览会，"邹城蘑菇"入选国家知名农产品区域公用品牌名录。平阴县创新"产业 + 规模化种植"模式，打造高质量生产基地，依托龙头企业，创建 45 平方公里的种植核心区；通过"玫瑰 + 专业化加工"，打造高水准制造高地，建设平阴玫瑰高端产业园，构建清洁低碳的玫瑰产业生产体系。金乡县依托大蒜种植产业，以国家现代农业产业园区为主体，以食品工业园区、商贸物流园区为两翼，共同建设、协同发展，合理规划大蒜产业园区、食品工业园区、商贸物流园区，强化政策支持，做大做强品牌，完善利益联结机制，传统产业不断壮大，乡村自我造血功能持续增强，农民收入持续增加，农民的获得感、幸福感和安全感不断提升。

（二）创新打造"党建引领"模式

以党组织领办合作社为主体的新型农业经营主体，推动了土地规模化经营、集约化生产，切实增加了土地产出，降低了成本，促进了农业结构调整，实现了农业增效、社员和村集体双增收，蹚出了组织振兴新路径。沂水县通过党支部领办合作社创收增收，现已发展党支部领办合作社 161 个，2020 年带动村集体平均增收 2.5 万元、入社群众户均增收 1.1 万元。烟台市、德州市村级党组织带头发展经济成效明显，把党建工作深度融入村庄产业发展中，充分发挥政策、信息、资源等优势，通过"党支部 + 合作社"方式，直接参与经济建设。章丘区三涧溪村通过党建工作统筹推进乡村建设各项工作，党总支书记高淑贞带领村"两委"通过党建筑基，确立"发展绿色产业、开发乡村旅游和特色种植业"的思路，实现了由乱到治、由衰到兴、由穷到富。阳信县坚持以党建为引领，充分发挥基层党组织的战斗堡垒作用和党员的先锋模范作用，着力打造乡村振兴的"红色引擎"，开展"乡村振兴梨乡先锋"党员志愿服务行动，全县 854 个村普遍成立了党员志愿服务队，定期开展党员志愿服务行动，引导农村党员积极投身乡村振兴。

（三）创新打造"产业园区共建"模式

诸城市研究制定"三区"共建共享的地方标准，综合考虑生活、生产、生态，全面推进以生活社区为单元、以生产园区为支撑、以生态景区为底色的"三区"建设。平原县实施全域规划，全县共有 236 个村庄成立了土地股份合作社，流转土地 16 万亩，在实现土地适度规模经营的同时，让农民群众抱团闯市场，增强对接大市场大生产的能力。出台农业"双招双引"优惠政策，成立产业联盟，大力推进现代农业园区、农业科创园区、农产品加工产业园区建设。联手"强企名校"，开发共建百万亩绿色农业生产基地，与中粮、中垦、鲁望集团、登海种业等企业均建立了密切的合作关系，与中国农业大学合作建立了"科技小院"项目，与青岛大学合作建立了"两院一基地"，与省科技厅共建了"农科驿站"。不仅实现了农业生产环节的做大做强，还能够带动第二、三产业发展和就业，改善群众居住、生活条件，实现农业生产方式与农民生活方式的同步改变。

（四）创新打造"农村产业融合发展"模式

挖掘农业在生产、加工、服务等方面的多种功能，大力发展农产品加工业、休闲农业、乡村旅游和电子商务等新产业、新业态、新模式，推动农村第一、二、三产业深度融合发展，是乡村产业振兴的关键所在。潍坊市深入总结提升"三个模式"的经验做法，推动农村第一、二、三产业深度融合发展，拓展农业生态、休闲、旅游等功能，推进片区化发展，选择具备带动能力的产业园区、田园综合体、特色小镇等集约资源、重点突破。临朐薰衣草小镇、寿光洛城、诸城常山3个省级示范区及20个市级示范区加快推进建设；涌现出寒亭前阙庄、高密松兴屯等一批"美丽乡村"建设样板和坊子玉泉洼、昌乐庵上湖等一批农业新模式、新业态。平邑县围绕"一村一品、一县一业、一镇一特色"发展思路，先后成功创建中国金银花之乡、全国食品工业强县、山东省农产品加工业示范县、山东省农业"新六产"示范县，培育全国"一村一品"示范村镇2个，市级以上农业产业化重点龙头企业达到76家，2019年，平邑金银花省级农业科技园区通过验收，20款金银花新产品研发上市，实现第一、二、三产业深度融合发展，带动31万人就业创业。通过这种模式能够更好地促进各类要素集聚，推动农村第一、二、三产业深度融合发展，进一步转变传统农业的生产方式，拓展农业功能，优化产业结构，增加农民收入，激发乡村振兴内在动力。

（五）创新打造"文旅融合发展"模式

这种模式主要是依托独特的自然禀赋、乡村风光，或者历史文化底蕴深厚的村庄特别是古村落，通过专业的规划设计和山水林田湖草系统治理，充分发掘乡村生态、文化、休闲、观光功能，打造既有绿水青山又能留住乡村原生态和乡愁记忆的现代美丽村庄。从目前山东省发展情况看，主要有两种类型：一是依靠秀丽的自然风光发展起来的旅游或观光乡村，二是依托深厚的历史文化传统或民俗发展起来的传统文化村落。比如，博山区中郝峪村以休闲农业和乡村旅游为主，积极打造规模化种植、农副产品制售和休闲娱乐相结合的乡村发展新格局，"郝峪模式"在全国推广。荣成市东楮岛村坚持做优"海"文章，注重海草房保护开发，展示胶东特有渔村风情，吸引游客，户均年增收5万元；

发挥海洋资源优势，主要依托"渔业＋产业""渔业＋文化""渔业＋旅游"等模式，积极创建全国休闲渔业示范基地。曲阜市尼山镇圣源村依托优秀传统文化，推动乡村儒学工程，以集体投资、村民参股的形式组建了文化旅游公司，并开发了以"圣源十八般"为代表的农家乐、洋家乐等旅游配套项目。通过弘扬和传承优秀传统文化，村民凝心聚力，并依托当地浓厚的文化底蕴条件，开发旅游项目，拓展乡村功能，增加农民和村集体收入。

（六）创新打造"社会化服务"模式

安丘市成立社会化服务公司，构建"农业社会化服务信息管理系统"，为农户提供"一喷三防"及耕、种、管、收、售全产业链服务，农业社会化服务组织进行生产经营的耕地达 63 万亩，服务农田占全市总耕地面积的44%，全面提升农业的发展质量。临沂市金丰公社围绕广大小农户在农业产前、产中、产后的服务需求，创新农业经营模式，组织开展了以农业生产托管为主的服务模式，延伸农资套餐、金融保险、农产品销售等服务，为广大农户提供农业社会化综合服务。在不打破小农户分散经营格局的情况下，实行统种统收、统防统治以及统销统结，以服务规模化弥补经营细碎化的不足，带领小农户进入现代农业发展轨道。通过社会化服务，解决"小农户"与"大市场"的对接难题；通过统一耕、种及管理，降低了经营成本，减少了农药、化肥的使用量，提高了产量，增加了农民和村集体经济收入；解决了当前农村人口老龄化、土地碎片化现状下谁来种、怎么种的难题，促进了农村第一、二、三产业的融合发展。

（七）创新打造"绿色生态发展"模式

五莲县坚持"生态立县"不动摇，依托优美生态大力发展林果茶等特色产业和田园综合体等，通过举办"赏杏花 赶雅集"第五届驼石沟杏花节暨第八届全民健身运动会、金秋采摘节等节庆活动，以及中国山地马拉松系列赛（山东五莲站）等重大赛事活动，充分发挥节庆活动、赛事活动的宣传营销作用，加快发展"绿色乡村游"，推动由一日游、采摘游向过夜游和度假游转变，走出一条生态保护与经济发展共赢的路子。蒙阴县以敢为人先的魄力、敢谋新篇的勇气扎实推进生态文明建设，按照"山顶松柏戴帽，山腰果树缠绕，山脚水利交通配套"的模式，重点实施生态环境整治十大行动，一治一座山，一治一条峪，治一片、绿一片、富一片，大搞整山治水、荒山绿化，全力打造"南有安吉、北有蒙阴"的"江北最美乡村"，坚持不懈地发展绿色产业，因地制宜地发展林果茶业，找准"生态"与"富民"的契合点，被生态环境部命名为"绿水青山就是金山银山"实践创新基地。多地通过这种模式，坚持绿色发展，让良好生态成为乡村振兴的支撑点，走出一条"生态好、群众富、可持续"的乡村振兴之路。

（八）创新打造"雁阵"模式

兰陵县作为典型的农业大县，探索出一套现代农业的"雁阵"模式，主要包括头雁工程、鸿雁工程、归雁工程和雏雁工程。头雁工程的做法是采取"兰陵农投＋地方政府平台公司"的形式，由兰陵农业投资集团与地方政府平台公司共同出资建设核心示范区；鸿雁工程的做法是采取"合作社＋农业技术带头人"的形式，由意愿发展现代农业的农户，在村党委的组织带领下组建合作社，大力吸纳本村农业生产经验丰富、技术水平较高的"土专家""田秀才"；归雁工程的做法是推动和引导在外发展较好的有实力、有资金、有资源的带头人回乡创新创业；雏雁工程的做法是采取"种植大户＋农户"的形式，由意愿发展现代农业的种植大户和农户，在村党委的组织带领下组建合作社，由合作社统一组织学习、生产，同时完成孵化联动园区合作推进。"雁阵"模式提高了农民组织化程度，充分发挥了在发展优质特色产业、推进规模生产、降低生产成本、提高经营效率、对接工商资本、导入先进技术等方面的优势和作用，进一步增加了农民收入和村集体收入，培育和提升了一批新型农业经营主体。

（九）创新打造"互联网＋农业"模式

主要是依托现有的农业产业发展基础，运用新一代互联网技术改造提升传统农业发展经营模式，借助农业物联网、电商平台建设，融入信息、人力、金融、电商等生产要素，在减少中间环节、降低交易成本的同时，实现农产品交易线上线下双向联动、互补融合，促进了农民增收和农业振兴。目前，省内发展成形的区域典型有曹县淘宝电商小镇、庆云县智慧农业工厂、平邑县电商产业园等，寿光、莘县、兰陵的蔬菜产业及平阴的玫瑰种植产业等特色农业在发展过程中都充分意识到"互联网＋"带来的巨大潜力，开始运用互联网进行产品的宣传、营销和管理。曹县2020年网络销售额突破156亿元，淘宝村发展到151个，实现了淘宝村镇域全覆盖，继续保持全国第二"超大型淘宝村集群"地位。其中，曹县安蔡楼镇淘宝村发展到33个，成为全国拥有淘宝村最多的淘宝镇；大集镇32个村全部是淘宝村，是山东省唯一一个淘宝村全覆盖的镇。2020年9月，在第八届中国淘宝村高峰论坛上，阿里巴巴公布曹县进入"中国淘宝村百强县"，排名全国第二。培育出电商企业5000余家，网店6万余家，带动30万人创业就业，吸引5万名返乡创业人员回乡创业，2万人通过电商实现精准脱贫。亿元级店铺发展到6个、千万元级店铺发展到100多个，天猫店达2000余个，阿里巴巴跨境电商达197个，亚马逊跨境电商达77个。被国务院评为"农产品流通现代化、积极发展农村电商和产销对接工作典型县"，列入了"落实重大政策措施真抓实干成效明显地方名单"，成为"全国十大电商发展典型县"之一，被商务部评为"国家级电子商务进农村综合示范县"。

（十）创新打造"要素聚集"模式

乡村产业投资大、见效慢，推动乡村产业振兴，不仅要靠"内力"，还要靠"外力"。事实表明，大力引进工商资本，将工商资本与农业资源进行有效衔接，是促进乡村产业发展的有效途径。面对"人钱地"等制约乡村振兴战略推进的关键问题，一些地方不等不靠、想方设法，摸索出许多管用有用的好招数。比如，新泰市为吸引工商资本投资农业，以做优金融文章为突破点，组建富美乡村振兴发展集团，设立1亿元乡村振兴产业引导基金、1亿元招财引智基金、2000万元特色小镇扶持基金，创新社会资本参与土地整治、城镇土地市场化配置机制，有效调动起工商资本下乡创业的积极性，已重点打造了石莱镇"泰茶良心谷"、羊流镇"泰山百合园"等一批省市级田园综合体。诸城市桃林镇以项目推进、资源争取为抓手，主动对接工商资本投资农业产业，累计流转土地5000余亩，建立起春风十里千亩蜜桃园、长运果茶小镇等现代农业园区5处，有力地带动了当地乡村产业发展。栖霞市衣家村创新探索具有自身特色的村党支部领办合作社模式，推行以"原始股"和"创业股"为主、其他入股方式为辅的多元化入股模式，有效破解了无钱办事、无人干活、无效管理等一系列难题。平原县立足平原区、农业县两个"最大实际",探索出一条"土地向规模经营集中、产业向现代园区集中、人口向城镇社区集中"三集中的乡村振兴路径,加快推动"五个振兴"同频共振。通过这种模式,基本形成了"市向县倾斜、县向乡聚焦、乡向村发力"层层传导落实的聚集效应。

二 存在的主要问题

当前,发展农业农村经济、打造乡村振兴齐鲁样板仍面临一系列困难和挑战,既有长期发展积累的老问题,又有形势变化带来的新问题。一是农业产业结构不够优化。在全省农业产业结构优化调整过程中,政府过度干预农业种植,加上大量普通农户分散经营和盲目跟风等,造成某种农产品供过于求,出现"丰产不丰收"的"菜贱伤农"现象。二是新型农业经营主体规模不大、带动能力不强。近年来,尽管新型农业经营主体数量不断增多,但大部分生产规模较小、资金实力不强、辐射带动面不广、规范化程度不高,在市场占有率、营业额、利润率等方面还有待提升。新生代农民大多宁愿到城市打工或做生意也不愿意在家从事农业生产,小规模农户分散经营使得农业科学技术难以大规模推广。三是深化农村制度改革面临难题。农村土地制度改革与乡村治理、农村户籍、财税、社保、金融等相关领域改革联系紧密,单纯推动一项改革、采取单兵作战的方式很难取得预想效果。基层普遍反映,现在农村青年结婚,女方大都要求在城区买婚房,究其原因除取暖、供气等良好的居住条件外,最关键的是孩子上学有优质的教育资源。如果单纯从产业发展、户籍制度改革的角度考虑留住乡村人才,忽视了优质教育资源均等化等公共服务的改善,那么必然会事与愿违。四是农村基础设施和公共服务短板依然突出。尽管全面建成小康社会各项指标完成较好,但由于历史欠账多,城乡发展不平衡的问题仍然突出,农村教育、医疗、养老等公共服务能力提升以及农村水、电、路、气、网等基础设施建设仍是"十四五"期间的重要任务。五是村庄建设还不够科学规范。村庄分类规划还存在研判不够精准、论证不够充分的情况,做到"多规合一"的村庄还不够多。一些地方在村庄改造、建设、搬迁等方面存在决策不严谨、程序不规范、作风不严实等问题。

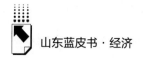

三 不同区域打造乡村振兴齐鲁样板的对策建议

山东省作为我国的农业大省，应立足本省农业特色优势，重塑农业大省、农业强省地位，打造乡村振兴齐鲁样板。

（一）积极构建新形势下山东省农业农村发展的新格局

山东省作为全国 13 个粮食主产省区之一，粮食耕种面积和产量均居全国第三位，在全国粮食生产中占有举足轻重的位置，面对全国发展进入新阶段的大环境，山东省应不断提升农业生产水平，扛牢农业大省责任。一是发挥规划引领作用，确保乡村功能的充分发挥。合理确定粮食主产区，优化农业农村空间布局：以平原地区布局高标准农田、国家级农业产业园、省级现代农业产业园等的建设；以山区、文化底蕴丰富地区布局建设新型产业；以县域为单位布局以人为核心的新型城镇化建设。落实最严格的耕地保护制度，强化地方主体责任，严守耕地保护红线，采取"长牙齿"的硬措施，严格土地执法监管，坚决遏制耕地"非农化""非粮化"等问题的出现。划定粮食生产功能区、重要农产品生产保护区，创建特色农产品优势区，加强对粮食主产区的支持与保护，规划布局国家粮食安全产业带，保障国家和区域粮食安全。二是调整农业结构，提升国内粮食安全保障能力。我国农业资源自给率在 70% 左右，粮食需求与国内粮食生产结构之间的矛盾导致饲料粮进口量较大。加快农业结构调整与优化，大力发展名优特新经济作物、设施果树，稳步扩大"粮改饲"面积，形成粮食作物、经济作物、饲料作物协调发展的三元种植结构。大力发展青贮玉米，在适宜地区适当扩大花生种植面积。推行玉米大豆轮作间作，实施耕地轮作试点。三是大力实施乡村建设行动。围绕农民群众最关心、最直接、最现实的利益问题，大力实施乡村建设行动，加快补齐农村民生短板，满足农民群众日益增长的民生需要，把乡村建设成为幸福美丽新家园，让农民群众有更多实实在在的获得感、幸福感。加大对农业科技进步的投入，健全农业支持保护体系，完善乡村社区功能，补齐农业农村发展的短板。围绕人口集聚地区，继续强化基础设施建设，围绕人口密度低的偏远地区，通过合理规划，以县域为单位完善基础设施配套建设，继续加大基本公共服务、基本社会保障制度建设的投入，实现城乡基本服务的均等化。

（二）牢牢把住粮食安全的主动权，重塑农业大省地位

一是加强高标准农田建设。统筹规划平原地区作为高标准农田建设的主阵地，对于丘陵山区坡耕较多、地块较小地区，应适当调整高标准农田建设标准；出台高标准农田建设的奖励机制，在资金补贴、用地空间增加和指标安排等方面，出台和完善相关配套激励政策；统筹规划，通过土地整治，打破土地碎片化的局限性，做到连片开发；有效吸纳社会资本，实现资金筹措的多样性。积极引导专业大户、家庭农场、农民合作社和农业企业等新型经营主体和工商资本投资高标准农田建设。加强后期管护，建立高标准农田管护长效机制，建议基层政府部门根据实际情况对高标准农田的后期管护给予适当资金补助。二是为农业插上科技的"翅膀"，提高农业质量、效益和竞争力。开展形式多样、灵活有效的农业科技系列综合服务，尤其是针对山东省乡村人才振兴工程实施，跟进相关人员培训，多方式大范围地开展基层农民科技培训。加强农业科技服务供给模式创新。加大农业专业技术经济合作力度，扩大农业科研机构科技服务范围。联合农业院校、科研院所共同打造科研智库平台，壮大科技服务人才队伍，鼓励科研人员重点攻关种子"芯片"、种源"卡脖子"等重点农业科研任务。三是鼓励新型经营主体，推进农业适度规模经营。在产业基础好的地区，继续壮大基层党组织创办合作社等社会化服务组织，通过土地流转，进行社会化服务、企业化管理、一体化经营，实现土地规模经营。同时，创新新型经营主体发展模式，引入龙头企业，增加新型经营主体收益。

（三）建立市场资源配置和政府推动有机衔接的长效机制，激活农业农村发展的新动能

一是正确处理政府和市场的关系，提高要素配置效率。发挥市场在农村资源配置中的决定性作用，政府应积极完善农村市场相关扶持政策，为农业发展提供土地使用安排、资金信贷扶持、农业保险制度完善、市场信息供给、技术支持、公共产品及公共服务供给等服务。二是通过政府和市场的双向发力，激活农村资源。政府放宽市场准入条件，在盘活资源的过程中跟进配套政策，优化社会资本投入农业的制度环境，将社会资本注入农村；健全农村产权流转交易市场机制，营造良好的市场资源配置流通环境，不断规范农民土地、集体资

产及农业设施等产权流转交易。三是继续完善相关落实政策，确保市场良性运转。对集体经营性建设用地入市试点地区，继续探索完善土地制度改革、增加农民收入的政策体系，为深入实施农村土地征收制度改革筑牢基础；建立健全城乡统一的建设用地市场，持续完善城乡建设用地增减挂钩政策，完善相关配套制度，畅通要素市场流通渠道，为全面推进乡村振兴和城乡融合发展提供土地要素保障。

（四）大力发展县域经济，推动农村第一、二、三产业融合发展

一是加快延伸农业产业链。深化农业产业化、规模化经营，推动农业与第二、三产业深度融合，促进农业全产业链发展，提升产业链整体竞争力。实施农业全产业链培育计划，统筹布局农产品生产、加工、流通，把产业链主体留在县域。立足粮油、蔬菜、畜禽、水海产品、水果等特色产业，增创集生产、加工、储备、冷链物流、销售于一体的全产业链优势，打造一批千亿级、百亿级农业产业集群。二是打造提升价值链。实施农产品加工业提升行动，支持发展农、林、牧、渔产品精深加工，打造一批农产品精深加工示范基地，提升农产品附加值。鼓励农业龙头企业、农产品加工领军企业向农产品优势产区和重要的物流节点集聚，加快形成一批农产品加工优势产业集群隆起带。三是加快推进农村物流"新基建"。打通"从田头到餐桌、从生产到消费"的流通环节，在乡镇和中心村布局建设仓储保鲜设施，支持有条件的地区建设冷藏保温仓储设施，完善农产品冷链物流服务体系，支持建设农社物流节点，从源头上加快解决农产品出村进城"最初一公里"问题，增加鲜活农产品产地仓储保鲜冷链流通量。构建农村物流新模式，利用城乡客运班车完善农村物流网络；通过加盟、代理等形式完善农村网络节点，降低流通成本，构建"工业产品下乡"和"农产品进城"的物流新模式。

（五）鼓励发展新型经营主体，将党组织建在产业链上

一是发挥党组织作用，解决土地闲置问题。在平原、产业基础好的地区，解决土地闲置问题，继续发挥党组织领办合作社作用，把群众组织起来抱团发展、强村富民，把村集体利益与群众利益连接起来。二是强弱联合，带动产业发展。产业基础薄弱地区，联合一些领头人能力较强、发展水平较高的地方，

以强村带弱村，统筹县域资源流转土地发展规模经营、建设联合支部。扩大党组织领办合作社推广范围，带动产业振兴。三是积极拓展党组织领办合作社发展模式。针对合作社收益低的难题，因地制宜拓展党组织领办合作社发展模式，积极推进"党支部领办合作社＋农业龙头企业""党支部领办合作社＋田园专业合作社服务"等模式，增加村集体收入。四是发展农村各类合作组织。以提高农民组织化程度为重点，积极培育合作经济组织，带动农民发展特色优势产业，增加农民收入，壮大集体经济。积极发展农村各类中介组织，为农民群众提供市场信息、决策咨询等中介服务，畅通农产品流通渠道。

（六）强化战略实施保障，全面推进乡村振兴

一是健全推进机制。健全省负总责、市县乡抓落实的农村工作领导机制，明确各级党委、政府主体责任，省、市、县级党委要定期研究乡村振兴工作，把农业农村优先发展的要求落到实处，聚焦乡村振兴战略实施的路线图、时间表、任务书，在重点工程项目上集聚资源，推动上下联动、整合力量、集中突破。二是营造良好环境。积极组织深入农村宣传解读党的"三农"政策和乡村振兴战略，全面调动干部群众参与乡村振兴的积极性、主动性和创造性，形成实施乡村振兴战略的强大合力。加强乡村振兴法治保障，在规划编制、项目安排、资金使用等方面，提高规范化、制度化、法治化水平。注重典型示范引领，及时总结推广乡村振兴先进经验、先进做法，积极倡树乡村振兴先进典型，讲好乡村振兴"山东故事"。三是建立乡村振兴战略实施考核评价机制。按照正确政绩观要求，健全考核评价和奖惩机制，把乡村振兴战略规划实施成效纳入各级党委、政府及有关部门的年度绩效考评内容，制定考核指标，加强对各地乡村振兴实施情况的动态监测，定期开展考核、检查。

参考文献

马永刚：《山东打造乡村振兴齐鲁样板》，《中国食品报》2021 年 3 月 16 日。
杨德林：《在打造"齐鲁样板"中干在实处走在前列》，《德州日报》2019 年 5 月 9 日。

区域发展与对外开放篇

Regional Development and Opening up

B.9
加快打造具有全球影响力的山东半岛
城市群的对策建议

袁爱芝*

摘　要：　城市群日益成为新型城镇化的主体形态和高质量发展新引
擎。中央明确提出"要发挥山东半岛城市群龙头作用，推动
沿黄地区中心城市及城市群高质量发展"，山东半岛城市群
迎来重大历史发展机遇，打造具有全球影响力的山东半岛城
市群有利于整合山东的区域经济战略，提升山东区域经济竞
争力。本报告梳理了山东半岛城市群的发展演变进程，对近
年来山东半岛城市群的发展成效做出科学综合评价，提出打
造具有全球影响力的山东半岛城市群的五点建议。

关键词：　竞争力　高质量发展　山东半岛城市群

---

* 袁爱芝，山东社会科学院智库研究中心副主任、副研究员，研究方向为区域经济可持续发展。

2020 年山东省政府工作报告提出要打造山东半岛城市群，全面融入国家区域发展战略。中央也明确提出，要发挥山东半岛城市群龙头带动引领作用，加快推动沿黄地区中心城市及城市群实现高质量发展。山东省"十四五"规划建议围绕"统筹推进区域协调发展，发挥山东半岛城市群龙头作用"，结合山东半岛城市群发展的阶段性特征，提出优化"一群两心三圈"区域发展布局，健全区域协调发展体制机制，积极推进新型城镇化，增强区域创新发展动力，全面提升山东半岛城市群全球竞争力。

一 山东半岛城市群迎来重大历史发展机遇

（一）城市群日益成为新型城镇化的主体形态和高质量发展的重要增长极

1. 城市群日益成为新型城镇化的重要空间载体

2006 年中央文件首次出现了"城市群"，城市群发展被提升到前所未有的战略高度。2007 年党的十七大报告提出，依托大城市，形成辐射功能强大的城市群，培育新的经济增长点。2012 年党的十八大报告指出，继续实施区域总体发展战略，科学规划城市群发展规模布局。2013 年中央城镇化工作会议提出，把城市群作为推动国家新型城镇化的主要形态，在中西部和东北地区逐步形成若干个城市群。2014 年《国家新型城镇化规划（2014—2020 年）》及"十三五"规划提出，重点建设长三角、珠三角、京津冀、山东半岛等 19 个城市群。2017 年党的十九大报告提出"以城市群为主体，构建大中小城市和小城镇统筹发展的城镇格局"。2018 年中共中央国务院《关于建立更加有效的区域协调发展新机制的意见》进一步明确了以京津冀城市群、长三角城市群、长江中游城市群、中原城市群、成渝城市群、粤港澳大湾区等城市群带动区域发展新模式，推动国家重大区域战略融合发展。2020 年国家"十四五"规划建议强调，发挥中心城市和城市群的引领带动作用，推进以县城为载体的城镇化建设。中心城市、城市群正日益成为经济发展的主要空间载体。2015 年至今，国务院已批复 11 个城市群规划。

2. 城市群是推动区域高质量发展的核心引擎

城市群具有独特的规模经济、产业分工合理、经济联系密切、辐射带动作用强等优势，成为承载人口、产业、经济的主要载体。从国内大循环看，城市群是畅通空间循环、连接供给端和需求端循环的重要载体。城市群依托发达的交通、通信等基础设施，完成生产要素由周边城市流向核心城市的回流效应，以及核心城市流向周边城市的涓滴效应，实现要素在城市群内部的高效流动。从发达国家城镇化经验看，城市群为经济的发展做出重要贡献。在全球化形势下，社会要素聚集速度加快，世界各大经济体都在着力建设世界级城市群，如美国东北部的大西洋沿岸城市群、北美五大湖城市群、英伦城市群、欧洲西北部城市群、日本太平洋沿岸城市群等，城市群通过引领经济转型升级，资源的高效配置和技术创新，在提升区域经济活力和经济效率方面发挥重要作用，城市群建设每年能够使经济增长 0.5 个到 1 个百分点，正成为驱动区域经济发展的新引擎。高质量发展的城市群可以带动整个经济的高质量发展，2019 年我国 21 个城市群生产总值占全国 GDP 的比重高达 91.4%，经济密度约为全国均值的 2.5 倍。从人口聚集来看，2019 年城市群常住人口数占全国总人口数的85.8%。其中，京津冀、长三角、长江中游、成渝以及中原城市群都已成为"亿人俱乐部"。

（二）黄河国家战略为山东扬起沿黄地区高质量发展龙头、实现走在前列、全面开创提供了重大历史机遇

黄河流域途经 9 个省区，拥有全国近 1/3 的人口，能源矿产资源丰富，是我国重要的能源原材料和重化工基地，在我的战略地位举足轻重。山东是黄河流域九省区中经济素质最高、实力最雄厚、竞争力最强的省份，发展潜力巨大，区域经济发展势头强劲，是沿黄地区城市群高质量发展的龙头。在全国城市群加速发展的大背景下，黄河国家战略给山东提供了非常好的发展机遇。山东应积极落党中央赋予的重要政治使命，重新审视山东半岛城市群在全国的战略定位，把山东半岛城市群置于黄河流域的大环境下，发挥好龙头引领作用，把推动跨省合作作为山东半岛城市群发展的突破点，加强与中原城市群、关中平原城市群等区域的产业协作、基础设施互联互通，在区域合作中走出新路，打造黄河流域生态保护先行区和高质量发展示范区，提升山东半岛城市群全球影响力，实现黄河流域城市群高质量协同发展。

（三）国际国内"双循环"新发展格局为塑造山东发展新优势提供了新契机

国内国际"双循环"新发展格局是当前我国为了应对发展的中长期问题做出的战略选择，将成为"十四五"期间乃至更长一段时期的重要任务。畅通产业链"内循环"、保持产业链稳定性、提升产业链国际竞争力是构建"双循环"的核心内容之一。山东有必要利用齐全的工业门类创新发展集群式产业链，打造国内甚至世界级先进制造业产业链集群，巩固和扩大山东工业发展的领先优势。在融入以国内大循环为主体的"双循环"新发展格局中，立足农业大省、制造业大省优势，大胆推动要素市场化改革和科技创新，积极培育新产业、新业态，不断健全产业链条，激活释放人口内需潜力，积极融入国内大市场，成为国内大循环中的重要节点。同时，充分利用区域全面经济伙伴关系协定（RCEP）的签署以及中欧投资协定（CAI）谈判的如期完成为山东省对外开放提供的新机遇，积极开拓国际市场，优化全方位开放布局，打造高能级开放平台，不断深化与环太平洋国家以及欧洲国家的经贸合作，全力打造中日韩地方经贸合作示范区，逐步嵌入世界产业链条，提升在全球产业分工的地位，推进更高水平对外开放，成为国内国际双循环中的重要节点，不断推动形成山东区域发展新优势。

二　山东半岛城市群的范围演变与发展评价

（一）山东半岛城市群的空间范围演变

山东半岛城市群东与日韩隔海相望、西接中原经济区、南邻长三角、北接京津冀，既是环渤海地区的重要组成部分，也是"一带一路"倡议交汇的重要枢纽，在新时期我国区域发展战略格局中具有突出地位。早在 21 世纪初期，国内学者就提出加快半岛城市群建设。2003 年山东省正式提出"促进半岛城市群的崛起"的战略思想，2005 年制定出台了《山东半岛城市群总体规划（2006—2020 年）》，山东半岛城市群范围包括济南、青岛、淄博、东营、烟台、威海、潍坊、日照共 8 个城市；2014 年出台的《山东省新型城镇化规划

（2014—2020 年）》中，进一步明确山东半岛城市群空间范围扩大至 13 个城市，即济南、青岛、淄博、东营、烟台、潍坊、泰安、威海、日照、莱芜、德州、聊城、滨州；2017 年又制定出台了《山东半岛城市群发展规划（2016—2030 年）》，山东半岛城市群范围扩展到全省 17 个设区市（莱芜划归济南后是 16 个设区市），整个城市群人口过亿，经济规模位居全国前列。规划明确提出，山东半岛城市群的空间发展战略是加快构建"两圈四区、网络发展"的总体格局，培育壮大济南都市圈，优化提升青岛都市圈，推进都市区一体化建设。

2018 年的山东省政府工作报告明确提出，要加快推进山东半岛城市群发展规划实施，提高省会济南城市首位度，支持青岛建设国家中心城市，加大对菏泽、聊城等西部地区发展的支持力度。《全省新型城镇化建设近期工作要点》也明确提出深入实施山东半岛城市群规划，进一步提升城市群建设质量。同时，印发实施济南都市圈和烟威、东滨、临日、济枣菏都市区总体发展规划。加强济南、青岛、烟台新旧动能转换的"三核引领"作用，不断提升城市的综合承载力和科技创新要素的集聚能力，促进城市群一体化、持续化发展。[①] 2019 年，《山东省 2019 年新型城镇化建设重点任务》进一步明确：要做大做强山东半岛城市群，以济南、青岛为核心，做大做强济南都市圈和青岛都市圈；建立中心城市牵头的区域协同发展机制，促进烟威、临日、东滨、济枣菏四个都市区加快同城化发展。[②]

山东半岛城市群的轮廓，在一次次规划与探索中不断清晰。经过近二十年的快速发展，山东半岛城市群在国家区域战略和省区域战略推动下，城市群内部城市联系不断加强，协作水平不断提高，正不断发展为日益紧密的整体。2019 年底召开的山东省委经济工作会议进一步明确了推进城市群建设的基本思路：坚定不移地推动区域经济协调发展。积极推进省会、胶东、鲁南三大经济圈一体化发展，培育发展济南、青岛都市圈，打造具有全球影响力的山东半岛城市群。

（二）山东半岛城市群发展成效及问题

经过不断探索和长期努力，山东半城市群建设取得了显著成效，综合实力

---

① 刘兵：《解析 | 山东半岛都市群推进建设步伐》，2020 年 1 月 4 日，https：//jrlw.qlwb.com。
② 王琮：《半岛城市群，"龙头"新引力》，《走向世界》2020 年第 6 期。

持续提升，区域内部、区域之间以及与周边区域呈现融合发展新态势。

1. 经济结构显著优化，综合实力不断增强

2019年，山东半岛城市群常住人口城镇化率达61.51%，比2015年提高4.5个百分点，全省形成了2个特大城市、9个大城市、8个中等城市、75个小城市均衡分布的空间体系；2020年地区生产总值达7.3万亿元，列全国第3位，人均GDP超过1万美元；高新技术产业产值占工业总产值的比重为45.1%，比2015年提高12.6个百分点，区域创新能力列全国第6位，第三产业对经济增长的贡献率达到78.2%，成为支撑经济增长和转型升级的主导力量。

2. 新旧动能转换成效显著

新旧动能转换在产业结构、重点产业、增长动力和区域布局等多个方面取得突出成效，圆满完成"三年见成效"的目标。一是培育壮大"十强产业"的政策效果逐步显现。"十强"产业竞争优势更加明显，首批认定了45个"雁阵形"产业集群，7个集群入选全国第一批战略性新兴产业集群，数量居全国榜首，形成了智能制造、高端装备、生态环保和生物医药等一批新的经济增长点。拥有市值过千亿元的上市公司7家。2019年新一代信息技术、高端装备、新能源新材料、高端化工和现代金融5大产业增加值占全省生产总值的14%左右，2020年"十强"产业集群总规模突破3万亿元。二是新旧动能转换所带来的经济增长动力持续迸发。"四新"经济加速发展，创新能力明显提升。2020年"四新"经济增加值占比达30.2%，比2016年提高6个百分点，投资比重为51.3%。企业创新投入积极性大幅提高，重点行业科技创新的效果逐渐显现，市场主体活力迸发。2019年全省市场主体突破1000万户，三年增长46%；高新技术企业数量三年翻了一番多，2020年底达到1.46万家，国家企业技术中心达到189家，位居全国第一。截至2020年底，院士工作站总数达到399家，引进院士353人。

3. 区域发展新格局加快形成

一是省会、胶东、鲁南经济圈一体化发展协同推进。2020年三大经济圈GDP分别达到27466.0亿元、31113.4亿元和14515.9亿元，对全省经济的贡献率分别为38.7%、41.2%和20.1%。省会经济圈一体化发展步伐不断加快，7市的交通设施正在加快互联，产业协作不断深化，文旅合作持续拓展，公共服务也更加便利，省会经济圈城市多方面深层次合作已迈出实质性步伐。

胶东经济圈一体化发展步入快车道，项目化、可实施的联动合作机制进一步形成。截至2020年12月，胶东5市已成立17个联盟，主要涉及医疗保障、创新创业、养老服务、教育协同等方面，签订20个合作协议，包括行政审批服务、金融、应急、法治一体化等。鲁南经济圈一体化实现良好开局。4市积极筹建鲁南经济圈科创联盟和科技协同创新中心，加速推动鲁南（枣庄）、鲁西南（菏泽）大数据中心和济宁、临沂华为云大数据中心建设。鲁南4市联合签订《鲁南经济圈红色文化旅游合作框架协议》，策划推出6条红色精品旅游线路，推出台儿庄古城等17个重点景区对鲁南4市市民实施同城化门票优惠政策。二是济青烟"三核"的辐射引领带动能力更加凸显。经初步核算，2020年，济南、青岛、烟台3个城市生产总值占全省比重达41.5%。济青烟3市在经济总量规模、发展质量效率、市场化水平等方面的优势正在进一步加强，"三核"地位更加巩固，已成为全面实现"五年取得突破"目标任务的有力支撑点。

4. 与三大城市群之间的发展差距依然明显

据恒大研究院发布的《中国城市发展潜力排名2019》报告显示，在2019年中国19个城市群发展潜力排名中，山东半岛城市群仅列第7位，长三角、珠三角和京津冀发展潜力位居前三，长三角、京津冀、珠三角经济规模居前、产业创新实力领先，三大城市群GDP和发明专利授权量合计分别占全国的38.1%、63.9%。长三角和珠三角城市群进入成熟发展阶段，山东半岛城市群则处于快速发展阶段。但无论是经济总量，还是人均发展水平竞争力都偏低，与长三角、珠三角以及京津冀城市群相比较还存在明显差距，整体经济增速也明显低于中西部城市群，投资和外资呈现动力不足特征。与长三角、京津冀、珠三角城市群相比，核心城市的辐射带动能力较弱，如青岛仅对日照、潍坊、烟台等城市辐射能力强，但对城市群的中、西部地区辐射带动能力较弱。省会济南的带形城市空间结构，在一定程度上大大降低了对周边城市的辐射带动作用。

5. 区域核心城市辐射力较弱，不利于形成"双循环"重要节点

城市群中"首位城市"发挥着对外连接全球经济网络、对内辐射区域腹地的重要角色。根据全球化和世界城市研究网络对中国25个主要城市与世界城市网络的关联度研究，北京、上海和广州作为三大城市群的首位城

市，是我国大陆地区与世界城市网络关联度最高的城市，而青岛作为山东半岛城市群核心城市之一，在世界城市网络中关联度偏低，核心城市接入全球能力较弱，高端功能集聚度稍差。经过测算分析鲁苏浙粤省内城市及所属主要城市群的经济联系、中心性程度等指标发现，山东在都市圈、城市群建设上的"短板"是导致区域竞争力不强的重要因素。一方面，山东省内平均经济联系度最高的城市（济南765.5）明显低于苏浙粤同级城市水平（苏州1400.3、杭州3529.7、广州1060.3），说明山东的中心城市对其他地区的辐射作用较弱；另一方面，与长三角城市群、粤港澳大湾区相比，山东半岛城市群呈现多中心分布格局（济南、青岛、潍坊、淄博），但核心城市的吸引力及带动力较弱，在"双循环"中难以有效发挥区域大市场的连接、集聚和辐射带动作用。

三 打造具有全球影响力的山东半岛城市群的对策

（一）坚持中心城市引领和三大经济圈一体融合发展，塑强山东半岛城市群整体竞争力

1. 持续提升济南、青岛中心城市综合竞争力

在山东半岛城市群建设过程中，应进一步倾斜政策、资源，突出济南和青岛的核心作用，加快各类创新资源集聚。深入实施"强省会"战略，加快推进齐鲁科创大走廊、中科院科创城等重大载体建设，积极争取建设一批大科学计划、大科学装置，深入实施工业强市战略，提高省会城市首位度，加快推进科创济南、智造济南、文化济南、生态济南、康养济南"五个济南"建设，加快推进建设国家中心城市和国际消费中心城市，为山东半岛城市群建设做好引领。全面提升青岛城市发展能级，建设现代化国际大都市。持续扩大上合组织青岛峰会效应，加快提升开放门户枢纽、全球资源配置、技术创新策源和高端现代产业引领功能，全力打造世界工业互联网之都。做优做强现代海洋产业体系，打造一批现代海洋产业集群，创建国际海洋科技创新中心，下足力气深耕海洋，加快建设全球海洋中心城市。积极推动上合示范区、山东自贸试验区青岛片区等高水平开放平台建设，持续深化与共建"一

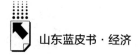
带一路"国家等的交流合作，推进更高水平开放。

2.统筹推进省会、胶东、鲁南经济圈一体化发展，提升山东半岛城市群全国竞争力

加强顶层设计，完善区域协调机制，推动区域资本、技术、人力等生产要素的自由流动，实现资源的最优化配置。根据区域发展优势，调整城市群生产力布局，加快与长三角城市群、京津冀城市群产业的承接合作发展，促进各城市差异化错位发展。优化城市群空间结构，建立常态化的城市沟通协调机制，加快基础设施、公共服务体系建设，加强公共产品和服务的辐射半径，促进城市群范围内基本公共服务均等化，实现资源互补与功能融合，提高城市综合承载力。统筹推进三大经济圈一体化发展，提升山东半岛城市群全球影响力，在服务国家区域发展战略中赢得发展新优势。

（二）坚持对外开放与改革创新，主动融入国内国际"双循环"新发展格局

在国内国际"双循环"新发展格局中，山东既要立足自身，推进"省会＋胶东＋鲁南"三大经济圈一体化融合发展，畅通省内循环；也要发挥自身比较优势，积极融入全国重大区域发展战略，特别是要在推动黄河流域生态保护和高质量发展中，发挥龙头引领作用。

1.积极融入国家重大区域发展战略

深度融入京津冀协同发展，精准对接雄安新区规划需求。鼓励济南、德州、聊城等市主动开展产业对接合作，吸引发达地区的信息技术、医疗康养等高端产业入驻；鼓励聊城、菏泽、泰安等城市积极融入中原经济区战略，开展产业、基础设施等深层次的合作；对接长江经济带、长三角经济区等国家战略，拓展合作路径和融入模式，进一步加强协作，共同推动完善全国大循环。探索推进济南、青岛"京沪会客厅"先行先试，主动做好航空航天、高端教育、医疗等产业的转移承接。加强与长三角、珠三角城市群的全面深化合作，吸引上海、南京、广州等先进城市的高端资源汇聚山东。加快构建沿黄省份便捷出海大通道，打造黄河科创大走廊。进一步推动济南与西安、郑州、兰州等省会城市在更大范围、更深层次、更高水平上协同发展合作，强化济南都市圈与郑州都市圈全面对接合作，率先在平台合作、规划制定、

基础设施互联互通、生态保护等方面实现突破。加快推进山东新旧动能转换综合试验区，打造黄河流域战略新兴产业策源地、数字经济发展高地和高效生态产业示范区。[①]

2. 持续深化推进"打造对外开放新高地"战略，实现更高水平对外开放

《区域全面经济伙伴关系协定》（RCEP）的签署以及《中欧全面投资协定》（CAI）谈判的顺利完成，为山东高水平对外开放提供了新机遇，有力促进了服务贸易和投资双向扩大开放。"十四五"时期，山东应充分发挥产业基础雄厚优势，构建更高能级开放平台，积极扩大出口，引导跨国公司加大对山东"十强"产业投资，不断优化全方位开放布局，提升国际经贸合作水平，推进更高水平开放。全面深化济南、青岛、威海国家服务贸易创新发展试点，大力发展面向RCEP国家、CAI国家的服务贸易，促进计算机软件和信息、金融、保险等服务出口，推进服务外包创新发展，建设中国服务外包示范城市。发挥中国（山东）自由贸易试验区示范引领作用，不断健全完善与日韩地方政府、企业间的合作机制，创新地方经济合作模式，加强与日韩在研发创新、品牌打造、产业链拓展等多方面合作，全力打造中日韩地方经贸合作示范区、中日韩服务贸易和文化产业合作区。以"一带一路"倡议为统领，深度融入"一带一路"建设，加强与沿带沿路国家的合资合作，站在全球化和中国国情双重高度，在更大范围、更广领域、更高层次参与国际贸易和投资活动。

（三）聚焦海洋优势壮大特色海洋产业，实现港口群和城市群深度融合

1. 依托山东港口集团，发展"雁阵式"港口集群

即以青岛港为"雁头"，以烟台港和日照港为两翼，中小港口随翼而飞的雁群运营模式。充分发挥"一带一路"十字交汇点优势，深化陆海联动，做强"齐鲁号"欧亚班列品牌，持续深化与世界知名港口船舶公司的沟通对接，优化集装箱国际航线整体布局，合力建设辐射东北亚港口群的中转

[①] 高妍蕊：《"地处下游，力争上游"：践行"黄河国家战略"的山东实践》，《中国发展观察》2020 年第 Z8 期。

线路。加快推进城市基础设施配套及公共服务信息平台建设，加快由目的地港向枢纽港、物流港向贸易港的转型，发挥港口作为物流、人流、商流、资金流、信息流等综合枢纽的优势，将中心城市和港口腹地的区域经济发展深度融合。

2. 发展海洋新兴产业，加快建设现代海洋产业体系

全面推进海洋经济高质量发展示范区和海洋产业创新发展示范基地建设，以青岛、烟台等国家海洋经济发展示范区建设为重点，提升海洋产业发展能级，打造国家海洋经济高质量发展先行区。实施海洋经济发展三年行动计划，打造国家海洋新兴产业培育基地，加快海洋生物医药、海洋新能源、海洋工程装备及海洋新材料等新兴海洋产业的培育壮大进程。实施"蓝色粮仓""蓝色药库""蓝色能源""蓝色旅游""绿色航运""绿色园区"等一批海洋经济新旧动能转换工程，突出开放合作与创新驱动，引导海洋产业集聚发展。规划建设青岛西海岸、威海南海等离岸深水产业开发基地，拓展海洋产业发展空间，重构现代海洋产业发展格局。进一步提升东亚海洋合作平台、中韩合作产业园的国际影响力，加强与欧洲及日本、韩国等国家在海洋新能源、海洋新材料、海洋生物医药及海洋生态环保等领域的合作，打造半岛海洋对外开放新高地。

（四）立足黄河国家战略布局现代流通体系建设，增强区域竞争力

在黄河国家战略中，山东半岛城市群被赋予"城市群龙头"的发展定位。向黄河流域及北方大市场积极谋划建设打通区域间产品和要素流动"堵点"，畅通国内大循环的现代流通体系有助于山东借助战略叠加机遇增强区域竞争力，摆脱区域发展"孤岛"困境。分别以济南、青岛、临沂为中心，围绕三大经济圈，加快实现圈内交通物流、商贸流通、信用体系建设、金融基础设施等一体化，圈间交通物流连点成网、商贸流通便捷高效、信用体系互查互认、金融基础设施跨区域提供服务等的现代流通格局。以山东半岛城市群为核心，构建黄河流域及北方大市场现代流通体系。加速5G、大数据、云计算、物联网等新型基础设施建设，以数字化、智能化为技术支撑推动黄河流域大交通建设；推动发展线上线下融合的区域流通新兴业态；推动济南联合郑州、西安打

造对内联通南北、对外连接"一带一路"的北方交通物流综合枢纽等，显著提升山东半岛城市群的区域凝聚力、辐射力及引领力。

（五）加快推进以人为核心的新型城镇化，全面开启现代化城市建设新格局

加快推进以人为核心的新型城镇化是区域协调发展的目标和落脚点，要坚持以人民为中心，紧紧围绕人的城镇化这个核心，加强顶层设计，推动农业转移人口全面享有基本公共服务，推动城镇化空间布局和形态持续优化，推动城市治理能力更加现代化，促进山东半岛城市群新型城镇化持续健康发展、城乡融合水平不断提升、人民群众获得感和幸福感持续增强。

1. 持续提升农业转移人口市民化质量

完善相关配套政策，实行以经常居住地登记户口制度，真正全面放开落户限制，完善利用大数据技术建立各城市城区常住人口等的常态化统计机制，为政策制定提供支撑。统筹规划建设城市教育、医疗、养老和社区服务设施，全面推动基本公共服务覆盖全部城镇常住人口，推动常住人口充分享有城镇基本公共服务。完善覆盖城乡的公共就业服务体系，大力开展就业服务专项活动，帮助农业转移人口就近就业，推动农业转移人口全面融入城市文明。

2. 完善城市功能，着力提升城市建设质量和宜居水平

科学编制城市规划，持续深入实施城市更新行动、城市品质提升行动，完善城市功能、塑造城市特色、提升城市形象、构筑高品质城市空间格局。加快建设宜居、智能、韧性城市，全面推进新型智慧城市建设与城市发展战略深度融合，推动政务与社会治理智慧化，推进互联网、大数据、智能化技术在公共交通、城市管理、社会保障、科技教育、医疗卫生、环境保护等领域广泛应用，更高效地提高城市管理和社会治理水平。

参考文献

李干杰：《服务国家战略　奋力走在前列》，《学习时报》2020 年 10 月 19 日。

《区域协调发展，下活强省建设"一盘棋"——山东深入贯彻落实习近平总书记重要指

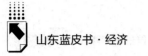

示要求述评⑨》，人民网山东频道，http：//sd. people. com。

王安、李媛媛：《山东半岛城市群发展研究》，《宏观经济管理》2016 年第 9 期。

谢伏瞻：《全面建成小康社会的理论与实践》，《中国社会科学》2020 年第 12 期。

杨百会：《济南、青岛国家中心城市之争尘埃落定?》，《中国经济周刊》2020 年 10 月30 日。

B.10
鲁苏浙三省县域经济发展比较
分析与对策建议[*]

中国人民银行济南分行课题组^{**}

摘　要： 本报告通过对2009～2018年鲁苏浙三省主要经济指标的比较，
　　　　　分析了山东省在经济增长方式、地域文化、政府服务、金融
　　　　　改革和科技创新等方面与先进省份的差距，并提出促进山东
　　　　　省县域经济发展的对策建议：一是以申创国家中心城市为契
　　　　　机，发挥核心城市对县域的带动发展作用；二是以加快新旧
　　　　　动能转换综合试验区建设为契机，推动县域产业结构转型升
　　　　　级；三是以打造乡村振兴齐鲁样板为契机，加快推进县域城
　　　　　乡一体化融合发展；四是以申创国家级金融改革试验区为契
　　　　　机，推动县域金融服务实体经济；五是以推进自贸区改革为
　　　　　契机，推动县域开放发展；六是以深化放管服改革为契机，
　　　　　推动县域治理体系和治理能力现代化；七是以科技创新体制
　　　　　改革为契机，充分发挥人才支撑力；八是以国际经济格局变
　　　　　动和资本避险需求上升为契机，大力吸引国际人才和国际
　　　　　资本。

关键词： 县域经济　改革创新　城乡融合发展

---

* 本报告只代表课题组观点，与所在单位无关，文责自负。

** 课题组成员：郑录军，中国人民银行济南分行处长，研究方向为金融科技与货币政策；王森，
中国人民银行枣庄市中心支行副行长，研究方向为金融改革与普惠金融；张立光，博士，中
国人民银行济南分行副处长，研究方向为货币政策与区域经济；贾泰峰，中国人民银行泰安
市中心支行副科长、会计师，研究方向为金融政策；桑亮光，中国人民银行日照市中心支行
副科长、经济师，研究方向为金融政策。

一 鲁苏浙县域经济发展比较①

2018 年，山东省共有 81 个县（市），县域土地面积 10.83 万平方公里，县域人口 6337 万人；江苏省共有 41 个县（市），县域土地面积 6.52 万平方公里，县域人口 4169 万人；浙江省共有 52 个县（市），县域土地面积 7.82 万平方公里，县域人口 3010 万人。② 无论是县（市）数量、县域土地面积，还是县域人口，山东都远超苏浙，但是山东不仅在人均经济指标上长期落后于苏浙，近年来在某些总量指标上也开始被两省赶超。主要表现在以下几方面。

（一）省际经济发展规模差距拉大

GDP 是衡量一个地区经济发展水平的综合性指标，从县域经济发展的总体规模来看，山东县域 GDP 基本保持较高水平。但江苏县域经济持续保持较快发展速度，2015 年江苏县域经济规模反超山东，2018 年山东与江苏的县域 GDP 差距增加到 3732 亿元。从人均 GDP 看，山东与江苏、浙江存在较大差距，且差距越拉越大，截至 2018 年，山东县域人均 GDP 与苏浙的差距分别为 38939 元、23929 元（见表 1）。

表 1 2009～2018 年鲁苏浙三省县域 GDP 比较

单位：亿元，元

年份	GDP				人均 GDP			
	山东	江苏	浙江	鲁苏差距	山东	江苏	浙江	鲁苏差距
2009	16924	15511	10101	1413	27913	38521	34839	-10608
2010	19026	18553	11978	473	31098	45774	41041	-14676
2011	—	22147	14015	—	—	54336	47700	—
2012	—	24817	15205	—	—	60633	51638	—
2013	27475	27303	16592	172	45004	66204	56016	-21200

---

① 为保证数据口径可比，本报告以 2018 年县级行政区划为基准，对三省 2009～2018 年县改区影响数据进行了追溯调整并作对比分析。

② 三个省份的县（市）个数来自国家统计局网站；山东的县域土地面积数据来自山东省统计局网站，江苏、浙江的县域土地面积数据来自 EPS 数据平台；三个省份的县域人口数据来自 EPS 数据平台。

年份	GDP				人均GDP			
	山东	江苏	浙江	鲁苏差距	山东	江苏	浙江	鲁苏差距
2014	29645	29378	17859	267	47985	70687	60029	-22702
2015	30450	31116	18816	-666	48908	74619	63203	-25711
2016	32373	33600	20635	-1227	51541	80306	69082	-28765
2017	34730	37611	22557	-2881	55004	90237	75089	-35233
2018	36557	40289	24568	-3732	57692	96631	81621	-38939

注：山东2011年、2012年GDP数据缺失。

资料来源：EPS数据平台；2010~2018年《中国县域统计年鉴》；山东2018年县域数据来自《山东统计年鉴（2019）》。

从县域GDP占全省的比重来看，山东从2009年的49.93%下降到2018年的47.81%，但一直是三省中占比最高的，说明山东省对县域经济的依赖性更强。从趋势上看，三省县域GDP占全省的比重变化不大且总体均略有下降，其中山东降幅略大。

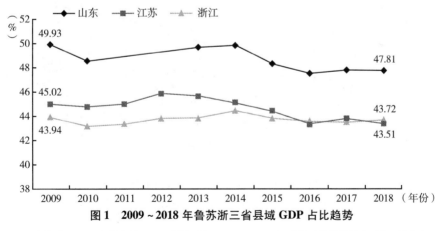

图1　2009~2018年鲁苏浙三省县域GDP占比趋势

资料来源：国家统计局；EPS数据平台；2010~2018年《中国县域统计年鉴》，其中山东2018年县域数据来自《山东统计年鉴（2019）》。

山东省"强县不强"现象突出。2019年中国社会科学院发布的中国百强县名单显示，江苏、浙江、山东三省分别占23席、21席和18席。但在百强县前10名中，江苏占6席，并包揽前4位（昆山、江阴、张家港、常熟）。山东百强县排名最高的为龙口市（第10名），前30名中仅有3席，大部分排在50名之后。

（二）经济运行效益差距明显

从财政收入来看，2018年山东县域公共财政收入为2275亿元，与江苏存在较大差距，达582亿元（见图2）。历年人均公共财政收入显示，山东县域人均发展水平始终处于劣势，与江苏、浙江的差距不断拉大。2018年，江苏、浙江人均公共财政收入分别为6855元、7280元，分别是山东的1.91倍、2.03倍。

财政支出方面，2018年江苏县域公共财政支出为4125亿元，高出山东370亿元。历年人均公共财政支出显示，山东与江苏、浙江一直存在较大差距。2018年浙江、江苏人均公共财政支出分别为11572元、9894元，分别是山东的1.95倍、1.67倍。

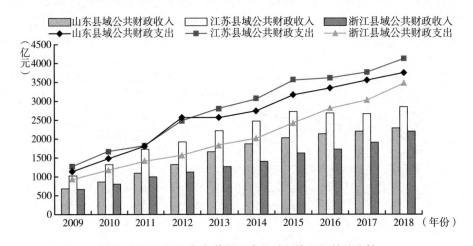

图2　2009~2018年鲁苏浙三省县域经济运行效益比较

资料来源：EPS数据平台；2010~2018年《中国县域统计年鉴》。

从相对指标来看，2018年鲁苏浙三省县域万元GDP创造的公共财政收入分别为623元、709元、892元，山东与苏浙存在一定差距，2017年山东县域万元GDP创造的税收为529元，仅为江苏的51.50%、浙江的73.17%。

（三）产业结构类似，但层次差异明显

从产业结构看，2009 年和 2017 年三省县域都是二、三、一产业结构，但所达到的层次又各不相同。江苏、浙江第一产业比重一直低于 10%，而 2017 年山东第一产业比重首次降至 9.99%。苏浙的产业结构明显更优，主要表现在第三产业比重更高、第一产业比重更低（见图 3）。

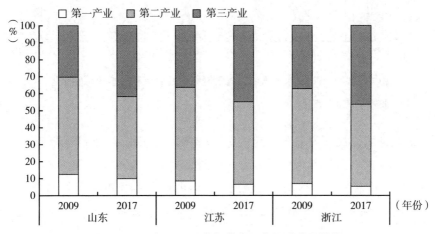

图 3　2009 年、2017 年鲁苏浙三省县域产业结构

资料来源：EPS 数据平台；2010 ~ 2018 年《中国县域统计年鉴》。

通过计算 2017 年山东县域二三产业从业人员占全部人口的比例，得到第二产业从业人员的比例为 19.11%，远低于江苏的 25.06%、浙江的 31.30%，第三产业从业人员的比例为 17.55%，也明显低于江苏的 19.70%、浙江的 21.50%，进一步说明了山东产业结构调整落后于苏浙。

（四）消费、出口、投资三大需求对 GDP 增长的拉动能力落后

山东县域人均消费水平落后于苏浙，对 GDP 的刺激能力不足。2009 ~ 2018 年，山东县域社会消费品零售总额由 5423 亿元增加到 14504 亿元，历年均高于苏浙。但在人均消费水平上，山东则一直落后，2018 年山东县域人均社会消费品零售总额仅为 22889 元，分别为江苏和浙江的 80% 和 64%（见图 4）。

165

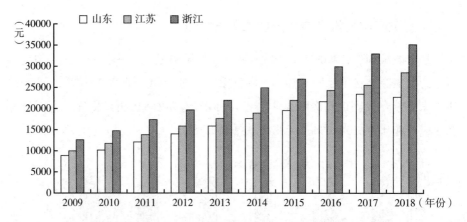

图4 2009～2018年鲁苏浙三省县域人均社会消费品零售总额比较

资料来源：EPS数据平台。

山东县域开放程度较低，对GDP拉动作用有限。从出口规模看，2018年山东县域出口总额为550亿美元（见图5），占全省出口总额的34.34%。①从出口依存度看，2018年山东县域出口总额占GDP的比重仅为9.96%，远低于江苏的24.95%、浙江的39.63%。2018年，浙江义乌市、江苏昆山市出口

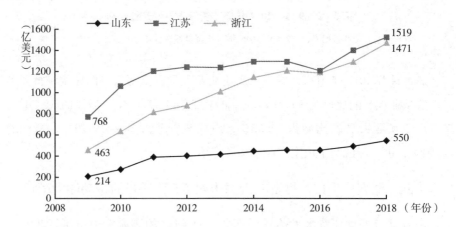

图5 2008～2018年鲁苏浙三省县域出口总额比较

资料来源：EPS数据平台。

① 《山东统计年鉴2019》。

依存度分别高达202%和96%，① 但山东县域中出口总额最多的胶州市，其出口依存度仅为27.82%。从人均出口额看，苏浙县域人均出口量基本为山东的4~5倍。

作为增强经济动力的重要因素，山东总体投资规模较大，但是县均固定资产投资、人均固定资产投资规模与苏浙差距明显。历年来，山东县均固定资产投资均与江苏存在差距，且差距总体逐渐拉大，2016年鲁苏差距达到155亿元。② 同时，山东县域人均固定资产投资一直落后于江苏，2012年又被浙江超越，位列第三（见表2）。

表2　2009~2016年鲁苏浙三省县域固定资产投资比较

单位：亿元，元

年份	县均固定资产投资				人均固定资产投资			
	山东	江苏	浙江	鲁苏差距	山东	江苏	浙江	鲁苏差距
2009	79	109	48	30	10569	11088	8675	519
2010	97	140	66	44	12809	14194	11801	1385
2011	119	203	77	84	15716	20380	13605	4664
2012	161	288	147	127	21362	28784	25856	7422
2013	208	329	176	121	27643	32726	30842	5083
2014	246	377	207	132	32208	37223	36118	5015
2015	281	426	236	145	36536	41913	41139	5377
2016	316	471	263	155	40777	46164	45854	5387

注：2009年、2010年为城镇固定资产投资完成额，2011年之后为固定资产投资（不含农户）。
资料来源：2010~2017年《中国县域统计年鉴》。

---

① 中国信息通信研究院：《中国工业百强县（市）、百强区发展报告（2019年）》。
② 2017年后《中国县域统计年鉴》不再披露固定资产投资数据，2017年后该项数据缺失。

（五）县域金融资源运用效率低，直接融资规模差距明显

在金融机构资金运用方面，山东县域资金运用效率偏低，金融便利性发展不足。2018年江苏、浙江的贷款总量分别为山东的1.57倍、1.51倍，人均贷款分别为山东的2.38倍、3.17倍。历年来，无论是贷款总量还是人均贷款，山东均落后于苏浙，说明山东县域地区信贷支持不足，不利于县域实体经济发展。

从县域金融机构存贷比来看，浙江一直处于领先水平，浙江在2015年达到最高水平90.91%，山东在2014年达到最高水平72.67%，2014年后江苏存贷比反超山东（见图6）。这表明山东县域放款能力偏弱，信贷资金对县域经济的发展支持不足。

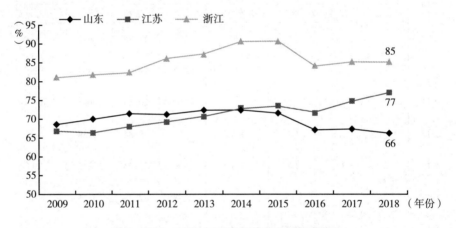

图6　2009~2018年三省县域金融机构存贷比

资料来源：EPS数据平台。

而在直接融资方面，山东与苏浙相比差距更大，上市公司和募集资金较少。截至2019年末，浙江、江苏县域A股上市公司家数分别是161家、123家，远超山东的56家；2009~2019年山东在A股市场首发募集资金304亿元，不足江苏和浙江的一半，增发募集资金403亿元，更是仅相当于浙江的14.88%和江苏的25.11%；2019年，山东县域发债余额为2935亿元，相当于江苏的49.79%、浙江的73.97%（见表3）。

表3　鲁苏浙三省县域资本市场比较

单位：家，亿元

项目		山东	江苏	浙江
股票市场	家数	56	123	161
	首发募集资金	379	709	856
	家数（2009～2019年）	41	92	113
	首发募集资金（2009～2019年）	304	617	716
	增发募集资金（2009～2019年）	403	1605	2708
债券市场	发债余额	2935	5895	3968

资料来源：Wind 资讯。

二　造成鲁苏浙县域经济发展差异的因素分析

（一）区位条件与地域文化背景的差异

从区位条件看，江苏与浙江均位于长三角地区，是全国发展基础最好、体制环境最优、开放程度最高的区域之一，尤其是其毗邻上海的独特区位条件更是得天独厚。从中国南北发展的梯次结构来看，山东处于南北发展的边界地带，处于承南接北的区域。山东南边是中国市场发育最活跃、经济最发达的地区，北边除了北京，其他省份多数是欠发达地区，而西边面临中原经济区的强势崛起，东边则是隔海相望的日韩，近年来受地缘政治变化影响，山东省区位优势正在弱化。

从地域文化看，江苏苏南是吴文化的发源地与核心区域，具有商品经济意识是吴文化的精髓所在。浙商文化讲求事功，反对离开"功利"而言"道义"，"义利兼顾"是浙商文化的基因传承。山东是儒家文化的发祥地，鲁商秉承"以义为先，以义致利"的儒家义利观，思想观念相对保守，与苏浙敢为天下先的思想观念形成鲜明对比。

（二）政府职能转变与政府服务理念的差异

优质的政府服务是促进区域经济快速发展的基本条件，苏浙的实践足以证明这一点。如浙江以政府自身改革为突破口，2016年12月在全国率先全面推进"四张清单一张网""最多跑一次"改革,成为审批事项最少、管理效率最高、服务质量最优的省份之一。截至 2018 年底,浙江政务服务网已打通省级85 个、市县 275 个部门自建的业务系统,注册用户数超过 2800 万。全省统一的证照库、人口库、法人库、信用库等已建立,省市两级统一管控的数据共享体系基本建成。2018 年,浙江省公共数据平台共享数据调用量累计达 1.8 亿次,是 2017 年总量的 14 倍。浙江还通过"浙里办""浙政钉"打造"掌上办事之省""掌上办公之省"。截至 2018 年底,"浙里办"App 已汇聚便民服务应用 400 余个,日均访问量超 1450 万次;"浙政钉"拥有 121 万激活用户、70万日活跃用户、26 万个组织、25 万个工作群,汇聚了 720 多个移动应用。

反观山东在推进"一次办好"改革过程中,却依然存在一些放权不精准、放权不同步等问题,导致群众获得感不强。比如,山东省市场主体中使用网上办事大厅及网上信用信息系统的比重并不高,其"互联网 + 政务服务"建设水平仍有较大进步空间。

(三)区域发展战略与经济增长方式的差异

目前,山东县域经济已发展为省会城市群经济圈、黄河三角洲高效生态经济区、半岛蓝色经济区、鲁南经济圈,但全面开花的背后发展情况并不乐观。从山东县域经济整体情况看,产业结构雷同、特色不明显、同质化竞争造成资源浪费和效益低下。

江苏以苏南为重、浙江以浙北为主的区域发展现象,虽然过去造成了较大的省内区域间发展差距,但近年来通过加大省内区域间协调发展,实施产业转移、园区共建等战略,省内区域间发展差距正逐步缩小。浙江积极推进山海协作工程,自 2012 年起推动建设了一批山海协作产业园、"飞地"园区、生态旅游文化产业园等共建平台。2018 年,全省共有各类山海协作共建平台 46个,已成为浙西南山区对外开放的窗口、项目孵化的摇篮和成果转化的桥梁。江苏多年来持续实施南北挂钩合作、产业转移、园区共建等重大战略,2018年苏北主要经济指标增速已连续 10 年跑赢全省平均水平。

(四)区域金融改革与融资便利性的差异

区域金融改革是近年来金融改革的一个重要维度,2018 年,22 个省份拥有 35 个国家级金融改革试验区。鲁苏浙虽然都是经济大省，但所拥有的金融改革试验区数量悬殊。浙江省 11 市中有 8 市已获准全国金融改革试验区项目①，其中宁波承担 2 个国家级金融改革试验区项目，不仅数量全国最多，而且主题丰富、特色鲜明，地方政府支持力度较大。另外，丽水正申请把农村金融改革试验区升格为国家级金融服务乡村振兴改革试验区，绍兴正在争创国家级文化金融改革试验区，嘉兴在争创国家级科技金融改革创新试验区。2018 年山东只有青岛财富管理和新型农村合作金融两个全国试验区。与浙江相比，山东全国金融改革试验区数量较少，主题单一，影响力弱。

苏浙的实践证明，金融资源的多寡将会影响区域经济发展的质量。A 股银行和非银金融机构，江苏有 14 家，浙江有 9 家，山东仅有 4 家。正是在金融强有力的支持下，苏浙民营企业得以发展壮大。在 2018 年中国民营企业 500 强榜单中，浙江省上榜企业 93 家，连续 19 年居全国第一；江苏省上榜企业 86 家，位列全国第二；山东省上榜企业 73 家，位列全国第三。浙江民营经济创造了全省 56% 的税收、65% 的 GDP、77% 的外贸出口、80% 的就业岗位，诞生了阿里巴巴、华三通信、海康威视、聚光科技等世界知名的龙头企业及独角兽企业。

（五）中心城市与园区经济发展的差异

长期以来，山东城市发展面临"群山无峰"的现实问题，在县域经济中，这一态势同样存在。主要原因是山东中心城市规模偏小，与周边县（市）的基础设施建设难以进行有效协调与资源共享。园区经济发展与城镇化推进结合度不够，带动效果不显著的问题较为突出。作为 GDP 排名全国第三的沿海经济开放大省，山东城镇化率与苏浙相比差距明显。2018 年山东的城镇化率为 61.18%，尚不及苏浙 2011 年的水平（见表4）。

---

① 浙江省已获准的国家级金融改革试验区项目如下：温州金融综合改革试验区，台州小微企业金融服务改革创新试验区，湖州、衢州绿色金融改革创新试验区，中国（浙江）自由贸易试验区舟山片区，金华义乌国际贸易综合改革试验区，宁波国家保险创新综合改革试验区和普惠金融综合改革试验区。丽水农村金融改革试验区由中国人民银行总行和浙江省政府批复。

表4 2005~2018年鲁苏浙三省全省城镇化率比较

单位：%，百分点

年份	山东	江苏	浙江	鲁苏差距	鲁浙差距
2005	45.00	50.50	56.02	-5.50	-11.02
2006	46.10	51.89	56.51	-5.79	-10.41
2007	46.75	53.20	57.21	-6.45	-10.46
2008	47.61	54.30	57.60	-6.69	-9.99
2009	48.32	55.61	57.90	-7.29	-9.58
2010	49.70	60.58	61.61	-10.88	-11.91
2011	50.95	61.89	62.29	-10.94	-11.34
2012	52.43	63.01	63.19	-10.58	-10.76
2013	53.76	64.11	64.01	-10.35	-10.25
2014	55.01	65.21	64.87	-10.20	-9.86
2015	57.01	66.52	65.81	-9.51	-8.80
2016	59.02	67.72	66.99	-8.70	-7.97
2017	60.58	68.76	68.00	-8.18	-7.42
2018	61.18	69.61	68.90	-8.43	-7.72

资料来源：国家统计局。

以江苏为例，全省开发区创造了江苏1/2以上的GDP、80%以上的进出口总额。产业园区在协同创新、集群集约、智能融合、推进城镇化等方面发挥着"领航"作用。

（六）人才资源与科技创新的差异

从综合科技创新水平指数看，2019年，山东省为65.73，列全国第10位，低于全国平均水平4.98%；而江苏、浙江分别为77.93、74.58，均高于全国平均水平。

此外，从科技活动投入看，2018年，山东R&D经费投入为1643.3亿元，属全国R&D经费投入超过千亿元的6个省（市）之一，但投入量仅相当于江苏的66%。从投入强度（R&D经费投入与GDP之比）来看，江苏、浙江分别为2.70%、2.57%，均高于全国平均水平（2.55%），而山东仅为2.15%，低于全国平均水平0.4个百分点。

从科技活动产出水平看，2018年，山东省专利申请授权量为132382件（见表5），分别仅为江苏和浙江的43%和47%，说明山东不仅科技投入少，科技成果转化率也低。

表5　2018年鲁苏浙三省专利申请授权量

单位：件

地区	总累计(1985年12月~2018年12月)			2018年		
	发明	实用新型	外观设计	发明	实用新型	外观设计
山东	124204	672352	151728	20338	94249	17795
江苏	248985	1048643	1034697	42019	200333	64644
浙江	178188	1047808	863750	32550	172451	79620

资料来源：《中国科技统计年鉴2019》。

从高新技术企业数量来看，截至2017年末，江苏、浙江、山东高新技术企业数量分别为1.3万家、1.1万家、0.63万家。从科技成果转化为生产力的表现看，2018年山东实现新产品销售收入2393.26亿元，仅为江苏的27%、浙江的59%（见表6）。

表6　2018年鲁苏浙三省高技术产业相关情况

地区	研发机构数（个）	营业收入（亿元）	新产品开发项目数(项)	新产品开发经费支出（亿元）	新产品销售收入(亿元)	#出口（亿元）
山东	591	6989	7848	218.25	2393.26	399.96
江苏	3631	26160	17654	653.95	8808.50	3317.43
浙江	1495	7493	13926	298.44	4022.69	841.53

资料来源：《中国科技统计年鉴2019》。

近些年来，苏浙两省把人才作为创新发展的最大刚需、最强引擎，无论是高层次人才数量，还是高技能人才数量都处于全国前列。以江苏为例，"双一流"大学数量仅次于北京，常住人口中大学生数量、两院院士数量、科研产出能力均位居全国前列。近年来，江苏先后制定出台"人才26条""人才10条""科技改革30条"等各类政策，建立了覆盖初创、成长、发展等不同阶段的人才政策支持体系。江苏省还抓住各类创新主体最关心、最直接、最现实的体制机制问题，先后采取了一系列政策措施，包括：下放经费预算调剂权；给予科研人员横向经费自主管理权；将科研成果转化奖励标准提高至70%；建立免责和补偿50%的失败宽容机制。这些举措属于全国首创。在这些政策的激励推动下，2017年江苏省技术产权交易市场开始运行，当年全省技术合同成交额首次突破 1100 亿元；2018 年江苏常熟、海安科技创新体制综合改革试点经验开始全面推广，江苏的科技成果转化和创新体制改革取得显著成效。作为传统工业大县（市）的昆山、江阴、张家港、常熟、太仓、宜兴等地新兴产业正在发展为主导产业，占规模以上工业总产值的一半左右，新旧动能转换成效显著。

三　苏浙发展县域经济的经验与启示

（一）立足资源禀赋和突出比较优势，是县域经济发展的基本前提

实践经验证明，加强对自身资源的深入挖掘和开发，建设自己的特色经济是县域经济发展成功的经验之一，如江苏的江阴、常熟和浙江的绍兴、慈溪等市都是依托发展特色产业集群实现县域经济起飞的成功案例。如连续 15 年雄踞全国百强县之首的昆山以不足全国万分之一的土地面积创造了全国超千分之四的 GDP，全市共拥有 1 个千亿级 IT（通信设备、计算机及其他电子设备）产业集群和 12 个百亿级产业集群，已形成光电、半导体、小核酸及生物医药、智能制造四大支柱产业。而浙江省诸暨袜业、嵊州领带、永嘉桥头镇纽扣、海宁皮革、永康五金、柳市低压电器等是全国品牌，形成了浙江独有的县域产业集群和特色块状经济。

（二）推动思想解放和制度创新，是县域经济发展壮大的动力源泉

解放思想是县域经济振兴发展的"助推器"，制度创新是县域经济振兴发展的"催化剂"。从苏浙等发达地区的县域发展实践看，只有在法治框架下大力实施简政放权，切实推动政府职能转变，才能激发城乡社会和市场主体的创造活力并发现经济要素的市场价值。

江苏部分县域瞄准农村土地要素市场中的问题症结，确立了完善产权制度和要素市场化配置的目标和方向，通过不断扩大"省直管县"试点，系统推进农村土地征收、集体经营性建设用地流转和宅基地制度改革试点，大大激活了市场主体和要素活力，不但逐步破除了体制障碍对县域经济发展的束缚，而

且实现了县级政府的赋权扩能。

浙江通过在财政上实行"省管县"体制实现了对县级财政的权限下放，从而推动形成了具有浙江特色的财政转移支付制度，为县域经济发展壮大提供了良好的财政保障。一方面，除人事权外，省、市两级政府经济管理权限都下放给县，内容涵盖 12 大类 313 项；另一方面，除宁波外，各县财政直接由省管理，预算内的财政与省财政结算。权限下放不但增强了省级财力，而且壮大了县级财政，使县域财政收入占全省财政收入的比例大大增加。

（三）推进城乡和区域一体化，是县域经济崛起的重要途径

打破城乡二元结构，推动城乡一体化发展，浙江已成为样板，在全国率先进入工业反哺农业、城市带动农村阶段。其做法如下。一是深入推进新型城市化建设，大力提升杭州、宁波、温州和金华—义乌四大都市区能级，县域经济正加快向城市经济、都市区经济转型。二是大力实施乡村振兴战略，深化中心镇培育工程和小城市培育试点工作，加快构建省域、市域、城区三个"1 小时交通圈"。三是全省域建设大花园，大力推进美丽城镇建设。2018 年 9 月，浙江"千村示范、万村整治"工程获联合国"地球卫士奖"。

（四）激活要素活力和促进市场化水平提升，是县域经济发展的基本支撑

在市场力量主导下的要素高效配置，要求县域加快推进城乡生产要素自由流动、平等交换和公共资源合理配置。以浙江平湖为例，2014 年 3 月，平湖开展产业结构调整机制创新试点，充分发挥要素市场化配置的竞争效果和倒逼机制，促进企业优胜劣汰和市场化水平提升。仅 2014 年，平湖在对 1280 家企业开展绩效评价的基础上，挖潜盘活工业建设用地 1928.95 亩，淘汰落后产能，关停 12 家企业。

又如浙江嘉善，实施"退低进高"三年行动计划，将企业分为鼓励发展（A 类）、自我提升（B 类）、倒逼提升（C 类）三类，并在立项、用地、用水、用电、银行信贷、土地使用税等要素配置上实施差别化政策，倒逼企业转产、转业、转移，或引导企业增资、增产、增税但不增地，力争腾退 4000 亩低效用地。

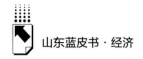
（五）构建全方位对外开放格局，是县域经济发展的关键保障

苏浙县域经济快速崛起的实践证明，开放是实现县域经济高质量发展的活力之源。只要开放的环境更优、开放的机制更活、开放的力度更大，就能突破地域的限制，按照市场规律在全省、全国乃至全球进行资源配置。

江苏昆山就是一座因"招商引资"而兴起的城市，该市聚集全国5.3‰的外资，创造全国近2%的进出口交易量，制造类企业达3万多家。2018年昆山GDP甚至超越山东省10名以后的几个地市。这主要得益于昆山市政府发展开放型经济。昆山市把招商引资的重点放在世界500强、国内知名和高新技术项目上，充分发挥它们的龙头带动作用，实现了从单一农业经济向以工业经济为主的成功跨越。

浙江义乌一直坚持"兴商建市"、贸工联动的发展战略。2018年，市场外向度已超过65%，形成了三大进口商品营销平台，海上丝绸之路已成为义乌小商品出口欧盟、东盟、中东的黄金水道。2018年，义乌成为全国22个跨境电商综合试验区中唯一的县级市。

（六）提升政策机遇把握能力，加快区域金融改革创新，是县域经济发展的核心内容

区域性金融改革主要是充分利用好现有的法律、政策和条件，对政策内容、要素、工具等进行重新组合、动态完善、优化提升，从而使现有的金融资源更好、更有效地组织流动起来，产生"1＋1＞2"的集成效应。

一是搭建平台，探索"集成创新"。自2006年起，浙江丽水就开始探索林权抵押贷款试点，通过不断的实践摸索和逐步完善，建立了完善的业务制度、管理办法和农村金融综合配套服务平台，进而形成了"机制最健全、运作最规范、产品最丰富、受惠最广泛"的林权抵押贷款"丽水模式"。二是注重目标和特色定位。改革过程中，目标太多会分解精力和资源，导致重点不突出，而浙江的经验就是关注少量目标和目标专一，如台州、义乌分别针对小微金融和贸易金融开展改革探索，温州金融综合改革试验区的改革目标也主要集中在民间金融阳光化和规范化方面。三是自下而上发动，注重激活地方政府的主观能动性。台州建立小微企业信用保证基金，由政府出资和金

融机构、其他组织捐资组成，2018 年已到位基金 9.553 亿元，贷款在保余额 95.05 亿元，惠及全市近万家小微企业；同时，搭建了金融信用信息共享平台，整合了法院、市场监管、经贸、环保、社保、税务等 15 个部门 81 大类信用信息，实行自动采集、实时更新。四是鼓励创新，允许试错、宽容失败。有些改革政策目标和措施看起来非常好，但实施效果与初衷的落差可能很大，这种"证伪"也应视作区域金融改革试点的成效。允许试错是区域金融改革持续深入推进的保证。

从浙江的实践看，区域金融改革不但为全局性改革提供了有益的借鉴，而且促进了多元化金融组织体系和多层次金融市场体系不断完善，金融服务实体经济能力显著提升。以衢州为例，衢州作为全国"绿水青山就是金山银山"实践创新基地，2017 年 6 月被确定为国家级绿色金融改革创新试验区之一。在两年多的时间里，该市凭借国家优惠政策扶持，加快推进绿色产业金融化、绿色金融体系化，努力打造区域绿色金融中心。2018 年，该市绿色专营机构覆盖率已达 80%，全市 325 个项目列入《浙江省绿色项目汇总表》，项目投资总额达 2759.5 亿元。

四　促进山东省县域经济发展的建议

推动县域经济高质量发展，不仅是实现城乡区域协调发展的必然要求，也是山东省深度参与"一带一路"建设，融入京津冀协同发展，补齐发展短板，加快建设现代化强省的现实需要。借鉴苏浙经验，紧紧围绕全省"八大发展战略"和"九大改革攻坚行动"等核心发展战略，深入落实省委、省政府《关于加快县域经济健康发展转型发展的若干意见》，加快推进县域治理体系改革、新旧动能转换、乡村振兴和金融科技等方面的创新突破，着力破解制约县域经济发展的体制机制性障碍，充分激活县域经济的内生动力。

（一）以申创国家中心城市为契机，发挥核心城市对县域的带动发展作用

国家中心城市是居于国家战略要津、肩负国家使命、引领区域发展、参与国际竞争、代表国家形象的现代化大都市。苏浙县域经济的蓬勃发展得益于长三角国

家中心城市的辐射带动作用。因此，山东省要积极申创国家中心城市，做大做强核心市，形成有机联系的城市带，争取将主要城市带建设纳入国家发展战略，从而辐射带动县域经济发展。一是县域要充分利用自身空间节点优势，主动承接大中城市的人才、技术、资本、信息和管理等资源要素，积极融入城市群和都市圈，实现产业和发展协同格局，享受城市群的溢出红利。二是县域要充分把握国家推动重点城市群、都市圈和区域一体化发展的战略机遇，明确自身禀赋条件、战略定位和角色分工，不断优化产业布局，稳步扩大发展空间，及时规划并积极建设卫星城镇和次级增长中心。三是要提升县域城镇的承载和服务能力，构建合理的乡镇、村体系和村落空间布局，完善基础设施并发展县域服务业，发挥县城和中心镇在市与乡之间产业、要素、资源配置等方面的衔接功能。

（二）以加快新旧动能转换综合试验区建设为契机，推动县域产业结构转型升级

2018年1月，国务院正式批复《山东新旧动能转换综合试验区建设总体方案》，试验区位于山东全境，以济南、青岛、烟台三大城市为核心，形成"三核引领、多点突破、融合互动"的新旧动能转换总体布局。依托试验区建设，一是大力推动县域经济转型升级。以供给侧结构性改革为主线，以新技术、新产业、新业态、新模式为核心，以知识、技术、信息、数据等新生产要素为支撑，构建市场化调节产能的长效机制，拓展新旧动能转换空间。二是开展县域特色产业集群转型升级行动。立足资源禀赋和突出比较优势，发展一批特色优势突出、集聚效应明显、辐射带动力强、财政贡献率高的主导产业。按照产业集群发展的规律进行整体规划和科学管理，规范企业竞争与合作秩序，加强政策激励，促进县域特色产业集群成型。三是实施县域经济创新驱动战略，重点围绕工业化和信息化深度融合需要，鼓励发展柔性制造、个性化定制、智慧物流等智能制造新模式，支持县域技术创新、业态创新、商业模式创新等多元创新发展。

（三）以打造乡村振兴齐鲁样板为契机，加快推进县域城乡一体化融合发展

乡村振兴战略是习近平新时代中国特色社会主义思想的重要组成部分。习近平总书记对山东提出打造乡村振兴齐鲁样板的殷切希望，为山东省实施乡村

振兴战略指明了主攻方向和实践路径。一是建立健全乡村振兴战略、城乡融合发展体制机制和政策体系，促进农村产业要素融合、服务融合、设施融合、经济融合。扎实开展城乡融合发展试验区创建工作，推动政策和改革举措率先在试验区落地。鼓励有条件的县（市）创建国家级和省级农村产业融合发展示范园。二是发挥现代科技作用，缩小城乡差距。充分利用信息技术，推动物联网、移动互联网的发展和应用，挖掘县域信息消费、文化消费、生活消费服务业潜力。三是结合城镇化制度建设，积极稳妥推进户籍制度改革、社会保障制度改革和农村产权制度改革，完善农村土地流转和征地补偿制度，形成城乡人口公共服务共享机制，推动城乡一体化融合发展。四是结合海洋强省建设战略，发挥山东海洋资源禀赋优势，大力发展海洋经济，建设"海上山东"，完善现代海洋产业体系，打造"海洋牧场"。

（四）以申创国家级金融改革创新试验区为契机，推动县域金融服务实体经济

金融活，经济活；金融稳，经济稳。李克强总理指出，要以局部地区试点为全面深化改革积累经验，以区域金融改革创新试点，为金融改革"探路"。[①]一是积极推进国家级金融改革创新试验区创建工作，切实发挥试验区政策聚集效应、示范效应。临沂市普惠金融服务乡村振兴改革试验区已获得批复，要加强统筹协调，认真研究制定相关配套实施细则，确保改革政策措施落地。加强调研论证，积极创造条件，推动济南市科创金融改革试验区、枣庄市普惠金融改革试验区、威海市绿色金融改革创新试验区工作，争取能够获得国家批复。二是持续推动金融服务下沉。禁止银行业分支机构从乡镇迁至市区或县城，改善金融服务结构，提升金融服务效率，扩大普惠金融的覆盖面。优化金融供给结构，推进数字化金融服务平台建设。建立完善政府性融资担保体系、社会信用体系、小微金融组织体系、直接融资促进体系等政策体系。三是优化金融产品和服务。打好缓解融资难、融资贵"组合拳"，推动首贷培植、无还本续贷、应急转贷基金、应收账款融资服务、纾困基金、银税互动协同发力。发挥

---

① 《李克强：各区域金融改革试点明年要向国务院提交报告》，新华网，2015 年 12 月 2 日，http://www.xinhuanet.com/politics/2015－12/02/c_128492331.htm。

山东国有企业的主力军作用，以共享信用思路来重构供应链金融，由"以资金为核心"变为"以共享信用为核心"，实现信用在国有企业和民营企业间的自由流动。四是建好用好"金安工程"。统筹利用金融风险防控监测大数据平台，一体化推进金融信用体系建设，加强重点领域风险研判，推动担保圈破圈断链，严厉打击非法集资、恶意逃废金融债务等行为，分类推进融资平台市场化转型，守住守牢金融风险防控底线。

（五）以推进自贸区改革为契机，推动县域开放发展

2019年8月，国务院正式批复中国（山东）自由贸易试验区，涵盖济南、青岛、烟台三个片区。要对标国际先进规则，形成更多有国际竞争力的制度创新成果，努力建成高标准高质量自由贸易园区。一是扩大县域经济开放程度，发挥山东在中日韩经济合作中的区位优势，深入推进对外贸易和投资制度创新，激发市场创新活力和经济发展动力。二是加强区域合作，立足自身禀赋，主动突破行政地域边界，以市场为主导，加强国内外、省内外和县域间合作，在更大范围内进行资源配置。三是培育贸易新业态新模式，在国际贸易摩擦加剧、贸易壁垒增强的新形势下，突破低端外向型产业模式局限，完善产业链条，增强核心竞争力，提升在国际产业分工中的地位。

（六）以深化放管服改革为契机，推动县域治理体系和治理能力现代化

深入贯彻国务院深化放管服改革要求，进一步深化山东省"一次办好"改革，在更大范围、更深层次，以更有力的举措推进政府职能转变，优化营商环境。一是改革县域治理体系，激发改革内生动力。从宏观管理体制上对县域发展"松绑"，加快推进"扩权强县"改革步伐，通过扁平化放权式改革，使县级政府具有更大的自主权，在财政体制、经济管理、社会管理等方面赋予县域更多权限。二是深化制度创新，加快流程再造，打造数字山东。学习浙江等地的先进经验，加强统筹谋划设计，大力推广电子政务，应用云政务、大数据等科技新手段，全面减权放权授权，大力压减行政权力事项，推广"一次办好""一网通办""容新容缺容错"等

行政管理新理念。三是创新省直管县、市辖县新模式，让县域经济更多地依赖中心城市经济发展，促进特色美丽小镇合理布局，实现人口集中居住、产业集聚发展。

（七）以科技创新体制改革为契机，充分发挥人才支撑力

深入贯彻《中共山东省委　山东省人民政府关于深化科技体制改革加快创新发展的实施意见》和《山东省人才发展促进条例》，进一步增强科技创新在供给侧结构性改革中的基础、关键和引导作用，健全知识创新、技术创新和管理体系创新，激发全社会创新潜能。一是在县级配备专职科技副职，让科技人才有话语权。在科技创新收益上向核心科技人员倾斜，加强对顶尖科技人才的保护，建立和完善容错机制。二是建立科技创新风险救济机制，保证人才有退路、有保障。这不仅是为了适应山东人保守求稳的性格，也是当前科技创新风险性的内在需求。在风险救济机制方面提供较好的优惠政策，不仅能释放本省人才的科技创新潜力，也能更好地吸引外部人才。三是增加高校数量，扩大高校规模，多层次培养人才。高校本身也对经济有较强的带动作用，应当利用山东生源好的优势，积极引进省外高校建立分校，升级省内院校层次，扩大高校规模，从而更好地吸引和留住人才。四是发挥中端人才多的优势，大力发展适合中端人才聚集的产业。山东基础教育力量雄厚，各类大中专院校众多，现代制造业、新型服务业等需要的中端人才多，这类人才外流意向小，但本省吸纳能力不足。县域产业可以利用好大量中端人才，做大新兴产业规模。

（八）以国际经济格局变动和资本避险需求上升为契机，大力吸引国际人才和国际资本

近年来，国际贸易摩擦日趋激烈，加之全球新冠肺炎疫情等因素的影响，国际高端人才特别是华人华裔人才有回流国内的趋势。同时因中国疫情控制较好，经济复苏较快，国际资本向中国分散避险的需求明显上升。山东省应在此方面加强调研，积极引智引资。要深入了解国际人才的真实需求，提供良好的人才引进环境，制定国际人才引进激励和反馈机制，及时发现不足和改进。对于国际资本的引进，不能只盯着产业资本，要发挥山东工业基础好、人口众

多、经济运行长期比较稳定的优势，为外资提供规模大、收益稳定的投资工具。如让外资投资产业投资基金、城建投资基金、教育基金等，一方面可增强对外资的吸纳能力，另一方面也可解决山东省产业升级、城建、教育等领域资金不足的问题。政策上视需要可向国家申请设立外商投资地方政府基金改革试验区，实现全国首创性的重大制度创新。

参考文献

白素霞、蒋同明：《苏南模式、珠江模式与温州模式的比较分析》，《中国经贸导刊》2017 年第 34 期。

储东涛：《长三角县域经济发展模式及路径创新》，《江苏大学学报》（社会科学版）2010 年第 5 期。

郭玉华、蒋瑛：《苏南、浙北、浙南产业集群发展的共性和个性分析》，《亚太经济》2008 年第 5 期。

黄晋鸿、刘晴：《留得住引得进用得好——15 省市人才实力盘点与政策建议》，《光明日报》2017 年 10 月 13 日。

李春平、张二勋、段艺芳等：《山东省县域经济—社会—环境系统协调性评价》，《西南师范大学学报》（自然科学版）2012 年第 3 期。

李建伟、赵峥：《我国县域经济发展的主要挑战与路径选择》，《中国经济时报》2015 年 6 月 17 日。

李小珍、张雨倩：《浙江省县域经济均衡发展政策优化研究》，《创新科技》2019 年第 8 期。

刘潇：《苏南模式、温州模式和珠江模式的比较——基于费孝通的"模式"研究》，《学理论》2013 年第 14 期。

潘功胜：《认真总结推广经验 扎实推进区域金融改革创新》，《南方金融》2014 年第 12 期。

潘功胜：《"自下而上"的区域金融改革：探索、成效与经验》，《清华金融评论》2014 年第 7 期。

秦庆武：《粤苏鲁浙加快产业转型升级的主要做法与新发展战略》，《江南论坛》2010 年第 7 期。

石晓艳：《改革开放以来山东县域经济发展研究述评》，《经济动态与评论》2017 年第 2 期。

王去非：《区域金融改革的目标设定与路径选择：基于浙江案例的研究》，《南方金融》

2017 年第 3 期。

王婉芳：《苏南与浙北县域经济发展路径比较研究》，《商业经济研究》2012 年第 15 期。

王婉芳：《苏南与浙北县域经济可持续发展比较研究》，《统计科学与实践》2012 年第
　　4 期。

杨加鸥：《关于县域经济高质量发展的若干思考》，《浙江经济》2019 年第 6 期。

杨云龙、何文虎：《"三元结构"下地区经济增长的动力机制研究——对"苏南模式"、
　　"温州模式"和"珠江模式"的解读》，《南方金融》2013 年第 7 期。

周逢民：《对山东省区域金融改革的几点思考》，《金融发展研究》2018 年第 1 期。

周小川：《我国金融改革中自下而上的组成部分》，《中国金融》2012 年第 23 期。

朱孔来、马宗国：《山东省县域经济发展存在的主要问题及解决对策》，《山东社会科学》
　　2010 年第 12 期。

B.11
山东对外贸易创新发展的对策建议

王　爽*

摘　要：　2020年，在国家和地方一系列政策措施的推动下，山东对外贸易创新发展取得了明显成效，在规模效益、市场布局、发展环境等方面均呈现良好发展态势。同时，面对复杂严峻的国际形势和国内环境，山东推进对外贸易创新发展面临巨大挑战。在新发展阶段，山东推进对外贸易创新发展，应准确把握发展环境和背景的变化，主动服务和融入新发展格局，实现全省外贸发展由要素驱动向创新驱动转变，加快形成新形势下参与国际合作和竞争的新优势。

关键词：　对外贸易　创新发展　国际竞争力　山东

对外贸易创新发展是新时期我国推进更高水平开放的重要内容和构建新发展格局的有力支撑，也是实现经济高质量发展的关键环节。2020年，面对复杂严峻的外部环境，山东积极转变发展方式、创新发展模式、增添发展动能，全省外贸呈现逆势增长，进出口和出口规模均创新高。在新的发展阶段，国家确定了外贸创新发展的顶层设计，国务院办公厅印发《关于推进对外贸易创新发展的实施意见》，提出外贸创新发展的着力点和新路径，同时也为山东外贸发展指明了方向。山东应紧紧围绕构建"双循环"新发展格局，加快促进外贸创新发展，持续推动科技创新、制度创新、模式和业态创新，不断培育发展新动能，形成参与国际合作和竞争的新优势，为"走在前列、全面开创"做出积极贡献。

---

* 王爽，山东社会科学院国际经济研究所副研究员，研究方向为国际贸易、经济园区。

一　2020年山东对外贸易发展态势

2020年以来，受新冠肺炎疫情影响和世界经济衰退冲击，山东外贸发展面临前所未有的严峻挑战。随着国家、省以及各市等各级各部门一系列稳外贸政策措施的精准实施，山东外贸呈现回稳向好发展态势，贸易规模不断扩大、市场布局更加优化、创新能力持续增强、增长动能换挡升级，成为推动全省经济高质量发展的重要引擎。2020年，山东外贸进出口额达2.2万亿元，同比增长7.5%，高于全国5.6个百分点，增速在全国进出口前10位省市中居第4位（见图1）；占全国比重为6.84%，同比提高0.4个百分点，进出口规模居全国第6位。其中，出口1.31万亿元，增长17.3%，高于全国13.3个百分点，在全国进出口前10位省市中居第2位；进口8954.6亿元，下降4.1%，在全国进出口前10位省市中居第9位。

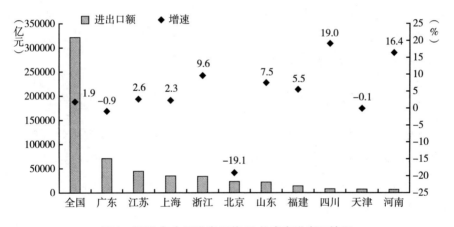

图1　2020年全国进出口前10位省市进出口情况

资料来源：海关总署统计数据。

（一）外贸产业升级进程加快，商品结构持续优化

出口方面，机电产品、劳动密集型产品、农产品等传统优势产业对山东外贸出口起到拉动作用。2020年，山东实现机电产品出口5590.7亿元，同比增长19.2%，占全省出口额的42.8%；实现劳动密集型产品出口2869.5亿元，

同比增长 31.8%，占全省出口额的 22%；实现农产品出口 1257.4 亿元，同比增长 1.9%，占全省出口额的 9.6%。同时，山东高新技术产品出口占比不断提高，引领出口结构持续优化，在全球产业链、价值链中的地位不断攀升。2020 年，山东实现高新技术产品出口 1057.6 亿元，同比增长 15.9%，占全省出口额的 8.1%。进口方面，随着国内经济持续稳定恢复，重点商品进口增势明显，进口商品结构日趋优化。2020 年，山东实现高新技术产品进口 1124 亿元，同比增长 22.2%；实现农产品进口 1182.6 亿元，同比增长 10.2%，其中大豆、肉类（包含杂碎）进口额分别增长 6.3% 和 61.7%。消费类产品增势明显，日化用品类、衣着鞋帽类、文化娱乐类消费品进口分别增长 87.6%、39.1%、23.1%，拉动作用明显。受疫情影响，除铁矿砂外，其他大宗商品进口均价普遍下跌，2020 年山东进口铁矿砂及其精矿价值 880.2 亿元，同比增长 29.5%；由于原油进口均价下跌 36.1%，在进口量增加 16% 的情况下，进口额仍下降 25.9%，拉低全省进口增速 8.6 个百分点。此外，2020 年山东省棉花、铝矿砂、铜矿砂和原木等商品价格也较上年有所下跌，明显压低进口总体增速。其中，进口铝矿砂价值 263.2 亿元，同比下降 13.7%；进口铜矿砂价值 221.6 亿元，同比下降 27.1%。[①]

（二）一般贸易方式出口持续扩大，自主发展能力日益增强

从贸易方式看，山东一般贸易占比逐步提升，贸易结构持续优化，企业自主开拓国际市场能力不断提高。2020 年，山东实现一般贸易进出口 1.51 万亿元，同比增长 9.6%，占全省进出口额的 68.5%，较上年提升 1.3 个百分点。其中一般贸易出口 9567.3 亿元，同比增长 23.3%，占全省外贸出口额的 73.3%，高于全国 13.9 个百分点。同期，山东以加工贸易方式进出口 3834.5 亿元，下降 2.9%，占全省进出口额的 17.4%，占比较上年下滑 1.9 个百分点（见图 2）。围绕深度融入"一带一路"建设，依托大企业实施对外承包工程大项目，2020 年，山东对外承包工程出口货物 62.1 亿元，同比增长 50.6%，高于全省外贸出口平均增幅 33.3 个百分点。

---

① 青岛海关。

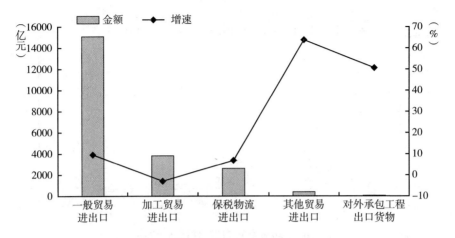

图2　2020年山东进出口贸易方式

资料来源：青岛海关统计数据。

（三）民营企业带动作用突出，外贸内生动力增强

面对不稳定不确定外部环境带来的挑战和实现高质量发展的要求，山东民营企业积极调整产品结构，拓展多元化国际市场，释放出强大的外贸发展活力，带动作用日益增强。2020年，山东民营企业进出口额达1.53万亿元，同比增长14.4%，高于全省进出口增速6.9个百分点，占全省进出口额的69.4%，比2019年提高4.2个百分点。其中，民营企业出口额达9251.7亿元，同比增长29.1%，占全省出口额的70.9%。而同期，山东外商投资企业和国有企业的进出口则均有所下滑，其中，外商投资企业实现进出口4887.3亿元，下降5.2%，占比为22.2%；国有企业实现进出口1807.5亿元，下降6.2%（见图3）。

（四）外贸发展空间不断拓展，国际市场布局更趋优化

2020年，山东与主要贸易伙伴进出口均有所增长，在保持对欧美等传统市场进出口稳步增长的基础上，对共建"一带一路"国家进出口增幅明显，国际市场布局持续优化。2020年，东盟是山东第一大贸易伙伴，全省实现对东盟进出口3006.8亿元，占全省进出口额的13.7%，进出口、出口和进口增速分别为

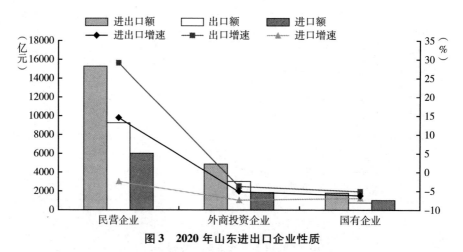

图3　2020年山东进出口企业性质

资料来源：青岛海关统计数据。

24.4%、29.9%和16.8%，分别高于全省进出口、出口和进口增速16.9个、12.6个和20.9个百分点。同期，山东完成对美国进出口2431.3亿元，同比增长26.4%，占全省进出口额的11%；对欧盟（不含英国）进出口2322.5亿元，同比增长14.8%，占全省进出口额的10.6%；对韩国进出口2078.8亿元，同比增长6.6%，占全省进出口额的9.4%（见图4）。此外，山东对共建"一带一路"国家进出口6608.2亿元，增长9.1%，占全省进出口额的30%。

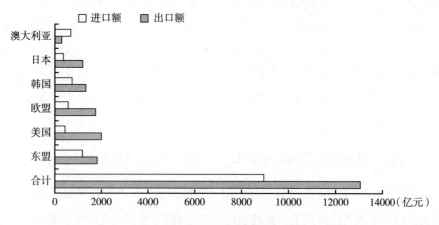

图4　2020山东省进出口主要国别（地区）情况

资料来源：青岛海关统计数据。

（五）外贸载体平台效应明显，开放引领作用不断增强

自贸试验区、海关特殊监管区域等经济园区是对外贸易创新发展的重要载体，在推动外贸规模扩大、模式和业态创新等方面发挥着重要引领作用。自贸试验区在推动山东贸易转型升级方面做出诸多有益探索：济南片区开展保税研发监管试点、全产业链保税监管试点、"链上自贸"保税展示展销试点；青岛片区首创保税铁矿混矿"随卸随混"、货物储运状态分类监管、保税原油混兑调和、进口棉花"集成查检、分次出区"、进口大宗商品智慧鉴定监管和出口成品油"云计重"快速鉴定等模式；烟台片区创新进口散装葡萄酒保税加工模式。从获批至 2020 年 7 月，山东自贸试验区完成进出口 2209 亿元，占全省比重达 11.8%。全省 140 家省级以上经济开发区集聚了 72 家全省外贸百强企业，2020 年前三季度，经济开发区进出口增速高于全省 5 个百分点，占全省进出口额的比重达 61.4%。2020 年济南章锦综合保税区、淄博综合保税区获批设立，烟台保税港区、青岛前湾保税港区获批整合优化为综合保税区，全省综合保税区达 13 家。2020 年，全省纳入统计的 10 家海关特殊监管区域实现进出口 2522.5 亿元，占全省进出口额的 11.5%（见图 5）。

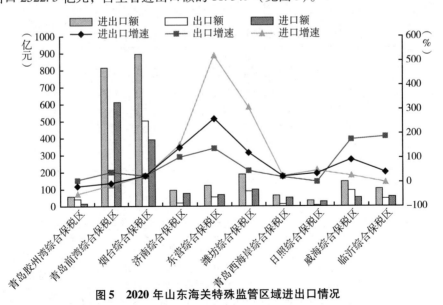

图 5　2020 年山东海关特殊监管区域进出口情况

资料来源：海关总署统计数据。

（六）新业态新模式焕发活力，外贸发展新动能不断积聚

2020 年以来，山东积极落实党中央、国务院关于落实稳外贸的要求，加快培育外贸新业态新模式，在高效联通国内国际市场、激发中小微外贸主体活力等方面发挥了重要作用。在跨境电子商务方面，2020 年山东制定《山东省跨境电子商务等新业态提升发展行动计划（2020—2022 年）》，日照等 5 市纳入全国跨境电商零售进口试点城市，临沂、东营、潍坊 3 市获批成为国家级跨境电商综试区，青岛关区、济南关区获准开展跨境电商 B2B "9710" "9810" 出口试点。2020 年，山东实现跨境电商进出口 138.3 亿元，同比增长 366.2%。其中，网购保税进口 22.5 亿元，同比增长 484.4%；跨境直购出口 50.4 亿元，同比增长 101.6%。在市场采购贸易方面，2020 年山东新增青岛即墨国际商贸城、烟台三站批发交易市场 2 个市场采购试点，全年全省市场采购贸易方式出口 343.4 亿元，同比增长 84.5%。此外，2020年，枣庄获批成为全省第 3 个二手车出口试点，青岛西海岸新区获批设立国家进口贸易促进创新示范区，新增济南莱芜区等 10 个国家外贸转型升级基地（见表1、表2），将为山东新型贸易业态快速发展带来新的机遇，促进外贸业态模式不断丰富完善，推动贸易与产业融合更加紧密。

表 1　2020 年山东省新认定国家外贸转型升级基地

序号	基地名称	行业
1	山东省济南市莱芜区国家外贸转型升级基地(农产品)	农产品
2	山东省潍坊市坊子区国家外贸转型升级基地(农业机械)	机电产品
3	山东省日照市东港区国家外贸转型升级基地(水产品)	农产品
4	山东省临沂市罗庄区国家外贸转型升级基地(日用瓷)	轻工工艺
5	青岛市胶州市国家外贸转型升级基地(运动帽)	轻工工艺
6	青岛市平度市国家外贸转型升级基地(睫毛制品)	轻工工艺

资料来源：中华人民共和国商务部。

表 2　2020 年山东省通过考核并认定为国家外贸转型升级基地的老基地名单

序号	原基地名称	拟确定基地名称	行业
1	济南国家摩托车及零部件外贸转型升级基地	山东省济南市国家外贸转型升级基地（摩托车及零部件）	机电产品
2	山东恒台东岳氟硅材料产业园（新材料）	山东省淄博市桓台县国家外贸转型升级基地（氟硅新材料）	专业化工

序号	原基地名称	拟确定基地名称	行业
3	山东潍坊滨海经济开发区(海洋工程)	山东省潍坊滨海经济技术开发区国家外贸转型升级基地(海洋化工)	专业化工
4	青岛市船舶出口基地	青岛市西海岸新区国家外贸转型升级基地(船舶海工)	机电装备

资料来源:中华人民共和国商务部。

(七)贸易促进政策加快实施,营商环境持续优化

2020年以来,国家和山东省密集出台了多项稳外贸的政策措施,着力强化政策支撑、提升服务效能,稳定外贸产业链供应链,营商环境不断优化。山东省优化集成32条稳外贸稳外资政策措施,形成了《全省稳外贸稳外资政策措施清单》;出台支持外贸企业出口转内销18条政策措施,开展"出口产品进商超"和"电商直播进外贸企业"活动,共组织385家生产型外贸企业上线1688平台,截至2020年11月底已实现网上销售额1400余万元;设立"鲁贸贷"风险补偿资金和"省级中小微企业贷款增信分险专项资金",开展外贸企业出口订单融资封闭运行试点,解决企业融资难题;搭建"山东省稳外贸稳外资服务平台",对2335家外贸基本盘企业开展定向服务。同时,山东还鼓励企业利用线上新模式开拓市场,2020年围绕重点国家、重点产业举办28场山东出口商品系列"云展会",组织企业开展精准配对洽谈,4800多家企业参展,达成意向成交额6.8亿元;首创"线下展品展示+线上视频对接"模式,在日本、巴基斯坦、肯尼亚举办第22届大阪展等4场展会,达成意向成交额4.7亿元。

二 山东对外贸易创新发展面临的问题与挑战

2020年,山东外贸在逆境中实现"稳中提质",贸易规模和国际市场份额均创历史新高,为构建国内国际双循环新发展格局提供了有力支撑。当前,世界经济增长动能减弱、全球市场需求趋于回落、贸易保护主义升温等

加剧了外部市场的不确定性,我国经济社会进入新发展阶段也对外贸发展提出新要求,新时期山东推进对外贸易创新发展面临巨大挑战。同时,山东对外贸易发展存在创新能力不足、内生动力薄弱等问题,推动对外贸易创新发展迫在眉睫。

(一)国际环境不确定性对外贸发展形成挑战

一方面,全球经济增长放缓。从国际形势看,当前全球新冠肺炎疫情尚未得到全面有效控制,世界经济整体上复苏仍显艰难,单边主义、保护主义上升,不确定不稳定性因素明显增多。根据世界银行 2021 年 1 月 5 日发布的《全球经济展望》,预计 2020 年全球经济将萎缩 4.3%,其中发达经济体及新兴市场和发展中经济体经济分别萎缩 5.4% 和 2.6%;同时,报告基于对新冠病毒疫苗将广泛推广使用的预期,预计 2021 年全球经济将增长 4%。全球经济增长放缓,外需深度萎缩、贸易摩擦加剧等问题将进一步显现,山东对外贸易发展将面临巨大压力。另一方面,全球产业链供应链面临重构。2020 年以来,受新冠肺炎疫情影响,全球生产体系受到冲击,并引发产业链和供应链断裂风险,从而加速了供应链缩短和产业链本土化的趋势。同时,《美墨加三国协议》(USMCA)、日本—欧盟经济伙伴关系协定(EPA)、《区域全面经济伙伴关系协定》(RCEP)等一系列超大型自由贸易协定的签署将进一步强化北美、欧洲、亚洲三大板块的区域化属性,跨国公司的全球供应链将在欧洲、北美、亚太等区域集聚,也将对未来对外贸易地理方向产生重要影响。

(二)成本上升给外贸发展带来严重压力

2020 年以来,原材料等生产成本及物流、防疫、汇率等交易成本的上升,导致外贸企业利润空间收窄,给外贸发展带来严重压力。一是原材料价格持续上涨。2020 年下半年以来,原材料价格持续过快上涨,中国制造业采购经理指数(PMI)中的原材料购进价格指数已连续 6 个月在 58% 以上的高位运行。2020 年 12 月主要原材料购进价格指数和出厂价格指数分别为 68.0% 和 58.9%,分别高于上月 5.4 个和 2.4 个百分点,均为全年高点。原材料价格的快速上涨加大了企业成本压力,订单利润被大幅度蚕食。二是物流成本上升。

受新冠肺炎疫情影响，全球港口拥堵、集装箱船运价格暴涨，集装箱周转不畅等因素间接推高了航运成本、降低了物流效率。全球集装箱交易平台数据显示，2020 年第 49 周，青岛港和上海港的 40 英尺集装箱 CAx（集装箱可用指数）已分别降至 0.21 和 0.03，均创两年来最低值。海运运力短缺，同时导致运价持续上升。波罗的海每日运价指数显示，2021 年 1 月 1 日中国/东亚—北欧航线、中国/东亚—地中海航线运费均创下历史新高，较 2020 年 12 月 31 日分别上涨 23.5%、25.8%。三是人民币汇率持续升值。2020 年下半年以来，人民币已累计上涨超 6000 个基点，涨幅达 8%，人民币汇率升值将降低我国出口企业的利润空间和出口产品的价格竞争力。2021 年首个交易日，人民币兑美元汇率大幅上涨，在岸人民币兑美元升破 6.50 关口，根据摩根大通、中信证券等机构的预测，人民币汇率预计在 2021 年将保持上升趋势，将升至 6.2 左右。

（三）外贸创新发展的基础有待加强

推动对外贸易创新发展，必须依靠科技创新引领，打造以技术、质量、品牌为核心的新优势。目前山东科技研发实力和品牌建设能力仍需进一步提升，外贸创新发展的基础有待加强。一是研发投入不足。当前，研发投入不足制约了贸易转型升级和高质量发展，成为外贸创新发展的主要瓶颈，2017 年以来，山东 R&D 经费投入和 R&D 经费投入强度总体来看均有小幅下降（见图 6）。2019 年山东全省共投入 R&D 经费 1494.7 亿元，居全国第 6 位，与广东、江苏等省份有较大差距。从 R&D 经费投入强度来看，2019 年山东省 R&D 经费投入强度为 2.1%，居全国第 8 位，远低于北京、上海、广东、浙江等省市，且低于全国平均水平（见图 7）。同时山东 R&D 经费投入结构仍待优化，基础研究领域仍显薄弱，缺乏核心技术的积累，企业作为 R&D 经费增长的主要拉动力量，其在基础研究上的投入占比较低。2019 年山东省规模以上工业企业基础研究经费支出为 9.46 亿元，占全省规模以上工业企业 R&D 经费支出的 0.8%，远低于全社会平均水平。二是品牌建设能力有待加强。近年来，山东全面实施质量强省和品牌战略，取得良好成效。2019 年，山东自主品牌商品出口占全省出口的 23.5%，但仍存在缺乏世界性知名品牌、自主品牌少、品牌价值低等问题，品牌建设能力亟待增强。根据 2020 年《中国 500 最具价值品牌》分析报告，

2020年，山东有44个品牌入选"中国500最具价值品牌"，位居第三，但与北京、广东相比，无论是品牌数还是品牌价值仍有较大差距（见表3）。特别是作为山东重要出口产品的农产品、纺织品等出口品牌建设相对缓慢，企业注册商标意识淡薄，不利于在国际市场展开竞争，整体品牌形象有待重塑。

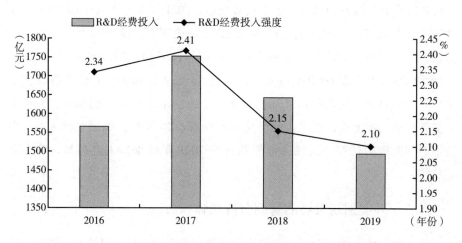

图6 2016～2019年山东R&D经费投入变化情况

资料来源：《2019年全国科技经费投入统计公报》。

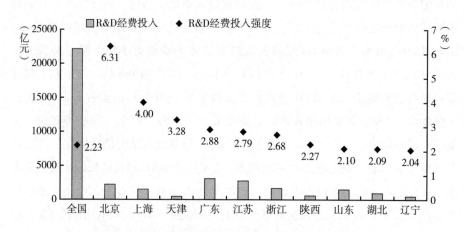

图7 2019年全国R&D经费投入强度十强情况

资料来源：《2019年全国科技经费投入统计公报》。

表3　2019 年、2020 年"中国 500 最具价值品牌"区域分布

单位：个，%

排名	省(市)	品牌数(2019 年)	百分比(2019 年)	品牌数(2020 年)	百分比(2020 年)
1	北京	96	19.2	93	18.6
2	广东	90	18	90	18
3	山东	41	8.2	44	8.8
4	上海	40	8	41	8.2
5	浙江	35	7	39	7.8
6	江苏	32	6.4	31	6.2
7	福建	36	7.2	28	5.6
8	四川	20	4	17	3.4
9	河北	13	2.6	16	3.2
10	河南	9	1.8	10	2

资料来源：2020 年《中国 500 最具价值品牌》分析报告。

（四）外贸创新发展内生动力仍需提升

从贸易增长动能来看，山东对外贸易发展仍较多依赖物质生产要素，新业态新模式对外贸拉动作用有待提升，外贸创新发展的内生动力仍需进一步挖掘。一是出口产品结构有待优化。从出口产品结构来看，山东货物贸易传统产品出口比重过高，纺织、服装等劳动密集型产品仍占山东出口的大部分份额。2020 年以来，受口罩等防疫物资出口带动，山东劳动密集型产品出口增长明显，对全省出口增长贡献率进一步提升。2020 年，全省出口口罩 191.1 亿元，同比增长 104.7 倍；出口塑料和橡胶手套 112.1 亿元，同比增长 188.3%，医疗防护相关物资合计拉高全省出口增速 3.2 个百分点。[①] 同时，由于国外疫情形势严峻，居家生活和工作所需用品需求出现较大增长，2020 年山东与"宅经济"相关的家具、家用电器、音视频设备及其零件、游戏机及其零附件、玩具等出口分别增长 58.3%、72.7%、35.5%、42.3%、121.6%，合计拉高出口增速近 5 个百分点。[②] 随着疫苗研制、生产和配送取得进展，部分与"宅经济"相关的产品产能回流并导致出口增速回落的概率较

---

① 济南海关。

② 青岛海关。

大。然而，随着全球疫情逐步缓解，产品需求结构会有所变化，国外产能恢复也会填补产出缺口，将对山东出口增长带来一定的影响。出口商品结构单一，高质量、高技术、高附加值产品出口比重低，将影响出口竞争新优势形成。二是服务贸易发展质量有待提高。当前，服务贸易日益成为未来经济增长的重要驱动力。在"双循环"新发展格局下，高质量对外开放的重点是服务贸易发展水平的提升。从总量来看，山东的服务贸易发展严重滞后于整体经济发展和服务业发展。2019年，山东的服务贸易依存度仅为3.3%，低于全国平均水平2.2个百分点。从结构来看，山东服务贸易新兴项目占比较低。2019年，以信息技术服务、金融保险服务、文化体育服务、维护维修服务为代表的新兴服务进出口占全部服务贸易的比重为23.7%，低于全国平均水平11个百分点。《全球服务贸易发展指数报告2019》显示，山东服务贸易结构指数仅列全国第17位。三是外贸新业态发展相对滞后。近年来以跨境电商、综合服务企业、市场采购贸易为代表的外贸新业态发展迅猛，日益成为拉动外贸增长的新动能。然而，与广东、浙江等南方先进省市相比，山东外贸新业态发展水平相对落后，潜力尚待挖掘。从跨境电商发展来看，《中国电子商务报告（2019）》显示，2019年我国跨境电商零售进出口总额排前5位的省市分别是广东、浙江、河南、上海以及天津，山东跨境电商进出口规模相对较小，跨境电商占外贸的比重相对较低。在市场采购贸易方面，2019年义乌市场采购贸易出口额达2324.9亿元，集聚16个大类33217个细类170万个单品；而同期山东实现市场采购贸易出口额186.2亿元，在发展规模及集聚商品数量上均有较大差距。四是数字经济发展水平亟须提升。随着5G、大数据、云计算、人工智能、区块链等新一代数字技术的广泛应用，数字经济快速发展，为外贸传统产业转型提供了新途径，贸易数字化水平将持续提升。从数字经济发展来看，《2020中国数字经济发展指数（DEDI）》数据显示，2019年北京、上海的数字经济在GDP中的占比超过50%，广东、浙江、江苏、福建的数字经济在GDP中的比重超过40%，而山东仅为35%，低于全国36.2%的平均水平，处于全国第三梯队。与先进地区相比，山东数字经济发展以及基于数字经济衍生出的贸易新业态新模式拓展还存在较大差距。

三 山东对外贸易创新发展的对策建议

对外贸易是新时期我国经济高质量发展的重要保障，也是构建"双循环"新发展格局的重要力量。《中共中央关于制定国民经济和社会发展第十四个五年规划和二〇三五年远景目标的建议》提出"建设更高水平开放型经济新体制",并且围绕"推进贸易创新发展,增强对外贸易综合竞争力"做出一系列重要部署。在新发展阶段,山东对外贸易发展应准确把握国内外发展环境的变化,坚持以习近平新时代中国特色社会主义思想为指导,深入贯彻落实习近平总书记对山东工作的重要指示要求,以实现高质量发展为目标,以融入新发展格局为主线,以推动创新发展为引领,创新贸易发展模式和培育贸易新动能,不断夯实产业基础,创新体制机制,完善发展布局,优化政策促进体系,推动全省外贸发展由要素驱动向创新驱动转变,加快形成以技术、品牌、质量和服务为核心的综合竞争优势。

(一)加强科技创新投入

在推进对外贸易创新发展的过程中,科技创新是根本。要突出科技创新的引领作用,加快产业转型升级,推动自主品牌建设,夯实贸易发展基础,激发市场主体活力,不断提升对外贸易的发展质量和效益。一是强化贸易产业互动发展效应。强化新技术新模式对传统产业的融合改造,推动钢铁、化工等传统产业优化升级,提升传统出口优势;推动互联网、大数据、人工智能和实体经济深度融合,重点打造新一代信息技术、高端装备、新能源新材料、智慧海洋等产业集群,加快形成新的出口优势;结合乡村振兴战略,提升出口农产品质量安全示范区建设水平,引导支持出口企业、家庭农场、农民合作社等新型主体高标准建设出口示范基地,打造"山东出口农产品"区域品牌,巩固扩大农产品出口优势。二是增强企业自主创新能力。强化企业创新主体地位,支持外贸企业加大研发投入,鼓励企业利用5G、大数据、云计算、物联网、区块链、人工智能等新一代信息技术提升研发设计能力和生产服务效能,提高产品的技术含量和附加值;鼓励外贸企业通过设立研发中心、与科研院所共建研究机构等渠道,构建起以自主创新为核心的"产学研"合作模式,促进产品开发及技术创新,提升企业国际竞争力,促进产业链价值链向高端延伸。三是加强自主品牌培育。引导企业走科技创新、商标运用与品牌提升的融合发展之路,开展重点领域品牌培育工程,在重点产业形成一系列国际先进、国内一流、拥有自主知识产权的产品标准,提升自主品牌国际认可度,扩大自主品牌产品出口规模。加快培育优质品牌企业,支持外贸企业在境外开展商标注册、体系认证、专利注册、市场准入标准认证、国际品牌收购等,提升"山东品牌""山东创造"的国际影响力。加大自主品牌推介力度,推动品牌企业联手在共建"一带一路"国家、非洲等新兴市场以及我国已签署自贸区市场设立山东品牌常年展销中心,支持品牌企业在国外举办的专业国际展会、中国品牌海外展中设立山东国际自主品牌专区,打造面向海外推广的山东国际自主品牌的展示平台。

(二)促进对外贸易发展方式转变

新阶段推动对外贸易创新发展,要坚持均衡协调可持续原则,促进对外贸易发展方式转变。一是优化出口商品结构。不断扩大汽车及零部件、电子元器件、计算机与通信技术等机电、高新技术产品出口份额,培育新的竞争优势;支持传统劳动密集型出口产业向中高端迈进,推动纺织服装、玩具、家具等产品高端化、个性化、定制化发展,提升劳动密集型出口产品质量;提升农产品精深加工能力,不断创新农产品加工方式,扩大高附加值农产品出口。二是积极扩大进口。落实重大技术装备、支持科技创新等国家进口税收优惠政策,用好现有进口贴息政策,扩大"十强"产业先进技术设备和关键零部件进口,并鼓励企业积极开拓国内外多元化供应渠道;发挥山东大宗资源性产品进口口岸、进口检验检疫指定口岸等优势,增加原油、铁矿砂、铝矿砂等资源性商品进口和粮食、肉类、水产品等一般消费品进口;进一步扩大高品质新消费品进口,更好对接居民健康、绿色、智能等新兴消费偏好,促进山东省消费升级;按照国家《鼓励进口服务目录》,积极发展服务进口,鼓励扩大商贸物流、咨询服务、研发设计、节能环保等生产性服务和知识密集型服务进口。三是推进加工贸易创新发展。提高加工贸易企业自主创新能力,引导加工贸易企业加强技术改造、研发创新和自主品牌培育,鼓励加工贸易企业承接研发设计、物流配送、财务结算、分销仓储、检测维修再制造等业务。推动加工贸易企业与互联网深度融合,逐步推广跨境电商等贸易方式,增强企业自主运营的盈利水平。推动加工贸易企业拓宽代加工服务范围,鼓励代工企业与省内品牌企业对接合作,通过产品联合开发等方式开展订单直采和定制服务。四是推进内外贸一体化发展。深入推动内外贸融合发展,支持外贸企业出口转内销,拓展国内销售市场。引导外贸企业利用国内强大的市场优势,提高品牌、渠道和供应链的运营管理能力，加快研发适合国内市场需求的产品，在产品开发、创意设计、用户体验、市场营销及产品智能化等方面对接国内中高端消费需求，进一步丰富国内市场供给，增加消费者选择，带动消费升级；进一步在生产与检验标准等方面实现"内外有效对接"，推进内外销产品"同线同标同质"；多渠道搭建内销平台，支持相关出口优质产品进步行街、进商场、进超市、进平台，支持外贸企业利用电商销售、直播带货等新模式拓展网上销售能力。五是推动贸易与双向投资互动。引导外资投向先进制造业和生产性服务业，重点引进产业关联度大、出口带动能力强的项目，提升开放合作创新能力，增强外资产业链的根植能力。进一步提高对外投资对进出口的带动能力，积极开展与共建"一带一路"国家等国家和地区的国际产能和装备制造合作，带动相关装备、零部件及技术、标准和服务出口以及省内急需的资源能源产品回运与进口。

（三）发展新型贸易业态

外贸新业态新模式是"双循环"新发展格局下对外贸易实现新增长的重要途径，新发展阶段下要加快促进全省外贸新业态发展，培育外贸发展增长新动能。一是推进跨境电商高质量发展。加快推动全省7个国家级跨境电商综试区建设，积极落实跨境电商监管政策，大力推动跨境电商发展环境优化，引进培育具有较强影响力和带动力的跨境电商平台，培育电商全产业链条，做大培强"9610""1210"进出口，突破发展"9710""9810"出口，在全省范围内实现跨境电商全模式覆盖，扩大跨境电商进出口规模。支持企业拓展跨境电商物流通道，鼓励企业在欧盟、日本、韩国、东盟等主要市场加快建设或租用公共海外仓，完善海外仓储物流及售后服务体系；积极培育并孵化具有国际竞争力的跨境电商企业，支持企业开展社交、短视频、直播等数字化营销新模式，打造"直播电商+海外仓+跨境电商"一体化发展新模式，建设跨境电商生态体系。开展"网购保税+实体新零售"试点，鼓励海外代购、直播带货等模式通过跨境电商规范化运作、规模化发展，推进跨境电商线上线下融合发展。二是推动市场采购贸易跨越发展。推进临沂、青岛、烟台市场采购贸易方式创新发展，完善市场采购贸易方式适用全国通关一体化模式，吸引国际采购商集聚，进一步激发中小微企业的外贸潜力。探索专业市场国际化发展新模式，推广"市场采购+跨境电商+海外仓"模式，鼓励市场采购贸易经营主体做大做强；推进"市场采购+生产基地"发展，促进省内主要生产基地优质生产企业到临沂商城工程物资市场、青岛即墨国际商贸城、烟台三站批发交易市场设立展销点，做大市场采购贸易规模。三是积极培育外贸综合服务企业。坚持本土培育和区外引进相结合，打造一批服务功能完善、辐射带动能力强的全流程型、特色型、区域型外贸综合服务企业，为小微企业出口提供专业化服务；大力发展"外贸综合服务+跨境电商"平台，集成国际贸易、融资担保、出口信保等功能，搭建外贸企业海外互联网销售渠道，赋能中小微外贸企业发展。四是促进新兴和特色服务贸易发展。加快发展以科技创新为依托的新兴服务贸易，促进高附加值的金融服务、研发设计、境外咨询等知识密集型服务贸易的发展；拓展具有本地特色的服务贸易，依托国家级文化、中医药等特色服务出口基地建设，加快发展文化、中医药等特色服务贸易，打造"山东服务"优质品牌。五是加快发展数字贸易。大力促进软件、通信等信息技术服务和数字传媒、数字出版等数字内容服务出口，推动服务贸易数字化进程；以数字技术赋能服务贸易为重点，以"互联网+"为切入点，提升传统服务贸易数字化水平，推动数字旅游、数字教育、数字医疗、数字金融等服务贸易新业态发展，不断提升服务业的可贸易性和出口竞争力。

（四）推进贸易促进平台和载体建设

统筹两个市场、用好两种资源，大力推进各类贸易促进平台和载体建设，使其在全省对外贸易创新发展中更好发挥引领和带动作用。一是推进各类外贸集聚区建设。大力推进国家级外贸转型升级基地、省级外贸转型升级专业型示范基地、省级外贸转型升级试点县（市、区）等载体建设，大力发展特色优势产业，形成集群优势，推动山东省对外贸易专业化、规模化、集聚化发展。二是推动山东自贸试验区新型贸易方式发展。围绕贸易自由化便利化，深入推进流程再造和制度创新，积极培育跨境电商、汽车平行进口、数字贸易以及文物和文化艺术品保税存储、展示等新业态、新模式。三是推动综合保税区转型升级。充分发挥海关特殊监管区域保税功能，依托"保税+""互联网+"推动发展保税研发、入境检测维修、保税存储展示交易、期货保税交割、融资租赁等高附加值新业态新模式，培育新动能新优势。四是深化国家进口贸易促进创新示范区建设。加快青岛西海岸新区国家级进口贸易促进创新示范区建设，培育进口商品集散地，加速贸易与产业集聚、融合，推动进口贸易提质升级，充分发挥示范区在促进进口、服务产业、提升消费等方面的引领作用。

（五）拓展外贸发展新空间

积极适应国际经贸格局的新变化，加快实施市场多元化战略，创新开拓方式，优化国际市场布局。一是积极拓展新兴国际市场。深化与共建"一带一路"国家和地区的贸易合作，增加对共建"一带一路"国家高新技术产品出口以及信息技术服务、商贸物流、文化创意、教育培训等服务出口，扩大对共建"一带一路"国家优质农产品、资源能源产品和服务的进口规模。把握《区域全面经济伙伴关系协定》签署的机遇，鼓励企业用好用足自贸协定项下降低关税、海关便利化、区域累积的原产地规则等条款规定，深耕东南亚市场，进一步拓展日韩等市场，不断优化国际市场布局。二是创新市场开拓方式。积极利用新技术新渠道开拓国际市场，支持企业举办面向海外客户的线上展会、专场直播、线上洽谈、线上签约等"云展览""云对接""云签约"，拓展国际市场销售渠道，构建海外市场的国际营销新网络。鼓励企业到海外设立子公司、办事处、专卖店等，建立多层次国际营销服务网络，开拓产品销售市场。引导企业依靠"齐鲁号"欧亚班列扩大进出口，推广集拼集运、铁海联运等模式，保障山东省进出口贸易平稳有序开展。

（六）营造法治化国际化便利化贸易环境

对标各项指标的国际国内"前沿水平"，以法治化、国际化、便利化为导向，以加快服务型政府和智慧政务建设为主抓手，巩固提升既有优势，全面补短板强弱项，营造竞争公平，政策稳定、透明、可预期，服务高效便捷，"亲商、安商、富商"的国际一流营商环境，为山东对外贸易创新发展提供有力保障。一是完善服务型政府建设。继续深化"一次办好"改革、深入推动简政放权，创新审批服务模式，以数字化、智能化改造赋能"不见面"服务新流程，加快形成网上服务与实体（大厅）服务、线上服务与线下服务相结合的政府服务模式，提升核心服务能力。二是切实加强知识产权保护。完善知识产权司法保护体系，加强知识产权行政监管和执法保护，建立知识产权侵权快速审查、确权和维权机制，实行侵权惩罚性赔偿制度，显著提高知识产权侵权违法成本。完善知识产权纠纷多元解决机制，加强知识产权海外维权援助机制建设。三是完善国际贸易"单一窗口"功能。深化中国（山东）国际贸易"单一窗口"与银行、保险、民航、港口、铁路等相关行业机构的合作，建立跨部门信息互换机制，有序拓展"单一窗口"服务功能；创新应用服务，丰富地方特色应用服务功能，优化完善货物申报、舱单申报、运输工具申报、展览品申报、许可证件申领、原产地证书申领、企业资质办理、查询统计、出口退税、税费支付、加贸保税、跨境电商等基本功能，进一步服务外贸企业，提升对外贸易便利化程度。四是健全对外贸易服务体系。积极构建市场化、社会化、专业化外贸服务体系，充分发挥行业协会和中介机构的作用，引进培育一批开展国际业务的咨询公司、会计师事务所、律师事务所、资信评级机构等，提升信息咨询、国际认证、研发检测、国际物流、知识产权等方面的专业服务能力。

参考文献

凌永辉、刘志彪：《内需主导型全球价值链的概念、特征与政策启示》，《经济学家》2020 年第 6 期。

刘志彪：《重塑中国经济内外循环的新逻辑》，《探索与争鸣》2020 年第 7 期。

裴长洪、刘斌：《中国对外贸易的动能转换与国际竞争新优势的形成》，《经济研究》2019 年第 8 期。

裴长洪、刘洪愧：《中国外贸高质量发展：基于习近平百年大变局重要论断的思考》，《经济研究》2020 年第 5 期。

钱学锋、裴婷：《国内国际双循环新发展格局：理论逻辑与内生动力》，《重庆大学学报》（社会科学版）2021 年第 1 期。

曲维玺、崔艳新、马林静等：《我国外贸高质量发展的评价与对策》，《国际贸易》2019 年第 12 期。

盛斌、高疆：《超越传统贸易：数字贸易的内涵、特征与影响》，《国外社会科学》2020 年第 4 期。

余森杰：《"大变局"与中国经济"双循环"发展新格局》，《上海对外经贸大学学报》2020 年第 6 期。

詹小琦、林珊：《中国服务贸易高质量发展研究》，《亚太经济》2020 年第 4 期。

朱福林：《中国服务贸易发展 70 年历程、贡献与经验》，《首都经济贸易大学学报》2020 年第 1 期。

B.12
山东深化与东盟投资合作形势
分析及对策建议

段晓宇 *

摘　要：　新时期，在"双循环"新发展格局下，山东在对外投资合作
方面应当抓住新机遇，提出新思路，做出新部署，实现新突
破。长期以来，山东坚持发挥对外开放的良好优势，积极推
进与东盟的发展战略及政策对接，并在与东盟双向投资合作
方面不断取得新成绩。近年来，山东与东盟双向投资规模和
增长速度皆保持较高水平，山东充分利用平台载体建设，积
极举办推介活动，与东盟双向投资合作取得显著成效。一系
列自由贸易及投资协定的签署为山东带来新的投资机遇，新
一轮科技革命也为山东拓展国际投资市场带来新动力。但
是，面对复杂多变的国际政治经济形势，山东深化与东盟的
投资合作困难重重。山东与东盟投资合作尚存在投资合作潜
能活力有待激发、投资合作有待多元化发展等问题。针对上
述问题，山东应当激发投资合作新活力、赋能投资合作新领
域，推进制度型开放、形成与国际投资规则相融合的新体
系，深入推进投资合作多元化发展，积极开拓多边及双边交
流合作大平台，营造良好的营商环境，推进投资便利化自
由化。

关键词：　对外直接投资　双向开放　东盟　山东

---

* 段晓宇，博士，山东社会科学院国际经济研究所助理研究员，研究方向为国际贸易理论与政
策、国际关系。

山东与东盟经贸及投资合作源远流长。改革开放以来，尤其是在中国加入WTO以来，山东对外贸易及投资合作发展日渐深入，吸引外资及对外投资布局日趋合理，投资内容日渐丰富，投资质量不断提升。2008年，山东确立了"深化日韩、提升东盟、突破欧美、拓展欧洲"的开放战略，奋力营造良好的营商环境，积极拓展东盟的投资市场，与东盟的双向投资合作蓬勃发展，投资合作对经济增长的拉动作用日益显现。2021年，在新冠肺炎疫情的影响下，全球经贸及投资环境的不确定性明显增强，全球贸易投资市场持续低迷。面对复杂多变的国际政治经济形势，山东的国际双向投资发展也面临增长乏力等新矛盾和新挑战。"十四五"开局之年，山东与东盟双向投资合作迈进新阶段，继续强化与东盟十国的投资合作将为山东带来怎样的发展机遇也逐渐引起社会各界的广泛关注。在此背景下，按照高质量发展要求，提升山东与东盟双向投资合作的水平和质量，不仅关乎山东形成国际竞争新优势的实际效果，更是山东打造更大范围、更宽领域、更深层次对外开放新格局的必然要求。基于此，本报告在结合当前世情、国情和省情新变化的基础上，通过纵向和横向比较，对山东与东盟双向投资合作的发展概况、机遇挑战和突出问题进行综合研判，深入剖析产生问题的原因，并为山东深化投资合作、实现高水平对外开放厘清基本思路，明确施力方向和重点任务，并提供切实可行的对策建议。

一　山东与东盟投资合作发展基础

近年来，山东充分发挥自身区位、资源、产业和港路优势，贯彻落实"八大发展战略"，加快新旧动能转换的步伐，与东盟双向投资合作优势互补、互利共赢，目前已经形成了良好的投资合作发展基础。本部分将从山东与东盟双向投资合作的现状进程和主要特征出发，全面分析山东与东盟投资合作发展变化的新特征新动向，总体评估山东利用东盟外商直接投资和对东盟直接投资的实际水平，为后续的分析提供研究支撑。

（一）双向投资合作迅猛发展

1.利用外商直接投资

总体上看，山东利用东盟外商直接投资总额基本上保持在较高水平。从表1数据可以看出，东盟是山东吸引外商直接投资较为活跃的外资来源地：截至 2019 年，东盟十国在山东投资项目数量已经达到 2792 个，占全省所有投资项目数的比重为 3.6%；东盟对山东的实际投资金额已达到 148.21 亿美元，占全省外商实际投资金额的比重为 6.2%，虽然不及韩国对山东实际投资金额的比重（16.8%），却远高于日本对山东实际投资金额的比重（4.9%）。此外，由于地理位置接近、文化习俗相似，东盟对山东直接投资具有得天独厚的地理位置优势和良好的产业基础，东盟对山东直接投资的规模引人注目。由表 1 可以发现，东盟对山东累计投资项目数量和实际投资金额皆远远高于非洲、拉丁美洲和大洋洲，其实际投资金额逼近欧洲和北美洲。下一步，山东扩大利用东盟外资规模发展潜力巨大，提高利用外资质量具有良好前景。

表1　2019 年各大洲投资主体累计在山东投资情况

投资主体		投资项目		实际投资	
		数量(个)	比重(%)	金额(亿美元)	比重(%)
亚洲主要投资主体	东盟	2792	3.6	148.21	6.2
	韩国	24757	32.3	404.64	16.8
	日本	5416	7.1	116.98	4.9
非洲		448	0.6	16.75	0.7
欧洲		4197	5.5	149.09	6.2
拉丁美洲		1326	1.7	125.9	5.2
北美洲		8138	10.6	157.06	6.5
大洋洲		1729	2.3	38.44	1.6

资料来源：《山东商务年鉴 2020》。

由表 2 可知，2011 年山东实际使用东盟外商直接投资额为 5.57 亿美元，占全省实际使用外商直接投资总额比重为 4.99%；2019 年全年，山东实际使用东盟外商直接投资额较 2011 增加了 2.17 亿美元，占全省实际使用外商直接投资总额比重增至 5.27%。从变化趋势看，2011 年以后，山东实际使用东盟外商直接投资的规模总体逐年攀升，并在 2015 年达到近年的峰值，实际使用东盟外商直接投资额高达 14.8 亿美元，随后实际使用东盟外商直接投资额经历了小幅波动回落，并于 2019 年降为 7.74 亿美元。值得注意的是，根据山东省商务厅的统计数据，2020 年 1~11 月，山东实际使用东盟外商直接投资额 9.11 亿美元，占全省实际使用外商直接投资总额比重为 5.99%，该时期山东实际使用东盟外商直接投资额同比增长 69.43%，远远高于全省实际使用其他来源地外商直接投资额同比增长率的平均水平。同时可以看出，历年来山东实际使用东盟外商直接投资额占全省实际使用外商直接投资总额比重基本维持在 5% 以上，尤其是与 2019 年相比，2020 年以来，山东实际使用东盟外商直接投资额占比有所提升，增至 5.99%，坚定了山东持续扩大吸引东盟外商直接投资的市场信心。

表 2　2011～2020 年山东利用外商直接投资情况

单位：亿美元，%

时间	实际使用东盟外商直接投资额	实际使用所有来源地外商直接投资总额	实际使用东盟外商直接投资额占全省实际使用外商直接投资总额比重
2011 年	5.57	111.60	4.99
2012 年	7.53	123.53	6.10
2013 年	7.10	140.53	5.05
2014 年	12.51	151.95	8.23
2015 年	14.80	163.01	9.08
2016 年	12.42	168.26	7.38
2017 年	12.14	178.57	6.80
2018 年	12.75	205.16	6.21
2019 年	7.74	146.89	5.27
2020 年 1～11 月	9.11	152.10	5.99

资料来源：根据 2012～2020 年《山东统计年鉴》计算及整理，2020 年数据来源于山东省商务厅网站。

如图 1 所示，2012 年，山东吸引东盟外商直接投资项目数为 64 个，2018 年山东吸引东盟外商直接投资项目数为 60 个，2012～2018 年山东吸引东盟外商直接投资项目数变动幅度不大。自 2019 年以来，山东吸引东盟外商直接投资项目数出现了突破：2019 年全年，东盟对山东直接投资的热情空前高涨，山东省吸引东盟外商直接投资项目数高达 97 个，同比增长 61.67%。2020 年 1～11 月，山东吸引东盟外商直接投资项目数保持在较高水平，达到 133 个，占全省吸引外商直接投资项目总数的比重为 5%，同比增长 49.44%。

2. 对外直接投资

近年来，山东对东盟直接投资规模一直保持良好态势。山东积极实施"走出去"战略，通过在投资目的国新设或并购企业的方式积极拓展海外市

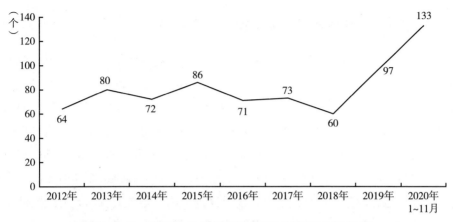

图 1 2012～2020 年山东省吸引东盟外商直接投资项目数

资料来源：根据 2012～2020 年《山东统计年鉴》整理，2020 年数据来源于山东省商务厅。

场，且对东盟十国的项目发展保持良好信心。由表 3 可知，2012～2019 年山东对东盟直接投资项目数维持在 60 个以上的水平。2012 年，山东对东盟直接投资项目数为 64 个，项目数占全省比重为 24.7%；2019 年，山东对东盟直接投资项目数增至 97 个，项目数占全省比重较 2018 年也有所提高，增至 21.33%。此外，山东对东盟备案核准中方投资额也维持在较高水平。2019 年，山东对东盟备案核准中方投资额达 17.01 亿美元，投资额占全省比重为 22.99%，达到近年的最高水平。

表 3 2012～2019 年山东对东盟直接投资情况

年份	项目数（个）	项目数占全省 比重（%）	备案核准中方 投资额（亿美元）	投资额占全省 比重（%）
2012	64	24.7	9.05	17.73
2013	80	24.98	11.27	18.06
2014	72	18.68	11.75	13.74
2015	86	21.67	33.79	14.6
2016	71	12.35	32.77	11.85
2017	73	21.99	24.14	17.59
2018	60	10.88	13.91	15.5
2019	97	21.33	17.01	22.99

资料来源：根据 2012～2020 年《山东统计年鉴》计算及整理。

（二）平台载体建设成果丰硕

党的十九大以来，山东服务国家战略，以开放促改革、促创新、促发展，积极融入"一带一路"建设，依托自由贸易试验区等平台进行新一轮对外开放，尤其是注意拓展与东盟的双边及多边交流合作平台，积极开拓省级层面的友好城市，为山东加快与东盟双向投资合作、实现高水平对外开放提供了良好基础。例如，山东于2011年加入东亚地方政府会议机制。该组织于2009年由日本奈良县发起成立，截至2020年底，已有中、日、韩、东盟和南亚共7个国家70个地方政府会员。该组织有效地促进了山东与东盟各国政府之间的交流，进而加深了山东与东盟双边及多边双向投资领域的合作水平。2013年，国务院决定依托山东建设东亚海洋合作平台，东盟和中日韩（10＋3）合作机制成为山东加快与东盟双向投资合作进程的主要渠道。2020年，东亚海洋合作平台青岛论坛成功举办，国内外政府部门进行了政策层面上的对接，海洋领域的各大企业通过展示和推广业务提高了企业间互相沟通和协调配合的水平，从而进一步加快了双边及多边投资项目的合作进程。此外，山东稳步推进中国（山东）自由贸易试验区的建设，率先推进高水平制度型开放，吸引东盟外资搭建先行先试大平台。自中国（山东）自由贸易试验区挂牌以来，截至2020年底，全省112项试点任务进展顺利，已实施102项，实施率为91％，探索形成60项制度创新成果，其中7项具有全国首创性，并得到国家有关部委认可。① 2020年5月29日，中国—东盟商务理事会执行理事长许宁宁在中国（青岛）—东盟经贸对接会中致辞并表示中国（山东）自由贸易试验区积极推进与东盟合作，彰显了在全球抗疫时期中国扩大开放在行动。当前，山东吸引东盟外商直接投资的平台载体建设实现良好开局，有利于形成吸引外资战略竞争新优势。

（三）推介活动深入推进

东盟国家主要是发展中国家，与中国在双边贸易及投资方面各有所长，优

---

① 《山东自贸试验区112项试点任务已实施102项》，中华人民共和国财政部网站，2021年7月19日，http：//sd.mof.gov.cn/zt/dcyj/202009/t20200909_3585145.htm。

势互补，因此东盟与中国进行贸易和投资合作潜力巨大。近年来，山东积极实施"引进来"和"走出去"战略，不断丰富推介活动的内容和形式，加深了国外企业对山东企业的良好印象，开启了与东盟双向投资合作的新纪元。根据《山东商务年鉴》的统计数据，2016 年第十九次新加坡—山东经济贸易理事会确立了共 12 项重点投资项目，双向投资项目进展顺利。2017 年，新加坡成功举办山东重工·潍柴动力东南亚市场渠道会议，山东本土企业与东盟企业双向投资合作持续深化。2019 年 4 月，山东省人民政府在菲律宾举办项目推介会，洽谈经贸及投资合作项目事宜。2019 年 10 月，新加坡召开新加坡—山东经济贸易理事会，双方理事成员单位及企业负责人共约 180 人参加会议，会中，山东理事成员和企业进行了中国（山东）自由贸易试验区以及山东城市的推介活动，并成功签署了物流、金融等领域的多个项目。2019 年 11 月，山东—柬埔寨企业"一带一路"产能合作说明会在柬埔寨举办，推进了中外企业战略合作协议的签订。

二　山东与东盟投资合作发展环境

当今时代，世界百年未有之大变局加速演变，山东与东盟双向投资合作发展面临的国际背景、产业发展条件皆存在复杂而深刻的变化，发展机遇与挑战并存。

（一）发展机遇

1. 重大战略机遇

多边、双边以及诸边投资贸易协定的签订为山东深化与东盟投资合作提供了新机遇。2003 年，中国主动加入《东南亚友好合作条约》，为山东与东盟各国建立合作伙伴关系打下了良好基础。2010 年，中国—东盟自由贸易区全面建成，山东与东盟成为彼此重要的投资来源地及目的地。2020 年，《区域全面经济伙伴关系协定》（RCEP）正式签署，该协定涵盖了全球 23 亿人口，所有成员国 GDP 总和超过 25 万亿美元，并承诺国际投资皆采用负面清单制度，将极大地促进中国与东盟双向投资的增长，也为山东深化与东盟投资合作带来重大战略机遇。2020 年 12 月 31 日，中国与欧盟成功签订

《中欧全面投资协定》（CAI），该协定涉及的内容远远超越了传统的双边投资协定，为中国继续推进与东盟双边投资自由化树立了良好的典范。未来，中国将继续积极推进中日韩自贸区建设。若中日韩自由贸易协定成功签署，将倒逼中国及东盟继续放宽投资限制，从而推进投资市场开放的全面升级。无论是何种自由贸易协定，协议最终的演进方向殊途同归，缔约国必将建成互惠互利、公平竞争的投资市场，有利于山东提高与东盟的双向投资合作水平。此外，东盟作为"一带一路"建设实施多边投资合作的先行地区，一直是山东打造对外开放新高地的重要伙伴。山东积极响应"一带一路"倡议，深入推进"一带一路"建设，强化与东盟地区在发展战略和政策方面的对接，为山东经济发展提质增速和开展与东盟的投资合作拓展了新空间。山东与东盟互联互通的进一步加深，必将促进更加自由化、便利化的投资合作新发展格局的形成。

2. 科技及产业发展机遇

新一轮科技革命为经济发展和产业变革注入了新动能，同时产生了大量的新技术、新产业、新业态和新模式。新科技与产业革命的发展将引发大数据、云技术、互联网、物联网、智能终端等新一代基础设施的巨大投资需求，同时降低信息不对称程度。在保证规模经济的基础上，柔性生产、共享经济、网络协同等新型经济分工方式将日益普及，为山东与东盟深化投资合作注入新动力。目前，东盟基础设施和数字经济发展迅速，增长需求巨大，我国与东盟积极开展电子商务、人工智能、金融科技以及 5G 业务合作，对稳定山东吸引东盟外资和对东盟直接投资信心发挥了积极作用。

（二）面临的挑战

1. 国际环境不确定性带来新矛盾新挑战

当前，世界处于百年未有之大变局，国际国内发展环境正发生深刻变化，山东与东盟双边贸易及投资合作将面临新问题和新矛盾。2020 年，新冠肺炎疫情在全球蔓延，对经济社会的健康发展造成严重冲击。全球经济增速整体放缓，山东省国际投资合作的外部环境和内部环境存在诸多不稳定因素。受新冠肺炎疫情的影响，世界逆全球化趋势明显，贸易保护主义和单边主义盛行，山东省"引进来"和"走出去"的不确定性也将显著增加。此外，全球多边及双边投资规则变化日趋频繁，区域性质的国际投资规则日渐盛行，国际投资规则的核心议题也呈现新特征，对山东省增强风险意识、与国际对接规则政策、积极应对新型国际投资摩擦提出新要求和带来新挑战。

2. 投资合作对象有待多元化发展

根据表 4 数据可以看出，新加坡是东盟国家中山东最大的投资合作伙伴，在东盟国家中，山东吸引外商直接投资的空间分布存在不均衡的现象。从实际使用外资规模看，山东 2017～2019 年吸引新加坡及马来西亚外资占吸引东盟外资总额的比重总和皆达到 90% 以上。2017 年，山东实际使用新加坡外资 11.1 亿美元，占实际使用东盟外资总额的 91.4%，山东实际使用马来西亚外资 0.7 亿美元，占实际使用东盟外资总额的 5.8%；2019 年，山东实际使用新加坡外资 7.5 亿美元，占实际使用东盟外资总额的比重高达 97.4%，实际使用马来西亚外资仅 0.0176 亿美元，占山东实际使用东盟外资总额的 1.3%。山东吸引东盟各国投资项目数的分布也存在不均衡现象，且投资来源地之间的差距存在逐年扩大的态势：2017 年山东吸引新加坡外商直接投资项目数为 22 个，占山东吸引东盟外商直接投资项目数的比重高达 50%；2019 年山东吸引新加坡外商直接投资项目数为 70 个，占山东吸引东盟外商直接投资项目数的比重上升至 66%。综上，山东在东盟十国中的主要合作伙伴较为单一，这成为制约山东与东盟投资合作高质量发展的重要因素。

表4　2017～2019 年山东吸引东盟主要投资来源地外商直接投资情况

年份	投资来源地	实际使用外资		投资项目数	
		金额（亿美元）	占比（%）	数量（个）	占比（%）
2017	新加坡	11.1	91.4	22	50
	马来西亚	0.7	5.8	11	25
2018	新加坡	6.6	52	55	57.9
	马来西亚	5.2	40.9	18	18.9
2019	新加坡	7.5	97.4	70	66
	马来西亚	0.0176	1.3	16	15

资料来源：根据 2018～2020 年《山东统计年鉴》整理。

表 5 提供了 2017～2019 年山东对外直接投资前十位合作伙伴中东盟国家的基本情况。根据表中数据，可以看出在山东对外直接投资合作伙伴的前十位

中，东盟国家占据四席，而在东盟十国中，新加坡是山东最大的对外直接投资目的国。2017年，新加坡是山东对外直接投资第三大目的国，实际投资额为5.6亿美元，占山东对东盟实际投资额的比重为44.2%，远远超出越南、老挝、马来西亚等其他东盟国家；2019年，新加坡成为山东对外直接投资第二大目的国，实际投资额增至7.9亿美元，略高于山东实际使用新加坡外资金额（7.5亿美元），占山东对东盟实际投资额的比重增至48.1%。与东盟其他国家相比，山东对新加坡直接投资具备绝对优势，且双向投资规模相对均衡，发展势头强劲。此外可以看出，越南、老挝、马来西亚和泰国等国家也是山东重要的对外直接投资目的国。2017~2019年山东对越南直接投资额平均约为3.3亿美元，与东盟其他国家相比，山东对越南直接投资与对新加坡直接投资差距较小。相较于新加坡和越南，东盟其他国家实际使用山东直接投资的占比较小，利用山东直接投资不均的问题仍然较为突出；相较于对外直接投资，山东吸引越南、老挝、泰国等国家外商直接投资的规模仍然较小，双向投资去向过于集中，投资合作规模不均衡。

此外，如图2所示，本报告同时分析了2019年山东与其他主要省份对东盟直接投资额及其占比情况。2019年山东对东盟直接投资额仅占全国的13%。山东对东盟直接投资额要高于广东，但是同时期江苏对东盟直接投资额为26.2亿美元，是山东的1.54倍。山东对东盟直接投资规模与江苏等长江流域经济带沿线省份相比仍存在一定差距，山东需要在对东盟直接投资方面加速提质增效，争取在对外投资合作上走在全国前列。

表5　2017~2019年山东对东盟主要合作伙伴投资情况

年份	投资对象国	实际投资额（亿美元）	占东盟权重（%）	投资额排名
2017	新加坡	5.6	44.2	3
	越南	3	23.2	4
	老挝	2.2	17.2	6
	马来西亚	0.8	6.2	8
2018	新加坡	6.3	38.7	2
	越南	4.5	27.8	3
	老挝	2.7	16.6	6
	泰国	1	6.2	10

续表

年份	投资对象国	实际投资额（亿美元）	占东盟权重（%）	投资额排名
2019	新加坡	7.9	48.1	2
	越南	2.5	15	6
	老挝	2.8	17.1	5
	泰国	1.5	8.9	8

资料来源：根据 2018～2020 年《山东商务年鉴》整理。

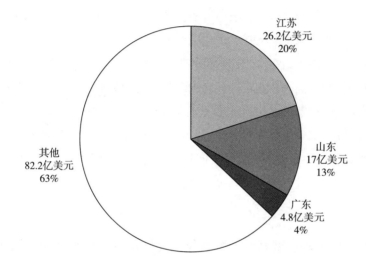

图 2　2019 年全国主要省份对东盟直接投资额

资料来源：根据《山东统计年鉴 2019》《江苏统计年鉴 2019》《广东统计年鉴 22019》整理，2019 年全国对东盟外商直接投资数据来源于《2019 年度中国对外直接投资统计公报》。

三　持续优化山东与东盟投资合作水平的展望

新时期，随着中国进入发展新阶段，继续加强与东盟的双向投资合作成为山东实现贸易高质量发展的重要战略抉择。下一步，山东应当贯彻新发展理念，顺应供给侧结构性改革的客观要求，立足国内大循环、促进"双循环"，以改革开放为动力，推动吸引外资和对外投资高质量发展，积极构建与东盟双向投资合作的新发展格局。

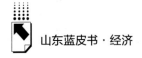

（一）激发投资合作新活力，赋能投资合作新领域

山东应当坚持问题导向，精准发力，吸引优质资金，提振市场信心，激发对外直接投资新活力。在结合全省自身产业发展特征的基础上，山东应当聚焦与东盟投资合作的重要领域和关键环节，确立吸引外资和对外投资的主攻方向和发展重点，切实扩大双向投资的规模，提升与东盟投资合作的质量。一是侧重发展服务业的双向投资。在吸引外资方面，山东应当优化自身的引资结构，加强服务业引资政策配套支持，优化吸引外资的国别布局和产业空间布局；在对外直接投资方面，山东应当探索境外投资合作新空间，率先培育服务业跨国公司，积极引导跨国企业制定国际化战略，通过投资新产能释放新动能。二是加强对战略新兴产业的扶持，推进"工业4.0＋智能制造"联动发展，切实提升山东企业在全球价值链中的位置，引导战略新兴产业"引进来"与"走出去"有机结合。三是充分利用科技创新，优化整合各类资源，积极探索数字投资等新业态新模式，率先开拓投资合作新领域新空间，助力双向投资结构转型升级。

（二）推进制度型开放，形成与国际投资贸易规则相衔接的新体系

建立与国际投资贸易规则相衔接的制度体系，是山东推进新一轮高水平对外开放的重要举措。山东应当按照国际化、市场化、法制化的理念，充分研究《区域全面经济伙伴关系协定》、《中欧全面投资协定》、中韩自贸协定、《全面与进步跨太平洋伙伴关系协定》（CPTPP）等多边及双边自由贸易协定的政策文本，通过对比山东与国际投资及贸易通行规则之间的差距，积极探索对外开放新机制，提高投资和贸易便利化水平。山东应系统分析实现制度型开放的有利条件和发展局限，明确调整和升级自身制度体系的目标定位，提出进行制度创新的试点方案。山东应当着力创新吸引外商投资管理体制，建立促进"走出去"战略的新体制，加快推进自贸区建设及其制度创新、构建开放安全投融资新体系，先行先试、深化改革，打造体制创新的引领区，争取在高水平建设对外开放新机制方面走在全国前列。

（三）扩大投资合作规模，推进投资合作多元化发展

经分析，山东吸引东盟外资和对东盟直接投资的规模存在差异，吸引外资的来源地及对外投资的目的地过于集中，存在国别分布不均衡现象。约瑟夫·E. 斯蒂格利茨曾经指出，关注双边贸易的顺差或者逆差无关紧要，应当更多地关注多边贸易及投资的盈余或者赤字。① 基于此，山东应当顺应开放型经济新要求，推进双向投资合作多元化发展，更加注重与东盟整体投资合作的健康发展，减少投资合作失衡现象。一是山东需要不断强化自身优势，扩大吸引东盟的实际投资规模，多渠道深化境外投资合作，寻找多双边投资合作的新增长点。二是在深耕传统市场的同时，山东需要以"一带一路"建设为抓手，积极挖掘越南、菲律宾、泰国、马来西亚等国家的市场潜力，与上述国家各扬所长、优势互补，进一步推进投资合作多元化发展。

（四）积极打造多边及双边交流合作大平台

一是借鉴其他省份的先进经验，积极与东盟友好城市互联互通，强化建设省级多双边交流合作平台。二是加快打造各类招商引资和境外投资平台，推进载体创新，率先搭建电商服务平台，打造先行先试窗口，提高跨境投资服务效能，强化载体平台建设。三是发展园区经济，推动形成产业集群，实现创新发展、绿色发展、联动发展，积极推进与国际高标准自由贸易园区的战略对接，强化交流及投资合作。四是积极推进高能级开放平台的制度型开放，充分发挥自由贸易试验区政策优势，叠加使用优惠政策，打破市场准入和准出壁垒，鼓励山东企业"引进来"和"走出去"。五是高水平推进中国（山东）自由贸易试验区制度创新，建设好上合组织地方经贸合作示范区，深度融入"一带一路"建设，构建全方位、高水平的开放型投资合作大平台，积极探索地方合作平台的新内容和新规则。

（五）营造良好的营商环境，推进投资便利化自由化

新时期，在新的国际经贸及投资环境下，山东应积极推动体制机制改革，

---

① 〔美〕约瑟夫·E. 斯蒂格利茨：《全球化逆潮》，李杨等译，机械工业出版社，2020。

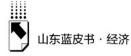

深化制度创新的顶层设计，努力营造公平稳定的营商环境吸引外资，不断提高投资便利化水平。同时，应当营造良好的境外投资环境，政府部门应当强化服务意识和大局意识，着力协调东道国政府与境外企业之间的关系，提高企业风险意识，帮助企业了解东道国当地的基本投资环境及法律法规，建立危机预警机制和应急处理机制，科学有效防范风险；鼓励中介组织"走出去"，在高风险投资领域为省内企业提供政策咨询服务和技术支持，协助跨国公司提高市场竞争力和国际影响力。

参考文献

《对外投资合作国别（地区）指南（东盟）》，http：//www. mofcom. gov. cn/dl/gbdqzn/upload/dongmeng. pdf。

《山东举行山东自贸试验区设立一周年建设总体情况新闻发布会》，国务院新闻办公室网站，2020 年 8 月 31 日，http：//www. scio. gov. cn/xwfbh/gssxwfbh/xwfbh/shandong/document/1686320/1686320. htm。

B.13
山东利用韩资的现状、趋势与策略[*]

陈晓倩[**]

摘　要：　新冠肺炎疫情发生以来，中韩两国始终风雨同舟，守望相助，加强抗疫合作，维护发展两国的经贸合作，保持两国的产业链、供应链稳定畅通，取得了显著成效。山东是中国距离韩国最近的省份，在中韩经贸合作中发挥枢纽作用。当前，"双循环"新发展格局下山东应不断深化吸引韩资高质量发展，打造吸引韩资新格局，发挥吸引韩资新作用，构建吸引韩资新体制，培育吸引韩资新优势，使韩资在新时代发挥更大的作用。

关键词：　韩资　山东外资　引资用资结构

2020 年 8 月 1 日，中韩经贸联委会在山东青岛举行第 24 次会议。新冠肺炎疫情发生以来，中国首次在线下面对面与外方政府召开经贸合作机制会议，重点在于深化务实合作，发出了中韩两国坚定发展双边经贸关系的明确积极信号。山东与韩国一衣带水，是中韩贸易大通道的门户。2020 年，山东与韩国的贸易额占全国的 13%，韩资利用率占全国的 1/3，超过 4200 家韩资企业在山东投资发展，山东在中韩经贸合作中发挥枢纽作用。

　＊　本报告数据来自韩国进出口银行。
＊＊　陈晓倩，博士，山东社会科学院国际经济研究所助理研究员，研究方向为中韩经贸、自由贸易港。

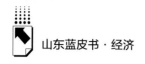

一 韩资在山东发展现状

2020 年, 新冠肺炎疫情在全球蔓延, 面对严峻复杂的形势, 国内经济下行压力加大, 国际投资也遇到限制和阻碍, 韩资企业在山东产业转型升级和区域协调发展中呈现新特点。

从韩资企业投资规模上看, 2019 年, 山东新设立韩资企业项目个数为 267 个, 实现合同外资金额 266.47 百万美元, 实际使用外资金额为 205.66 百万美元, 分别同比下降 6.64%、32.66%、33.76%。2020 年 1~9 月, 山东新设立韩资企业项目个数为 126 个, 实现合同外资金额 462.7 百万美元, 实际使用外资金额为 357.37 百万美元, 分别同比增长 1.9 倍、下降 30.77%、增长 1.86 倍。韩资企业整体投资预期和信心稳定趋好。

从韩资企业投资行业分布上看, 服务业比重呈上升之势。2019 年, 服务业新设企业项目 90 个, 增长 3.52%; 实际使用韩资 28.63 百万美元, 增长 105.38%。2020 年 1~9 月, 制造业新设企业项目 88 个, 实际使用韩资 303.99 百万美元, 分别同比下降 25.42%、增长 1.64 倍。服务业新设企业项目 35 个, 实际使用韩资 13.29 百万美元, 分别同比下降 39.66%、增长 32.24%。

从投资主体分类上看, 韩资企业对鲁投资以中小企业为主, 大型企业投资金额明显减少。2009~2019 年, 韩资大型企业对鲁投资从 192.7 万美元下降到 77.18 百万美元, 下降趋势明显。同期中小企业对鲁投资从 229.78 百万美元下降到 180.14 百万美元, 投资趋势平缓波动。

从投资目的来看, 从初期的确保海外生产基地逐渐转变为抢占中国内需市场。中国市场对韩资企业的业绩起到决定性的支撑作用。2008 年以后, 韩国经济发展一度缓慢, 为重振经济雄风, 韩资企业以节省人工费用、加工出口为目的的投资逐年减少, 而以扩大在中国的市场份额为目的的投资逐年增加。2019 年, 韩资企业以扩大在华市场份额为目的的在山东投资已经达 126.97 百万美元, 占 47.37%, 而以节省人工费用为目的的投资为 68.47 百万美元, 以加工出口为目的的投资为 68.16 百万美元。

在投资形式上, 韩资企业以独资企业为主。2019 年, 全省共设立韩资独资企业 68 家, 占 66.67%, 合同外资 161.35 百万美元, 占 60.55%, 实际到位

121.61 百美元，占 59.13%。全省设立合资企业 29 家，占 28.43%，合同外资 93.40 百万美元，占 35.05%；实际到位 76.46 百万美元，占 37.18%。

二　韩资企业在山东投资的发展趋势与特点

（一）韩资企业在山东投资的发展趋势

1. 探索开放阶段：1988～1991 年

韩资企业对山东的 FDI 始于 1988 年，由于历史原因，中韩之间缺乏了解，韩国企业来华投资大都带有试探性质，因此投资项目不多，规模不大，发展较慢。山东在地理上与韩国临近，在历史和文化方面较其他地区与韩国有更密切的联系，具有吸引韩资的特殊魅力。1988 年对华投资韩资企业仅 3 家，其中在山东投资的韩资企业有 2 家。

2. 快速发展阶段：1992～2000 年

1992 年邓小平南方谈话，标志着中国对外开放和现代化事业进入从计划经济向社会主义市场经济体制转变的新阶段。韩国出现了第一次"对华投资热"，韩资企业的实践也从摸索慢行转入快速发展的轨道，极大地鼓舞了投资者的信心。同年 8 月中韩建交，韩资企业在山东的投资进入一个大发展时期。1993 年，全省批准韩资企业 107 家，实现合同韩资金额 87.63 百万美元，项目数和合同额均超过前 5 年的总和。1995 年，山东批准韩资企业 214 家，实现合同韩资金额 290.24 百万美元，韩国超过一直对山东投资较为活跃的美国，跃居当年第二位。

3. 高质量增长阶段：2001～2012 年

中国加入 WTO 以后，修改了《中外合资经营企业法》和《外资企业法》，国内市场进一步对外开放，为韩资企业打开国内市场、扩大产品销路提供了重要保证。韩国对华特别是对山东投资热情不减，投资心态稳定，投资额再度稳步增长。2002 年韩国在山东的 FDI 为 283.27 百万美元，超过了美国、日本，跃居第一位。2003 年，韩国投资增势强劲，项目数、合同额和实际使用外资三项指标均居首位。山东新批韩国投资项目 648 个，占全省的 45.8%，实现合同韩资金额 532.64 百万美元，实际使用韩资金额 505.97 百万美元（见图 1），分别增长 87.3%、93.1%，实际使用韩资金额占全省实际使用外资金额的比重高达 40%。

2008年，受金融危机影响，山东使用韩资金额出现短期的小幅下降，2010年又恢复增长态势。总体而言，这一时期山东使用韩资规模达到新一轮高峰，山东吸收韩资的质量进一步提高，不断完善外资政策体系，释放经济深层次活力。

4. 全面发展阶段：2013年以后

韩资流动增速放缓，使用韩资的质量和水平显著提升。利用韩资向高质量发展，体现在韩资企业与山东经济新常态的协调共处，注重与产业结构升级、新旧动能接续转换、技术创新、地区均衡布局相结合。截至2020年9月，山东累计设立韩资企业项目19780个，累计实现合同韩资金额11815.34百万美元，累计实际使用韩资金额10250.24百万美元。1988~2019年山东韩商投资项目及1989~2019年山东实际使用韩资情况见图2、图3。

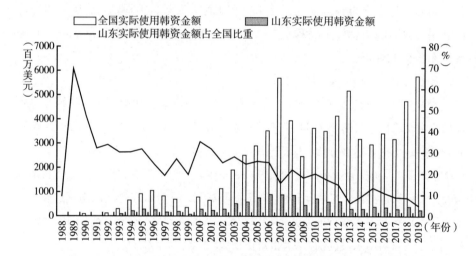

图1　1988~2019年山东实际使用韩资金额及占全国比重趋势

资料来源：韩国进出口银行。

（二）山东引进韩资的主要特点

1. 投资目的：由贸易便利化转变为拓展在华市场

1988~2008年，金融危机前，韩国企业本国生产成本增加，丧失国际市场竞争力的服装、鞋、电子产品等劳动集约型出口产业把生产基地大批转移到距离韩国最近的省份山东，其目的在于利用山东低廉的劳动力，提

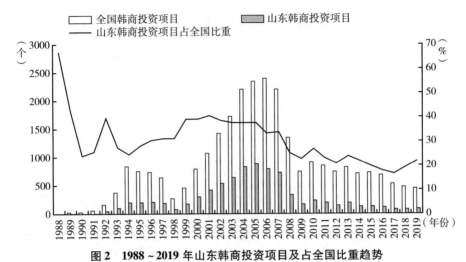

图 2　1988～2019 年山东韩商投资项目及占全国比重趋势

资料来源：韩国进出口银行。

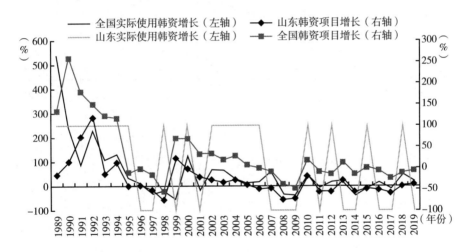

图 3　1989～2019 年山东实际使用韩资及韩资项目增长

资料来源：韩国进出口银行。

高其产品的国际竞争力。2008 年金融危机后，我国低工资劳动力减少，我国国内市场日益成熟。中国拥有 14 亿多人口的消费市场和规模最大的中等收入群体，韩资企业根据山东市场条件，将投资的主要目的调整为拓展在华市场（见表 1）。

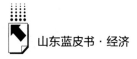
表1 1988~2019年韩资在山东投资目的（按实到金额占比计）

单位：%

年份	贸易便利化	资源开发	低成本	拓展市场	年份	贸易便利化	资源开发	低成本	拓展市场
1988	11.05	—	—	—	2004	30.62	0.71	42.95	12.42
1989	10.11	22.47	67.42	—	2005	29.14	1.06	38.05	16.60
1990	50.04	36.21	—	4.68	2006	28.85	0.91	37.64	20.61
1991	36.83	54.12	3.85	2.98	2007	26.98	1.15	35.86	25.63
1992	57.38	7.40	32.77	0.60	2008	25.98	0.30	29.88	41.75
1993	33.85	4.30	54.67	3.17	2009	25.36	0.95	30.69	41.31
1994	57.48	2.20	35.56	0.49	2010	32.58	0.47	29.87	35.53
1995	52.82	1.99	35.61	4.01	2011	20.11	0.47	33.15	45.82
1996	34.70	1.17	36.66	4.85	2012	26.30	0.12	21.40	52.10
1997	31.61	0.41	20.71	7.41	2013	26.44	0.13	24.34	48.24
1998	75.66	0.01	19.41	1.73	2014	48.03	0.12	17.38	33.47
1999	37.88	0.74	43.82	6.37	2015	12.36	0.03	8.84	78.20
2000	75.78	0.68	16.84	2.64	2016	33.59	0.13	6.49	59.36
2001	35.83	1.85	46.94	9.64	2017	12.90	0.22	23.85	62.05
2002	39.48	0.39	39.61	7.30	2018	9.95	0.04	14.43	75.36
2003	44.64	0.60	29.39	14.72	2019	25.58	0.39	23.73	49.62

资料来源：韩国进出口银行。

2.产业分布：以第二、第三产业为主,第三产业比重持续升高

如表2、表3数据所示,山东引进韩资主要流向第二产业。仅1988年山东第三产业实际使用韩资所占份额为88.89%,高于第二产业实际使用韩资所占份额；1989~2019年,山东第三产业实际使用韩资所占份额比重均低于第二产业。整体来看,山东使用韩资的产业分布在调整中优化,山东第一产业实际使用韩资所占份额极低,第三产业比重波动缓慢提升。

表2 1988~2019年韩资FDI在山东的产业分布（按实到金额计）

单位：百万美元

年份	第一产业	第二产业	第三产业	年份	第一产业	第二产业	第三产业
1988	0	0.01	0.08	1991	0	13	0
1989	0	4	0	1992	1	44	0
1990	0	10	1	1993	0.08	83	4

年份	第一产业	第二产业	第三产业	年份	第一产业	第二产业	第三产业
1994	1	194	8	2007	9	746	131
1995	1	279	10	2008	6	705	142
1996	2	248	8	2009	3	404	42
1997	1.29	149	5	2010	3	672	53
1998	0.15	176	7	2011	2	557	50
1999	0.13	64	4	2012	1	568	50
2000	1	261	17	2013	1	261	42
2001	1	200	15	2014	0.08	273	21
2002	1	263	26	2015	1	372	21
2003	3	467	60	2016	1	329	45
2004	7	574	36	2017	0.31	214	62
2005	5	661	85	2018	0.37	361	34
2006	6	811	71	2019	3	228	35

资料来源：韩国进出口银行。

表3　1988~2019年韩资FDI在山东产业分布（按实到金额占比计）

单位：%

年份	第一产业	第二产业	第三产业	年份	第一产业	第二产业	第三产业
1988	0	11.11	88.89	2001	0.46	92.59	6.94
1989	0	100.00	0	2002	0.34	90.69	8.97
1990	0	90.91	9.09	2003	0.57	88.11	11.32
1991	0	100.00	0	2004	1.13	93.03	5.83
1992	2.22	97.78	0	2005	0.67	88.02	11.32
1993	0.09	95.31	4.59	2006	0.68	91.33	8.00
1994	0.49	95.57	3.94	2007	1.02	84.20	14.79
1995	0.34	96.21	3.45	2008	0.70	82.65	16.65
1996	0.78	96.12	3.10	2009	0.67	89.98	9.35
1997	0.83	95.95	3.22	2010	0.41	92.31	7.28
1998	0.08	96.10	3.82	2011	0.33	91.46	8.21
1999	0.19	93.94	5.87	2012	0.16	91.76	8.08
2000	0.36	93.55	6.09	2013	0.33	85.86	13.82

年份	第一产业	第二产业	第三产业	年份	第一产业	第二产业	第三产业
2014	0.03	92.83	7.14	2017	0.11	77.45	22.44
2015	0.25	94.42	5.33	2018	0.09	91.31	8.60
2016	0.27	87.73	12.00	2019	1.13	85.71	13.16

资料来源：韩国进出口银行。

3. 投资方式：以韩国独资经营企业为主

如表4、表5数据所示，1988~2019年，从项目数份额及实际使用金额份额上看，韩国独资经营企业一直是FDI进入山东的主要方式。1988~2019年，山东韩国独资经营企业份额占山东实际使用韩资金额份额的54.69%；其次是中韩合作经营企业份额占山东实际使用韩资金额份额的21.08%，且呈现小幅上升趋势。中韩合资经营企业及其他方式的份额较少。

表4 1988~2019年韩资在山东FDI投资方式（按项目数百分比计）

单位：%

年份	中韩合资经营	中韩合作经营	韩国独资经营	其他	年份	中韩合资经营	中韩合作经营	韩国独资经营	其他
1988	0	50	0	50	2004	10.21	15.84	72.05	1.90
1989	0	50	50	0	2005	9.04	14.18	74.78	1.90
1990	0	61.54	38.46	0	2006	9.54	14.26	74.78	1.41
1991	11.90	35.71	50	2.38	2007	10.41	9.61	77.85	2.13
1992	12.4	33.88	52.89	0.83	2008	11.53	10.59	76.19	1.69
1993	14.78	40.39	42.86	1.97	2009	11.96	7.62	78.48	1.94
1994	9.25	35.22	54.63	0.90	2010	2.65	8.64	77.99	10.72
1995	11.54	26.20	61.78	0.48	2011	10.08	7.48	81.22	1.22
1996	10.95	25.21	62.40	1.45	2012	5.50	8.62	84.95	0.92
1997	12.39	17.75	69.58	0.28	2013	11.75	9.36	77.49	1.39
1998	17.01	17.01	62.89	3.09	2014	13.74	11.20	72.26	2.80
1999	12.57	17.88	67.88	1.68	2015	12.78	15.28	70.83	1.11
2000	10.48	16.49	71.65	1.37	2016	12.54	14.58	69.39	3.50
2001	8.78	19.32	70.77	1.13	2017	9.68	16.77	71.94	1.61
2002	12.71	14.67	70.84	1.78	2018	8.74	16.08	73.08	2.10
2003	11.44	17.46	69.54	1.56	2019	10.11	15.00	73.75	1.14

资料来源：韩国进出口银行。

表5　1988~2019年韩资在山东FDI投资方式（按实际使用金额百分比计）

单位：%

年份	中韩合资经营	中韩合作经营	韩国独资经营	其他	年份	中韩合资经营	中韩合作经营	韩国独资经营	其他
1988	0	0	11.05	88.95	2004	11.19	17.73	70.83	—
1989	0	89.89	10.11	0	2005	10.17	14.42	71.91	—
1990	0	12.83	87.17	0	2006	11.36	12.23	76.36	—
1991	13.99	26.96	59.05	0	2007	7.07	10.40	79.48	—
1992	26.32	21.50	52.18	0	2008	15.98	17.08	66.88	—
1993	23.51	27.99	48.50	0	2009	18.50	20.29	61.17	—
1994	33.13	24.05	42.52	0.3	2010	7.96	12.73	79.30	—
1995	35.35	18.06	46.02	—	2011	6.35	82.32	11.32	—
1996	16.88	35.84	47.25	—	2012	11.16	22.70	66.14	—
1997	16.56	46.47	36.92	—	2013	7.13	22.34	70.53	—
1998	14.92	64.81	20.07	—	2014	6.32	15.76	77.91	—
1999	26.18	28.92	44.68	—	2015	16.32	21.92	61.76	—
2000	66.69	6.33	26.97	—	2016	1.48	35.96	62.53	—
2001	22.57	23.04	54.39	0	2017	5.80	39.82	54.38	—
2002	13.98	18.02	63.47	—	2018	8.94	20.60	70.46	—
2003	12.40	29.33	58.19	—	2019	4.37	35.05	60.55	—

资料来源：韩国进出口银行。

4. 企业类型：中小企业投资势头不减

如表6数据所示，1988~2019年，韩国中小企业对山东的投资项目占全部韩国在山东投资项目的49.83%，占山东利用韩资的45.86%；占韩国中小企业在华投资项目的29.6%，占韩国中小企业在华投资总额的31.65%。1988~2019年，韩国大型企业对山东的投资项目占全部韩国在山东投资项目的4.44%，占山东利用韩资的47.23%，占韩国大型企业在华投资项目的15.12%，占韩国大型企业在华投资总额的10.33%。2003年后，韩国大型企业对中国的投资额增加很快。韩国诸多大型企业随着对中国投资经验的增加，已经走出最初的试验性阶段，进入正式投资阶段。

表6 1988～2019 年韩资在山东 FDI 投资方式（按实际使用金额百分比计）

单位：%

年份	个人	微型企业	中小企业	大型企业	年份	个人	微型企业	中小企业	大型企业
1988	0	0	100.00	0	2004	6.84	5.06	53.02	35.08
1989	0	0	10.11	89.89	2005	7.77	4.24	56.58	31.35
1990	0	0	11.43	88.57	2006	9.12	3.69	51.69	35.47
1991	0	0	77.68	22.32	2007	9.39	2.97	56.74	30.88
1992	0.43	—	18.12	81.45	2008	4.87	2.47	44.18	48.48
1993	1.97	2.07	75.91	20.04	2009	4.80	1.38	51.04	42.76
1994	1.29	0.48	77.10	21.13	2010	3.80	0.70	33.16	62.34
1995	0.68	1.16	74.10	24.06	2011	5.36	0.75	32.38	61.51
1996	1.00	1.91	57.88	39.22	2012	3.38	0.49	23.90	72.23
1997	2.7	2.54	57.34	37.42	2013	12.36	0.78	35.24	51.62
1998	0.92	0.81	29.04	69.23	2014	4.67	0.39	39.01	55.93
1999	3.37	5.13	70.23	21.20	2015	2.91	0.08	27.85	69.16
2000	2.47	2.20	41.20	54.14	2016	4.33	0.32	26.92	68.43
2001	4.91	4.57	61.08	29.41	2017	3.2	0.09	39.39	57.32
2002	5.70	3.61	64.72	25.91	2018	1.59	0.28	38.98	59.14
2003	4.60	1.79	49.95	43.62	2019	3.24	0.17	67.61	28.97

资料来源：韩国进出口银行。

三 山东吸引韩资的积极举措与面临问题

在新冠肺炎疫情全球蔓延的情况下，利用韩资工作面临新形势、新任务，应加快构建以国内大循环为主体、国内国际双循环相互促进的新发展格局，推动全省韩资高质量发展。应深入分析山东新发展阶段面临的新机遇新挑战，从危机困难中捕捉和创造机遇，在危机中育新机。

（一）引资举措

强化政策供给。山东省委十一届十一次全会审议通过了《关于深化改革创新打造对外开放新高地的意见》，提出建设"八大新高地"的目标，并提出"推动外贸外资高质量发展、培育开放型产业链、加快建设高能级开放平台"

等 10 方面的具体举措。深入落实国发〔2019〕23 号文件，制定出台了《山东省进一步做好利用外资工作的若干措施》，扩大高质量招商引资，促进外商投资企业健康发展。山东省商务厅联合省发改委、省自然资源厅、省生态环境厅出台《山东省重点外资项目要素保障实施细则》，协调解决省重点外资项目落实的要素制约。

突出重点区域招商。充分发挥毗邻日韩的地缘优势，紧盯日韩产业转移和世界 500 强企业投资动向，主动选择和承接日韩项目。中韩"快捷通道"顺利运转，并将致力于为韩国小企业利用中韩"快捷通道"赴华提供便利。山东自贸试验区烟台片区创新提出中日韩跨国审批等举措，外国投资者不出本国国门即可在烟台片区注册开办企业。

畅通国际合作物流通道。推动"四港联动"物流一体化建设，推动中韩"整车运输"取得实质性进展，构建更加畅通的东西互济国际物流大通道。创新开展"四港联动 + 综保区 + 一带一路"海铁、海陆铁联运业务，实现货物从韩国到共建"一带一路"国家 20 天内"仓到仓"服务。

突出新兴产业招商。把新一代信息技术、新材料等八大新兴产业精准招商作为招商工作的重中之重，围绕建链、补链、强链，着重引进具有引领作用的大项目，爱思开环保材料等世界 500 强投资项目签约落户。

突出重要载体招商。加快推进中韩产业园、国际招商产业园、山东自贸试验区、综合保税区等"四园两区"载体建设，着力打造招商引资主阵地，为企业入驻夯实基础。深耕中韩区域经济合作，在便利化通关方面，相互给予AEO 企业通关便利措施，签订青岛海关、济南海关与韩国釜山海关关际合作谅解备忘录。

突出重大活动招商。积极参加全省重点外商投资项目集中签约仪式、第二届儒商大会、山东与世界 500 强连线等招商活动，举办中韩（烟台）产业园线上推介暨重点项目签约仪式，以活动为载体，加强城市宣传，推介项目合作。

（二）存在的问题

近年来，韩资规模在山东逆势下滑，形势十分严峻，山东省独特的区位优势及中韩经贸"先行者、先试者和排头兵"作用并未凸显。面对复杂的疫情防控和经济社会发展形势，在我国构建以国内大循环为主体、国内国际双循环相互促进的新发展格局的背景下，山东应坚持用全面、辩证、长远的眼光看待韩资"稳规模，促增长"攻坚战，应对鲁韩新发展阶段的新挑战。

利用韩资质量待提高。一是重引进轻效果、重规模轻效益，受传统绩效考核思维影响。特别是在承接产业转移的进程中，一些园区对韩资来者不拒，导致低水平重复引进和重复建设问题，利用韩资过程中高能耗、高污染、低技术产业项目有回流倾向。二是管辖企业的政府机关太多，烦琐程序困扰企业。政府或有关人员的解释和适用的法律规定不一致，使企业对通过正常渠道解决经营管理中的问题失去信心。当前中国正处于发展三期叠加阶段，传统的利用外资方式不符合我国吸引外资的导向，也不利于山东省在利用外资的过程中实现弯道超车。

利用韩资规模逆势下滑。2019 年，山东省新设韩资项目 267 个，同比下降 1.01%；实际使用韩资 205.66 百万美元，同比下降 33.76%；实际使用韩资比重占全省实际使用外资的 2.35%。其中，制造业实际使用韩资 227.67 万美元，下降 36.77%，占山东实际使用韩资的 85.71%，项目投资减缓的问题逐步显现。2020 年 1~6 月，韩资规模持续下滑，山东实际使用韩资 109.41 万美元，仅占全省实际使用外资的 1.71%。

利用韩资的结构不合理。产业间利用韩资结构调整与升级已经迫在眉睫。第一产业利用韩资规模明显偏小，占三次产业利用韩资总额的比重长期不足 1%，2017 年更是低于 1%。三次产业中制造业份额过大，山东当前利用韩资的产业主要集中在作为山东经济发展重要根基的装备制造业，装备制造业吸资占比约为全省外商引资的五成以上，而第一产业、第三产业占比则相对较少。

引资总量与体量不匹配。山东在利用韩资方面远落后于广东、江苏和陕西。2019 年，山东实际使用韩资 205.66 百万美元，仅为广东的 18.54%、江苏的 9.36%、陕西的 33.33%，占全国比重比广东低 17.21 个百分点，比江苏低 38.07 个百分点，比陕西低 7.86 个百分点。山东省韩资企业体量相对较小，新设数量多。2019 年，山东新设韩资企业 267 家，新设数量是广东的 1.7 倍、江苏的 1.28 倍、陕西的 25.5 倍，山东新设韩资企业占全国新设韩资企业的 21.89%。山东新设韩资企业中大型企业投资额仅占山东韩资企业总投资额的

28.95%，只占广东的 7.23%、江苏的 3.98%、陕西的 12.52%；山东新设韩资企业中大型企业投资额占全国新设韩资企业中大型企业投资额的比重只有 1.59%，比广东低 20.36 个百分点，比江苏低 38.21 个百分点，比陕西低 11.09 个百分点。

四　稳韩资主要对策建议

疫情防控常态化时期，山东利用韩资工作面临新特点、新趋势、新挑战。就如何不断改善营商"软环境"，坚持以市场化、法治化、公开化、便利化的国际化营商环境，构筑崇商、重商、安商、暖商、稳商工作，不断为韩资企业在中国市场创造更多发展机遇，稳定韩资规模，提高利用韩资质量，本报告总结了以下建议。

拓展发展中韩开放平台，打造引资新高地。一是高质量推进威海与仁川自由经济区开展双向开放，充分发挥中韩自贸区地方合作的作用，要加快构建"双引擎"驱动"双招双引"的双国产业链融合、市场联通、要素资源共享新模式。二是强化中韩（烟台）产业园优势。立足园区现有产业基础，加大招商引资力度，不断推动体制完善，聚焦优势特色产业，突出引进韩资"大、高、外、特、集"项目，细化措施给予资金支持。围绕园区主导产业建设补强产业链条，对入园项目审批、清场、管理等进行明确规定。重点把优势产业链条向下延伸、拉长。三是创新招商方式，提高招商实效。创新招商，善于运用互联网技术和信息化手段，通过云推介、云洽谈、云签约等措施加强项目对接，"面对面""屏对屏"并举，改造提升传统产业、新兴产业、工业互联与智能制造发展等重点领域。组织线下精准招商、专业招商、集中招商，坚持招商和安商并举，增量与提质并重，建立境外招商重点对接企业数据库。

加大优质韩资吸引力度，实施更大范围、更宽领域、更深层次的对外开放。一是韩资领域"放管服"。推动开放理念和模式的转变，负面清单之外的领域，不得专门针对外商投资准入进行限制，全面实施准入前国民待遇加负面清单管理制度，按照内外资一致原则实施管理。全面升级服务业扩大开放，聚焦韩资重点领域、区域，探索"一业一策、一企一策、一事一议"突出韩资优势产业的开放新模式。推动服务业高质量发展，激活"新引擎"，稳住韩资基本盘。二是有针对性地引导韩资投向高附加值环节。聚焦韩国行业领军企业，加快引进一批大项目作为引进韩资的重点。发挥总部机构在产业聚集、资本汇集等方面的作用，积极引进功能性机构，实现长足发展。三是依法依规开展先行先试。积极复制推广自由贸易试验区、国家级新区、自主创新示范区等制度创新成果，鼓励自由贸易试验区在法定权限内制定外商投资促进政策，加快推进韩资企业在自由贸易试验区集聚发展。推行"标准地"改革，精简审批、优化服务、提升效率。梳理可以下放给自由贸易试验区的权限，能够下放的一律下放。

加强统筹规划，合理调整引资用资结构。一是增强韩国投资企业研发创新能力。积极建设"高科技、尖端、精准、特色"创新平台载体，鼓励韩国投资企业加大研发投入。加强招商引资与招才引智相结合，构建引才聚才高地，加速形成高层次人才"强磁场"。为高新技术企业认定提供资质审阅和分析服务，建议符合高新技术企业各项条件的韩国投资企业申请高新技术企业。二是大力支持韩国投资企业打造先进制造产业集群。鼓励地方政府结合省级产业地标，瞄准集群发展，瞄准发展关键因素，瞄准产业融合，瞄准核心资源，构建具有国际竞争力的产业链和关键环节清单，进一步梳理产业链图谱，以先进技术为引领完善创新生态体系。支持韩国投资企业不断完善全产业布局，整合生产环节中的上下游产业链。三是聚焦科技创新成果的中试熟化、示范应用、转移转化，采取"政府主导、企业主营、市场运作"模式，突出"公益性、开放性、服务型、创新性"，搭建起一批公共服务平台，开展技术挖掘、科技咨询、技术标准、知识产权等服务。

对标高水平开放规则，扎实优化营商环境。一是对标国际一流标准，打造全方位深层次的营商环境。深入研究营商环境先进的经济体的政策实施路径及实施背景，并结合山东省经济、市场发展水平，有选择、有针对性地进行改革，并增强政策连续性、稳定性和可持续性。实施"科技金融深度融合行动计划"，按照"权责统一"原则，主导并出资设立各类政策性扶持资金，综合运用无偿拨款、股权投资、科技信贷、事后补助、奖励、购买服务等方式，放大财政资金效益，支持科技企业发展。二是促进鲁韩投资自由化便利化。积极推进与韩国海关的 AEO 互认合作；为服务经济发展、便利商企人员往来，对重点商企人员提供多次往返签证便利；深入实施创新驱动发展战略，积极推进构建技术标准共享服务平台，主动加强与韩国的技术标准对接和体系兼容。三是优化创新政策。落实党委联系服务专家制度，深化"一点""一面""一日""一课"的"四个一"联系服务模式。帮助解决人才居住、子女入学、医疗保健等问题。

围绕新兴产业领域展开合作。韩国高新技术产业和高端制造业保持强劲发展态势，电子信息、汽车制造、石油化工、生物医药、钢铁、造船等产业优势突出，三星、LG、现代、SK、希杰等企业集团引领全球行业发展。山东与韩国应围绕信息技术、高端装备、高端化工、海洋经济、医养健康、文化旅游六大新兴产业领域展开。在信息技术领域，山东信息技术产业主营业务收入居全国第三位，新一代网络通信、云计算、物联网等产业年均增长20%以上，拥有一批知名企业。支持山东相关企业与韩国企业在集成电路、新型显示、高端软件、量子通信、人工智能等领域深度合作，共享数字经济发展新机遇。在高端装备领域，山东装备制造业总产值占全国的1/10，拥有一批行业龙头企业，具备加快发展的良好基础。韩国现代汽车已在山东日照建设了汽车零部件生产基地，在烟台建设了研发中心。山东应大力度推动双方企业在新能源汽车、智能装备、节能环保装备等关键技术与核心部件领域深度合作，共同打造全球装备制造高地。在高端化工领域，山东炼油产能2.1亿吨，占全国的28%，是世界第三大炼化产业集中区。全球十大炼油厂中有3家位于韩国，韩国是亚洲最大的石油产品出口国之一。山东应坚持集群化绿色化发展方向，加快布局裕龙岛等炼化一体化重大项目，加强与韩国企业在精细化工、高分子材料等领域互利合作，携手向产业链中下游、价值链中高端迈进。在海洋经济领域，山东陆地海岸线占全国的1/6，海洋资源丰度指数居全国首位，海洋生产总值占全国的近1/5。当前山东全力推进海洋强省建设，希望与韩国产业优势互补，深化造船业、远洋运输业、智慧海洋等领域的合作，共同做大做强蓝色经济。在医养健康领域，山东是人口大省，常住人口约为1亿人，其中65岁以上人口占15.8%。山东应加强与韩国在医疗器械、生物医药、康养保健等领域的合作，联合开发广阔的医养健康市场。在文化旅游领域，山东与韩国文化交流和旅游往来频繁，双方应进一步放大优势，加强互联互通，合作发展文旅新业态新模式，促进深度交流合作。

参考文献

程美秀：《山东省利用韩国投资的现状及发展对策》，《山东经济》2006 年第 1 期。
李奎泰：《韩中关系与东北亚国际合作体制》，《当代韩国》2013 年第 2 期。

B.14
深化山东对共建"一带一路"国家
投资的思路与对策

卢庆华*

摘　要： 共建"一带一路"国家具有丰富的能源资源、广阔的市场、庞大的人口数量和发展潜力，且正处于经济快速增长期和转型期。山东作为中国的经济大省和开放大省，以结构优化、创新驱动为主线，统筹"引进来"与"走出去"同步发展，积极融入"一带一路"倡议。大力发展对共建"一带一路"国家的投资合作，应采取几个重点措施：一是进一步提高对共建"一带一路"国家投资的紧迫性和必要性的认识；二是进一步加快对共建"一带一路"国家投资的管理体制改革；三是进一步完善对共建"一带一路"国家投资的鼓励政策；四是进一步完善山东对共建"一带一路"国家投资的融资政策；五是进一步优化山东对共建"一带一路"国家投资的主体结构；六是进一步完善山东对共建"一带一路"国家投资的服务体系。

关键词： "一带一路"　投资合作　山东

党的十九大报告提出"中国开放的大门不会关闭，只会越开越大。要以'一带一路'建设为重点，坚持引进来与走出去并重"，十九届五中全会更是提出"要建设更高水平开放型经济新体制，全面提高对外开放水平，推动贸易和投资自由化便利化，推进贸易创新发展，推动共建'一带一路'高质量

---

* 卢庆华，山东社会科学院科研组织处助理研究员，研究方向为国际经济。

发展，积极参与全球经济治理体系改革"，中国企业利用外资迅速增加的同时，对外投资也得到快速发展，不断"创新对外投资方式，促进国际产能合作，加快培育国际经济合作和竞争新优势"。山东作为中国的经济开放大省，对外投资虽然起步较晚，但发展迅速，2000年党中央、国务院提出加快实施"走出去"战略，山东对外投资进入快速发展的新阶段。2013年习近平总书记提出"一带一路"倡议以来，山东积极对接，注重对外投资并积极深度拓展共建"一带一路"国家市场，继续大力实施"走出去"战略，充分利用国际国内两个市场、两种资源，积极开展与共建"一带一路"国家的国际经济技术合作，对外投资呈现良好的发展态势。

一 山东对共建"一带一路"国家投资的现状分析

2013年9月和10月，中国国家主席习近平在访问哈萨克斯坦和印度尼西亚时提出"一带一路"倡议。"一带一路"主要涵盖东南亚地区、中东、中亚、西亚、中东欧和非洲部分国家。共建"一带一路"国家具有丰富的能源资源、广阔的市场、庞大的人口数量和发展潜力，与山东具有巨大的合作空间。截至2021年1月29日，中国与171个国家和国际组织签署了205份共建"一带一路"合作文件。本报告主要分析早期参与"一带一路"共建的65个国家和地区。这65个国家和地区，无论是地理分布还是政治文化、经济发展水平都存在较大差距。本报告按照地域将这65个国家和地区分为东亚1国、东盟10国、西亚19国（含地区）、南亚8国、中亚5国和欧洲地区22国，具体表1所示。综合来看，主要有以下几个特点。

表1 共建"一带一路"国家和地区分布

分类	所包含的国家和地区
东亚（1 国）	蒙古国
东盟（10 国）	新加坡、马来西亚、印度尼西亚、缅甸、泰国、老挝、柬埔寨、越南、文莱、菲律宾
西亚[19 国（含地区）]	伊朗、伊拉克、土耳其、叙利亚、约旦、黎巴嫩、以色列、巴勒斯坦、沙特阿拉伯、也门、阿曼、阿联酋、卡塔尔、科威特、格鲁吉亚、巴林、阿塞拜疆、塞浦路斯、埃及的西奈半岛

分类	所包含的国家和地区
南亚（8 国）	印度、巴基斯坦、孟加拉国、阿富汗、斯里兰卡、马尔代夫、尼泊尔、不丹
中亚（5 国）	哈萨克斯坦、乌兹别克斯坦、土库曼斯坦、塔吉克斯坦、吉尔吉斯斯坦
欧洲地区（22 国）	俄罗斯、乌克兰、白俄罗斯、摩尔多瓦、希腊、亚美尼亚、波兰、立陶宛、爱沙尼亚、拉脱维亚、捷克、斯洛伐克、匈牙利、斯洛文尼亚、克罗地亚、波黑、黑山、塞尔维亚、阿尔巴尼亚、罗马尼亚、保加利亚、马其顿

资料来源：笔者整理。

（一）对共建"一带一路"国家投资总体规模增长迅速

随着"一带一路"倡议的不断深入，山东紧抓时代机遇，积极开展多种形式的跨国经营，一批有条件、有实力的企业开始加大对外投资，尤其是不断加大对共建"一带一路"国家的投资。投资主体也由原先单一的国有和国有控股企业如海尔集团、海信集团、兖矿、胜利油田、山东电力、山东钢铁集团等企业不断向股份制民营、集体、外商投资企业多种所有制共同发展。山东对外投资已经由被动劳务输出转换为投资主导，对外投资尤其是对共建"一带一路"国家投资也逐渐成为山东经济高质量发展的新引擎和产业转型的重要推动力量（见表2）。

表 2　2010～2019 年山东对共建"一带一路"国家投资额及占比情况

年份	对共建"一带一路"国家的投资额	对外投资总额	占比（%）
2010	4.4 亿美元	22.2 亿美元	19.7
2011	6.0 亿美元	29.6 亿美元	20.3
2012	13.8 亿美元	44.3 亿美元	31.1
2013	13.4 亿美元	55.6 亿美元	24.1
2014	18.7 亿美元	62.9 亿美元	29.7
2015	50.2 亿美元	155.9 亿美元	32.2
2016	7.8 亿美元	132.2 亿美元	5.9
2017	100.6 亿元	376.8 亿元	26.7
2018	127.5 亿元	465.3 亿元	27.4
2019	134.6 亿元	423.1 亿元	31.8

资料来源：根据山东统计年鉴（2011～2015 年）及山东省商务厅有关统计数据（其中 2016 年为 1～11 月的数据）计算所得。

　　山东对外投资发展较快，尤其是"一带一路"倡议提出后，山东抢抓机遇，大力发展对共建"一带一路"国家的投资，投资规模不断扩大。投资额从2010年的4.4亿美元增加到2019年的134.6亿元，虽然2016年有一个短暂的下降，但是2017年山东对共建"一带一路"国家实际投资实现大规模增长（增长81.7%），超过了100亿元大关，占全省对外投资总额的26.7%，同比提高20.8个百分点。2018年，山东对共建"一带一路"国家实际投资继续保持高速增长态势（增长26.7%），占全省对外投资总额的27.4%。2019年，山东对共建"一带一路"国家实际投资134.6亿元，占全省对外投资总额的31.8%。2020年上半年，山东实际对外投资280.7亿元，增长26.2%。其中，对共建"一带一路"国家实际投资62亿元，增长16.4%，占全省的22.1%。山东对共建"一带一路"国家的投资额占山东对外投资总额的比重从2013年的24.1%增加到2019年的31.8%，2015年达到最高，为32.2%，可见自从"一带一路"倡议提出以来，山东对共建"一带一路"国家的投资规模有大幅度增长，占山东对外投资的比重基本稳定在1/3左右。但同时也应该看到，山东对共建"一带一路"国家的投资占该国吸收投资总量的比重仍然不高，山东对共建"一带一路"国家的投资规模虽然增长较快，但整体上仍然偏小，还有很大的发展空间。

（二）对共建"一带一路"国家投资的区域不断扩大

　　随着山东对外投资总体规模的迅速增长，对外投资的区域也不断扩大，尤其是抢抓积极融入"一带一路"倡议的机遇，不断加大对共建"一带一路"国家的投资力度，目前已覆盖大部分共建"一带一路"国家。虽然山东对共建"一带一路"国家投资实现了较大幅度的增长，但从区域分布看，山东对共建"一带一路"国家投资仍然存在不平衡性，投资主要还是集中于亚洲地区，尤其是东盟地区和南亚。无论是年度数据还是累计数据，山东对东盟投资占对共建"一带一路"国家投资的比重基本保持在60%左右，对西亚和东亚投资仅占2%左右。可以说，东盟是山东在"一带一路"建设中对外投资合作的重中之重。从投资规模来看，2010年山东对东盟投资仅为2.5亿美元，以后不断增加，2013年"一带一路"倡议提出之后，2014年迅速提升，尤其是在2015年达到33.8亿美元，5年来增加了12倍之多。从投资区域来看，对东盟投资主要集中于新加坡和马来西亚等国家，其中 2016 年对新加坡投资 16.6 亿美元，占对东盟投资总额的 50% 左右。从投资行业来看，山东对东盟投资主要集中于电力、热力、燃气以及租赁和商品服务业等。

（三）能源资源合作已成为山东投资共建"一带一路"国家的亮点

山东在不断优化对共建"一带一路"国家的投资国别布局的同时，加大了对东南亚地区能源资源的重点投资。2018 年山东实施新旧动能转换重大工程以来，大力"支持优势产能行业'走出去'，开展国际产能合作"，与东盟的印尼、越南、马来西亚等国家和南亚的印度、孟加拉国等国家的能源开发合作已成为山东对外投资的亮点，工程和劳务合作也开始逐步完善。统计数据显示，2018 年，山东对共建"一带一路"国家国际产能合作领域实际投资 64.5 亿元，增长 36.2%。2019 年，山东对共建"一带一路"国家国际产能合作领域实际投资 69.8 亿元，占对共建"一带一路"国家实际投资的比重超过一半，这已成为山东的独特优势。在此基础上山东也加大了与中西亚等国家在能源资源方面的投资合作，并延伸到尼日利亚、安哥拉、埃及、阿尔及利亚、苏丹等非洲地区的油气资源的投资开发合作。①

（四）对共建"一带一路"国家投资的方式趋于多样化

山东对共建"一带一路"国家投资从初期的贸易性投资、绿地投资等方式，逐步扩展到股权置换、收购、兼并等投资方式。特别是近年来，收购、兼并、境外上市呈逐年增长的态势。收购、兼并是目前国际上跨国公司投资的主要方式，具有投资周期短，可获得现成市场、品牌、商誉和销售渠道等优点，因而被越来越多的山东省内有实力的企业所采纳。此外，一些民营企业积极探索建立境外特殊目的公司进行股权融资，已有多家企业在共建"一带一路"国家上市。

---

① 李广杰：《山东推进"一带一路"建设的意义与 SWOT 分析》，载郑贵斌、李广杰主编《山东融入"一带一路"建设战略研究》，人民出版社，2015，第 84 页。

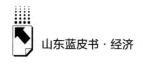
二 山东对共建"一带一路"国家投资
面临的优势和挑战

山东对共建"一带一路"国家的投资合作，既存在诸多优势条件，也不可避免地面临一些挑战。准确分析和把握山东对共建"一带一路"国家的投资合作存在的优势和不足，对于科学制定相关对策和策略有重要的意义。

（一）山东对共建"一带一路"国家投资合作的优势

山东对共建"一带一路"国家合作的优势除了区位和交通物流优势与产业基础优势外，主要体现为经贸往来优势和对外开放合作平台优势等多个方面。

1. 经贸往来优势

按照"平等互利、讲求实效"和"守约、保质、薄利、重义"的原则，山东积极实施出口市场多元化战略，不断开拓新兴市场，尤其是加大与共建"一带一路"国家的经贸合作。一是山东与共建"一带一路"国家产业互补性较强，经贸合作空间广阔，尤其加工制造业更是山东与共建"一带一路"国家合作的重中之重。山东经济总量位居全国前列，产业体系完整，基础设施比较完备，科技教育水平较高。工业体系门类齐全，拥有一大批骨干企业和知名品牌，规模以上工业实现增加值、利润和利税居全国前列。二是境外资源开发已成为山东的独特优势。山东紧紧抓住国家提出的"一带一路"倡议，加大对共建"一带一路"国家的投资。同时，共建"一带一路"国家也越来越重视可持续发展，由原来的资源和能源出口转变为鼓励引进外资和技术进行本土联合开发。山东立足比较优势，"支持优势产能行业'走出去'，开展国际产能合作"，积极与当地开展电力、煤炭、林业、橡胶等产能方面的合作，并通过产业合作，培育一批具有国际竞争力的跨国企业，使山东在更高层次上参与国际产业分工。

2. 对外开放合作平台优势

山东在推进对外开放的过程中，高度重视对外开放合作平台建设，尤其是"一带一路"倡议提出以来，境外经贸合作区为山东加快与共建"一带一路"

国家的投资合作提供了平台和载体支撑。截至 2019 年 9 月,山东共有 13 家境外经贸合作区,其中有 9 家位于共建"一带一路"国家,国家级境外经贸合作区有 4 家,全部位于共建"一带一路"国家,数量高居全国第一。①

(二)山东对共建"一带一路"国家投资面临的挑战

山东对共建"一带一路"国家投资面临的挑战,首先是来自经济和产业发展本身,其次是政治体制及宗教文化的复杂性。共建"一带一路"国家经济发展水平差异较大,经济发展水平相近的国家又普遍存在发展水平较低的现象,而且存在较大的竞争性,这些因素给山东与共建"一带一路"国家的投资合作带来一定的困难。

1. 经济和产业发展水平差异较大

大多数共建"一带一路"国家不仅经济和产业发展水平普遍较低,而且参差不齐。仅在东盟 10 国中,新加坡的人均 GDP 就远高于越南、老挝、缅甸、柬埔寨四国人均 GDP。共建"一带一路"国家之间经济科技发展不平衡,经济和产业发展水平参差不齐,必然要求山东根据每个国家不同的实际情况进行投资,这在一定程度上加大了对外投资的难度。

2. 政治制度和政治体制的复杂性

共建"一带一路"国家大多为发展中国家,历史上大多曾经沦为西方列强的殖民地或半殖民地,各国社会制度不同,近代以来的政治体制也存在很大差异。如越南实行的是共产党领导的人民代表大会制度,新加坡实行的是议会共和制,文莱则是绝对君主制,缅甸的情况较为复杂,目前主要实行军政合一的体制。政治制度和政治体制的复杂性,加大了山东企业在共建"一带一路"国家投资可能遭遇的风险,给山东对共建"一带一路"国家投资带来了极大的挑战。

3. 宗教和文化的复杂性

在文化和宗教方面,共建"一带一路"国家不尽相同。总体来讲,他们分别受到中国文化、印度文化、伊斯兰文化和西方基督教文化四大文化的影响,形成了

---

① 《"一带一路"的山东力量!山东境外经贸合作区数量居全国第一》,齐鲁网,2019 年 9 月 29 日,http://news.iqilu.com/shandong/kejiaoshehui/20190929/4354505.shtml

不同的宗教文化圈。如马来西亚、印尼和文莱受伊斯兰文化影响较大；泰国和柬埔寨主要受佛教的影响；菲律宾主要接受了西方基督教文化的影响，其大部分国民信奉天主教；中亚和西亚则是伊斯兰文化发展的重要区域，著名的麦加圣地就坐落于此，曾经兴盛的阿拉伯帝国就是以此为中心不断向外传播自己的宗教和文化的。近年来随着宗教激进主义势力的抬头，加上恐怖主义等因素，不同宗教信仰间冲突时有发生。① 宗教和文化的复杂性在一定程度上阻碍了山东企业与共建"一带一路"国家的交流与合作，不利于山东对外投资的发展。

三 进一步提升山东对共建"一带一路"国家投资水平的对策建议

实施"走出去"战略，开展对外投资是一项复杂的系统工程，需要强有力的政策体系和保障机制提供支撑。十九届五中全会指出，"推动共建'一带一路'高质量发展，积极参与全球经济治理体系改革"，根据"一带一路"倡议提出以来山东对共建"一带一路"国家投资的实际状况，为贯彻落实十九届五中全会精神，实现山东对共建"一带一路"国家投资的新突破，应重点采取以下措施。

（一）进一步提高对共建"一带一路"国家投资的紧迫性和必要性的认识

一是有利于缓解山东经济高质量发展与资源能源短缺的矛盾。当前，山东经济进入高质量发展阶段，对能源、原材料等也提出更高的要求。能源经济是山东建设现代化经济体系的重要组成部分，共建"一带一路"国家拥有丰富的能源资源。因此，应加快山东能源经济"走出去"，更大范围、更高水平参与和能源资源丰富的共建"一带一路"国家（如印度、印尼、巴基斯坦等）的国际能源竞争与合作，提升山东开放型能源经济水平，推进山东能源生产和消费革命，实现山东能源经济高质量发展。

---

① 卢庆华：《山东与"一带一路"沿线国家和地区的产业合作》，载郑贵斌、李广杰主编《山东融入"一带一路"建设战略研究》，人民出版社，2015，第217页。

二是有利于加快推进山东新旧动能转换重大工程。目前山东传统产业仍占较大比重,相当一部分产品在国内市场竞争中处于低水平层次。当前,山东加快发展高新技术产业、改造提高传统产业、限制淘汰落后生产能力的任务依然较重。山东相当一部分传统产品在共建"一带一路"国家具有相对竞争优势,有广阔的市场前景。加快相关产业向这些国家转移,将会为山东顺利实现产业结构优化升级、加快推进山东新旧动能转换重大工程创造十分有利的条件。

三是有利于规避贸易壁垒和扩大国外市场。自我国加入世贸组织以来,贸易摩擦日益加剧。越来越多的国家采用反倾销、反补贴、保障措施等WTO规则允许的救济手段来保护本国产业的利益,对国内出口产品提起的反倾销诉讼以及以技术标准、检验检疫措施、知识产权保护、环保和劳工标准等为由设置的种类繁多的技术性贸易壁垒有增无减。山东出口商品中纺织服装、农产品、轻工产品等劳动密集型、低附加值产品比重较高,深受国际贸易保护主义之害。而进行对外投资尤其是对共建"一带一路"国家投资则可以帮助省内企业顺利绕开贸易壁垒,提高山东企业产品在国际市场中的占有率。

四是有利于增强山东企业的国际竞争力。在经济全球化背景下,企业竞争力在很大程度上表现为在全球配置资源的能力,对山东企业来说,通过在共建"一带一路"国家投资办厂或建立研发中心,可以充分利用当地的信息渠道和信息资源,及时跟踪共建"一带一路"国家的最新动态,不断提升企业配置资源的能力,提高企业的国际竞争力。

(二)进一步加快对共建"一带一路"国家投资的管理体制改革

一是加快制定和出台《山东省对共建"一带一路"国家投资管理条例》和《山东省对共建"一带一路"国家投资企业风险管理办法》。其中,前者应对山东对共建"一带一路"国家投资企业的审批程序、产业政策、经营主体、经营范围、组织形式、运作方式、经营管理等做出规定,使山东境外投资工作做到有规可依、有章可循;后者应主要侧重于对共建"一带一路"国家投资企业的风险防范,既要明确对外投资企业的经营方向,强化企业财务监督,又要提出切实有效的措施,帮助对外投资企业把好注册登记关、人员派出关,提高对外投资企业的经济效益。

二是强化对共建"一带一路"国家投资的宏观管理。强有力的宏观管理既是促使对共建"一带一路"国家投资企业的行为与社会整体利益相互协调的客观保证,又是提高企业资金使用效率和经济效益的先决条件。建议成立一个由省政府有关领导挂帅,发改委、经信委、商务等部门相关人员参加的山东对共建"一带一路"国家跨国经营管理协调委员会,负责审议和协调对外投资项目,解决对共建"一带一路"国家投资中产生的问题。

三是制定对共建"一带一路"国家投资总体规划,优化对共建"一带一路"国家投资的地区结构和产业结构。为进一步推动山东企业对共建"一带一路"国家投资的发展,应在充分掌握全球经济发展总体趋势的基础上,结合山东经济发展实际,尽快制定对共建"一带一路"国家投资的总体规划,统筹安排对共建"一带一路"国家投资的方向、重点,促进对共建"一带一路"国家投资结构的优化。比如,山东可重点鼓励具有产业优势的企业到资源丰富且开发成本较低的共建"一带一路"国家(如南亚和东南亚国家)进行资源开发性境外投资合作。

(三)进一步完善对共建"一带一路"国家投资的鼓励政策

一是完善对共建"一带一路"国家投资的金融政策,企业对共建"一带一路"国家投资项目可以根据其规模、类型、风险等具体情况享受一定的长期优惠贷款。

二是完善对共建"一带一路"国家投资的税收政策。对属于政府鼓励发展的共建"一带一路"国家投资项目,给予一定的税收优惠;对通过共建"一带一路"国家投资带动的产品出口实行出口退税;对通过共建"一带一路"国家投资返销的产品实行关税减免。

三是完善对共建"一带一路"国家投资的财政政策,借鉴美国私人海外投资公司的经验,设立自负盈亏的专项基金,并在其运作中引入市场机制。在企业对共建"一带一路"国家投资的初级阶段,为其提供必要的资金支持,当企业取得成功以后,按照既定的比例向基金返还利润,使基金的支持能力随着企业对共建"一带一路"国家投资的发展而不断提高,从而使企业获得连续不断的资金支持。同时,借鉴新加坡等国的经验,由财政拨款设立对共建"一带一路"国家投资企业员工培训专项基金,迅速培养出一批实用型人才,满足山东对共建"一带一路"国家投资迅速发展的需要。

(四)进一步完善山东对共建"一带一路"国家投资的融资政策

一是积极争取中央专项优惠资金支持。支持山东企业申请国家各项扶持资金。有关部门要加强业务指导,鼓励和支持企业积极争取和利用现有的中央外贸发展基金(信贷补贴)、援外优惠贷款和援外合作项目基金(优惠贷款),专项用于对共建"一带一路"国家加工制造业的投资。

二是逐步加大商业银行对共建"一带一路"国家投资的支持力度。积极启动各类商业银行对境外投资合作项目给予分类研究支持的机制,有关商业银行应积极与税务部门开办"出口退税账户托管贷款",对共建"一带一路"国家加工贸易项目给予信贷支持,建立"银、税、企"直接合作协调机制,缓解境外企业资金紧张的状况。境外投资主管部门与金融机构之间应设立政策协调交流制度,银行与企业之间要建立项目联合协作机制,同时大力吸引驻鲁外资金融机构为山东海外企业提供融资服务。

三是充分利用国际资金。鼓励具备条件的省内企业加大开拓共建"一带一路"国家国际资本市场的力度,积极开展国际资本运营,通过在海外发行债券、股票上市等形式,筹措境外投资项目所需的资金。要积极推广使用BOT项目融资、买方信贷、信用保函等方式,多渠道、多方式地利用国际资金。

(五)进一步优化山东对共建"一带一路"国家投资的主体结构

一是实施对共建"一带一路"国家投资主体规模化战略。山东应当从战略上调整国有经济布局和改组国有企业,尽快形成具有规模优势的大型企业集团。一方面,政府管理部门应制定鼓励企业实施规模化经营的产业政策,如相关的财税制度等;另一方面,以资本运营为手段,实现强强联合和企业兼并,推动企业的规模化经营,打破所有制、地区、部门限制,以家电、纺织、石油、化工、商业、电信等行业为重点,采取合资、合作、收购、兼并、参股等方式,把境内外分散的企业联合起来,尽快形成一批集生产、科研、金融、贸易、投资等功能为一体并在国际上具有影响力和竞争力的大型跨国企业集团。

二是实施对共建"一带一路"国家投资主体多元化战略。首先，以国有大中型生产企业为主导，大力发展实业型对外投资企业。经过多年的积累，山东国有企业，特别是一些大中型国有企业在生产规模、技术水平等方面具有了一定的优势，其中部分企业在对外投资方面进行了初步的尝试。山东应根据国际资本市场的发展趋势，选择一批效益好、实力强、技术水平较高的国有大中型生产型企业在资金、技术、人才等方面给予重点扶持，以此推动山东对共建"一带一路"国家投资的发展。其次，大力发挥综合商社的作用。综合商社具有商业网点多、销售渠道广、市场信息灵、融资能力强等特点，在对共建"一带一路"国家投资中有重要的发起、组织、支持作用。建议山东尽快出台相关政策措施，推动外经贸企业、工业企业与银行等金融机构合作，组建一批综合商社。最后，大力发展民营经济，放宽对民营企业的限制，使民营企业成为山东对共建"一带一路"国家投资的新"亮点"。

（六）进一步完善山东对共建"一带一路"国家投资的服务体系

一是要进一步完善山东企业对共建"一带一路"国家投资公共信息平台建设。建立国际经济技术合作信息共享机制，及时发布我国和山东最新的对外经济合作政策，提供权威的共建"一带一路"国家的市场需求、投资环境和企业资信等信息。建立共建"一带一路"国家投资项目数据库，为企业实施共建"一带一路"国家投资提供决策依据。

二是建立风险防范机制。各有关政府部门和机构要及时定期公布共建"一带一路"国家中资企业在东道国（地区）投资经营中遇到的各类问题、障碍和壁垒，提醒企业规避投资风险。山东相关企业要对对共建"一带一路"国家的投资风险给予足够的重视，搞好管理制度化建设，加强对对共建"一带一路"国家投资前期风险的分析和论证，注重及时收集有关方面提供的信息，提高决策的科学性，切实采取有效措施，努力将对共建"一带一路"国家的投资风险降到最低。

参考文献

龚联华:《广东与江苏、浙江、山东、上海沿海省市经济发展比较研究》,《广东经济》
　　2019 年第 9 期。

龚正:《政府工作报告——2020 年 1 月 18 日在山东省第十三届人民代表大会第三次会议
　　上》,《山东经济战略研究》2020 年第 1 期。

顾春太:《我国对"一带一路"沿线国家贸易合作的省际空间差异及其影响因素》,《东
　　岳论丛》2019 年第 6 期。

金刚、沈坤荣:《中国企业对"一带一路"沿线国家的交通投资效应:发展效应还是债
　　务陷阱》,《中国工业经济》2019 年第 9 期。

李广杰主编《山东蓝皮书:山东经济形势分析与预测(2020)》,社会科学文献出版
　　社,2020。

梁玉忠:《中国企业投资"一带一路"沿线国家面临的政治风险与防范策略》,《对外经
　　贸实务》2018 年第 5 期。

毛海欧、刘海云:《中国对外直接投资对贸易互补关系的影响:"一带一路"倡议扮演了
　　什么角色》,《财贸经济》2019 年第 10 期。

典型分析篇
Typical Analysis

B.15
济南：建设国内大循环中心节点
和国内国际双循环战略支点

高珂 刘帅 杨洋*

摘　要： 济南作为山东省会，积极推进国家中心城市建设，具备成为国内大循环中心节点和国内国际双循环战略支点的条件。本文分析了济南在新发展格局中的优势，包括区位优势、外贸优势、市场优势、产业优势、政策优势，提出以创建国家中心城市协同推进济南建设国内大循环中心节点，以自由贸易试验区助推济南打造国内国际双循环战略支点，以济南为中心加快形成新发展格局山东示范区的总思路，并从全域旅游、新基建、城市群、自贸试验区、数字化等角度提出具体政策建议。

关键词： 国内大循环　国内国际双循环　国家中心城市　济南

---

* 高珂，山东省人民政府发展研究中心副研究员，清华大学经济学博士后；刘帅，北京大学新农村发展研究院讲师，北京大学经济学博士后；杨洋，槐荫区委组织部干部。

一 新发展格局的提出

新冠肺炎疫情对世界经济产生了巨大冲击，国际贸易严重受阻。同时，单边主义、民粹主义、贸易保护主义等思潮迭起，个别国家之间贸易摩擦加剧，世界经济深度调整，逆全球化抬头。在此百年未有之大变局的时代背景下，2020 年 5 月 14 日，中央政治局常务委员会会议提出"充分发挥我国超大规模市场优势和内需潜力，构建国内国际双循环相互促进的新发展格局"。2020 年 7 月 30 日，习近平总书记在中共中央政治局会议上强调"加快形成以国内大循环为主体、国内国际双循环相互促进的新发展格局"。在此之后，习近平总书记在多个重要场合，都对新发展格局进行强调阐释。习近平总书记先后就流通体系、科技创新、人才培养等多个方面对新发展格局提出具体指示，并在安徽、湖南考察时，因地制宜地对新发展格局提出具体要求。习近平总书记指出：做好较长时间应对外部环境变化的思想准备和工作准备。从以上论断可以看出，"内循环 + 双循环"的新发展格局将在较长时间里是我国经济发展的总要求和主方向。

新发展格局是根据我国发展阶段、环境、条件变化做出的战略决策，是应对国内外复杂经济形势、不确定性不稳定性因素、保持我国经济高质量发展的深层次变革，是从国内外形势判断出发做出的长期重大战略部署。面对新冠肺炎疫情带来的冲击以及国内外复杂的经济环境，山东省经济发展也面临巨大挑战。深入贯彻习近平总书记关于新发展格局的重要指示，对于保持山东省经济大省地位、实现"走在前列、全面开创"目标具有重大战略意义。济南作为山东省会，引领带动全省发展义不容辞。习近平总书记指出，在有条件的区域率先探索形成新发展格局。济南背靠山东经济大省，在新发展格局中大有可为，具备成为国内大循环中心节点和国内国际双循环战略支点的条件。

二 抢占新发展格局战略机遇

"内循环"的本质是发挥我国区域经济增长的阶段性和周期性特征，利用地区间的产业梯度，实现区域经济接力增长。那么在整个国内经济循环体系中，会逐渐形成梯度鲜明、分工合理的产业链和产业布局，因此在"内循环"体系中，必须抢占价值链的上游，占得发展先机。

"双循环"的本质是把我国经济置于全球经济发展整体格局中，在"逆全球化"思潮下，继续利用好国内国际两个市场、两种资源的战略转向。在全球经济、国际贸易深受新冠肺炎疫情影响暂时停滞的窗口期，发挥比较优势，提升我国在全球价值链中的地位。

新发展格局的提出恰逢"十三五"收官、"十四五"开局之际，新发展格局将在一定程度上重塑我国的经济空间结构，开启新一轮省域/城市发展竞争。现阶段，新发展格局正在加速形成中，整个经济格局的形成关键就在"十四五"期间。"十四五"是新发展格局形成的起步和奠基阶段，要想在新一轮经济发展、省域/城市发展竞争中脱颖而出，必须在新发展格局形成阶段抢占先机，占据"内循环 + 双循环"的制高点。从经济学角度讲，新发展格局的本质是对 GDP 的结构进行调整，即降低对国际贸易顺差的依赖，提高消费和投资的经济贡献度。必须牢牢把握这个经济学本质，科学谋划、提前布局、持续发力，在新发展格局加快形成中，赢在起跑线上。深刻领会习近平总书记"在有条件的区域率先探索形成新发展格局"的指示精神，充分挖掘现有有利条件，加快补齐短板，推动济南建成国内大循环中心节点和国内国际双循环战略支点，带动山东率先形成新发展格局。

把济南建成国内大循环中心节点和国内国际双循环战略支点意义重大。

一是济南创建国家中心城市的必然要求。省委、省政府明确，支持济南建设国家中心城市。济南创建国家中心城市是时代赋予济南的重大课题。在党中央、国务院、省委、省政府的亲切关怀和指导下，济南的人口规模和城市规模均创新高，这是人口集聚和生产要素集聚的空间运动的结果，符合经济地理的运行规律。国家中心城市与国内循环中心节点建设是相辅相成、相互促进的。

二是提升济南省会地位的必要举措。长期以来，济南省会首位度不够，制约济南的发展和对全省的带动作用，使得全省缺乏强有力的核心增长极。省会本身就是地区的中心城市，这个中心体现在"辐射力"上。济南作为"辐射源"，能够与"辐射对象"的互动实现要素的合理分配。在新发展格局下，通过国内大循环中心节点和国内国际双循环战略支点的建设，有利于进一步提升济南的省会地位。

三是加快形成济南都市圈的关键之举。以城市群为主体构建大中小城市和小城镇协调发展的城镇格局是新型城镇化的建设路径。都市圈的定义是以一个或多个中心城市为核心，以众多中小城市（镇）为节点，以发达的联系通道为依托，形成的聚集与扩散、吸引与被吸引、辐射与被辐射的网络化的经济地理空间。济南的中心节点将大力促进济南都市圈的形成，从"内循环"和"双循环"中，进一步形成环济南城市群的合理布局和分工协作。

三 济南构建新发展格局的优势和瓶颈

（一）济南构建新发展格局的优势

1. 区位优势

济南的地理位置具有天然的"中心"地位。从省内看，济南处于山东省的核心位置，是联结半岛地区与中西部地区的枢纽和中转站。从全国看，济南位于京沪往来的交通要道上，北接京津冀，南邻长三角，是京沪两大核心城市资源交会的重要节点。京沪高铁二线的建设将带动更多的山东省内资源融入济南中心节点，进一步融入全国经济循环。

2. 外贸优势

新冠肺炎疫情蔓延到现阶段，欧美、拉美、印度等国家和地区疫情仍在持续，而韩国、日本等亚洲国家疫情得到较为有效的控制。山东的外贸主要依赖韩国和日本等亚洲国家，疫情对山东的外贸冲击有限。且随着亚洲国家经济的提前恢复，这一优势将更加显现。

3. 市场优势

山东人口基数大，消费潜力巨大，市场潜能有待进一步挖掘，各类消费品在山东具有非常广阔的市场前景。在农村地区，山东省无论是常住人口城镇化率还是户籍人口城镇化率，都还有很大提升空间，广大农村地区更是消费的潜在市场。

4. 产业优势

山东产业门类相对齐全，体系完整，特别是在新冠肺炎疫情发生后，山东

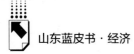

无论是农产品供应，还是轻工业生产，都表现出独特的产业优势。在近几年新旧动能转换的推动下，山东产业竞争更加凸显，这为"内循环+双循环"提供了良好的前期基础。

5. 政策优势

济南、山东是多项国家政策的叠加区域，包括新旧动能转换综试区、自贸试验区、上合示范区、黄河流域生态保护和高质量发展等在内的多个国家战略叠加。中央的政策支持明显，具备多力迸发，"1+1+1>3"的政策基础。

（二）济南构建新发展格局的瓶颈

济南在构建新发展格局中还存在一些不足，如空间结构不合理，产业布局不均衡；创新驱动整体水平偏低；城市交通拥堵严重，枢纽功能不强；城市能级偏低；存在诸多成为中心节点和战略支点的短板。济南在全面深化区域经济合作，全方位对接国家区域发展战略，着力构建共建共享、互利共赢的区域发展新格局，打造中心节点、战略支点上还存在城市能级不足、带动区域协调发展作用不强等问题，主要表现在以下四个方面。

1. 空间结构不合理，产业布局不均衡

济南在地理空间上受到南部山区和北部黄河的双重限制，城市发展始终沿着东西方向延伸，形成了东西长、南北窄的带状城市，产业分工和梯度转移空间相对不足，阻碍了资源要素的快速流动和高效配置，对完善产业链条、壮大产业规模、增强产业竞争力产生抑制作用。城市产业空间发展呈现服务性产业中心极化和第二产业包围城市态势，主城区与城郊区县的经济发展不均衡，产业之间缺乏有效的协调和关联，城市核心区内产业高度集中，限制了新产业发展空间，城郊区县的产业布局相对比较分散，产业结构趋同化严重，产业功能分工不合理。第二产业由中心城区向外围转移，产业转移布局不平衡，产业园区和开发区表现为东多西少，同时，园区分布在城市空间上较为分散，缺乏园区和产业之间的相互联系和合作，不利于大规模产业集群的形成，继而使得济南东西差距进一步扩大。随着城郊区县工业化进程的加快，农业用地成本、劳动力成本逐年提高，在一定程度上造成农业用地闲置和规模化程度不高并存的现象。以上已成为济南城市经济协调发展和城市空间生态发展的重要制约因素。

2. 创新驱动整体水平偏低

从全省看，创新驱动领先优势不明显，科技创新辐射带动能力、策源能力发挥不充分、作用不突出。近三年，济南吸纳技术成交额远大于输出技术成交额，反映出省会科技外溢效应不突出；济南市 R&D 活动经费内部支出长期低于青岛市和烟台市，研发投入占比、万人专利拥有量、高新技术产业增加值占比、新经济占比等多项主要科技指标在全省不具备压倒性优势，尚未形成领先全省的科创高地。从全国看，济南创新驱动整体水平不高，竞争力弱，影响力小，在全国城市竞争中处于弱势地位。科技创新在全国排名与经济大省省会地位不匹配，科创发展指数居全国第 19 位，创新平台和创新主体整体实力不足，在 452 家国家重点实验室中，济南仅占 4 席。济南 49 家新型研发机构大多处于起步阶段，而南京已培育认定了 200 家。2019 年末济南有高新技术企业2238 家，居副省级城市第 10 位，龙头企业规模小、数量少且排名靠后，产业创新与民营活力不足。智力支撑力量不强，大院大所相对少、引领型创新人才少，科创管理体制机制滞后，鼓励尝试、宽容失败的创新氛围不浓，直接制约了省会创新研发能力。与此同时，国内一线城市辐射影响范围不断扩大，对优质要素资源形成了强大"虹吸效应"；部分省会城市发挥后发优势，通过区划调整拓展了发展空间，提升了城市首位度，进入了新一轮加快发展的快车道。济南亟待加强对人才、资本和技术的吸引力，在产业升级转移、协同创新、基本公共服务提升、区域治理等方面面临新的挑战。

3. 城市交通拥堵严重，枢纽功能不强

济南城市道路的承载能力已不能完全适应城市快速发展的现实要求，城市交通拥堵越发严重。根据交通拥堵的基本形态类型，济南市交通拥堵类型主要为区域型交通拥堵、高峰型交通拥堵和节点型交通拥堵。济南城区内拥堵的主要路段主要集中在第三产业发达的地区以及中心城区边缘区的产业园区附近，这与城市产业的空间布局不合理有密切的关系。交通拥堵除在主要道路体现明显外，已逐步向东西部城区蔓延。济南对外交通拥堵现象同样严重。济南市公路密度不高，市区路网与高速路网的衔接不够顺畅，快速通道少、出入口少。济南市东部和西部、南部山区、黄河北发展不均衡，路网不完善，还存在部分断头路。国省干线整体服务能力不够，拥挤度较高，影响了过境车辆的快速通行。济南机场规模相对较小，国际航线偏少，国际空港能级不足；机场外部综合交通网络不完善，缺乏城际高铁、城市轨道交通等大运量公共交通的无缝衔接；与周边城市的交通联系不足，尚不存在跨城机场直达专线，航空枢纽带动作用不强。高铁线路不够通达，尚未形成以济南为中心的"米"字形高铁网络，市域郊县存在铁路线盲点，干线铁路、城际铁路、市域（郊）铁路、城市轨道交通缺乏有效融合，交通效率有待提高。交通与物流、产业融合发展不足，铁路、公路、航空运输与沿海港口功能缺乏衔接，在促进南北动能传导、东西陆海联动方面存在较大短板，缺乏战略互动、要素集聚、动能传导的关键"桥梁"，发挥联通东北亚、贯通"一带一路"重要节点的综合枢纽作用不强。

（三）资源环境承载压力较大

济南城市发展的空间扩张造成了资源环境的污染扩张，主要表现为各种环境污染由城区向郊区以及县城地区扩散。对于城郊的农业，化肥、农药的不合理使用以及残留地膜、畜禽粪便和污水灌溉使第一产业中耕地的生态环境污染加重。伴随着城区内众多高污染、高耗能的工业企业不断地转向郊区，城区内部的生态环境有所改善，但是对郊区生态环境造成一定的影响，且这些污染程度要高于郊区的第一产业和第三产业。因此，城区内迁移到郊区的工业，给迁入地带来经济增长的同时也给当地的生态环境带来一定的污染，促使环境污染由城区逐步向郊区扩散。具体表现为济南郊区的空气污染、水污染以及土壤污染均高于城区内部，从而形成以城区为核心，向城市郊区外围扩张的污染趋势。其中水资源污染突出，尤其是小清河污染最为严重，地下水污染现象同样存在。另外，近年来由于南部山区的无规划开发，大量弃置垃圾致使南部山区环境遭到破坏，水土流失、水质污染时有发生，从源头上对水环境造成较大破坏。济南市是全国40个水资源特别短缺的城市之一，水资源问题已经成为制约济南产业发展的重要影响因素，地表水资源质量恶化，导致供需矛盾更加突出。

四 思路与建议

整体思路：以创建国家中心城市协同推进济南建设国内大循环中心节点，

以自由贸易试验区助推济南打造国内国际双循环战略支点，以济南为中心加快形成新发展格局山东示范区。针对济南的发展实际和建设中心节点与战略支点的要求，本文提出如下具体建议。

1. 以全域旅游带动人流、物流和资金流循环转动

旅游业在新冠肺炎疫情中受到较大冲击，但随着我国疫情防控取得实效，旅游行业复工复产复业快速推进，旅游业振兴发展恰逢其时。旅游业是绿色产业，能够同时带动人流、物流和资金流，是循环经济的重要载体，具有明显的循环带动作用。因此，应通过全域旅游激活旅游业。

一是着力挖掘济南的文化底蕴。济南历史悠久、文化灿烂、名人辈出。以李清照、辛弃疾为代表的济南历史名人，以曾巩、老舍等为代表的名家对济南的文学记录，以及以大明湖等为背景的文学影视作品（如《还珠格格》），可谓家喻户晓。从实际调查了解看，这些名人形象等深入人心，但受访者对这些形象起源于济南知之甚少。因此，济南有必要在文化底蕴上加大支持挖掘力度，将文化融入济南，使深厚的文化底蕴成为济南的新名片。

二是推进高质量旅游配套建设。济南市内交通拥堵、节假日路堵车堵饱受游客诟病。对此，应在旅游供给上下功夫。加快推进济南轨道交通建设，着力改善市内交通。完善省内高铁网建设，加快形成"省会环—省内环"高铁覆盖，实现济南与省内各市 2 小时达。济南市内景点小且相对集中，较难留下过夜旅客。应加强配套旅游设施建设，打造夜间经济。不同景点应提供差异化旅游体验，避免同质化竞争。

三是创新济南品牌营销模式。借助抖音等新兴互联网媒介，创新济南旅游品牌推广模式。积极申办"金鸡百花奖""飞天奖"等文艺界盛会，借助文艺界力量推销济南品牌，展示济南魅力。

2. 以新基建提升产业结构层级

在新冠肺炎疫情仍然在全球蔓延的情况下，稳增长是经济发展的重点。投资作为经济发展"三驾马车"之一，具有重要的支撑作用，但在新发展格局下，不应盲目追求投资数量，应扩大有效投资，有效投资的主方向就在新基建。"加强新型基础设施建设"已被写入《政府工作报告》，新基建一般是指5G、人工智能、数据中心、工业互联网等科技创新领域，以及教育、医疗等消费升级重大民生领域的基础设施。

一是新老基建有机结合。传统的"铁路、公路、机场"老基建应注重补短板，而不是普遍铺开。在此基础上，要大力发展大数据、5G网络建设、人工智能、新能源汽车充电桩等新型基础设施。

二是推动一般基础设施数字改造与升级。对于一般基础设施，以建设"智慧城市"为突破，推动"数字治堵""数字治城""数字服务"，让城市更聪明、更智慧、更方便。

三是以新方式推动新基建。新基建的"新"还体现在新方式，即对于新基建建设，在贷款、资本市场、发债等方面要配以制度建设，在知识产权保护、改善营商环境、税收优惠等方面予以倾斜扶持。

3. 以城市群促进城乡融合发展

城市群是城市化发展的必然趋势和科学规律，能够产生人口集聚和产业集聚的规模效应和学习效应，降低交易成本。促进城乡协调发展是城市群的基本功能之一，也是新型城镇化、就地就近城镇化的内在要求。

一是进一步放宽落户条件。城市间的"抢人大战"越发激烈，应进一步放宽济南的落户条件，并与农业转移人口落户城镇相配合。一方面，积极吸引在外求学工作山东人、济南人回流；另一方面，加强对到济、到鲁求学工作人员的关心支持，引导他们在济南生根安家。

二是挖掘区划调整的潜能。济南、莱芜区划调整后，在一定程度上改变了济南的整体空间结构，特别是在济南和莱芜之间，出现了暂时的因之前行政边界造成的"边界塌陷"。这既是问题，也是机遇，应借助济莱区划调整之机，加速建设济莱城际高铁，积极拓展济南的城区范围，逐渐抹平行政边界，打造空间布局更为合理、产业分布更为科学的发展格局。

三是推进公共服务均等化。城乡在公共服务方面还有较大差距，教育资源、医疗资源、社会保险等领域还存在较为明显的城乡差距，城乡二元结构仍是目前的主导模式。应在一些关键领域加大对城乡均等化支持力度，如以农村厕所改造为契机，参照城市生活污水处理系统，在有条件的地方建设统一集中的农村生活污水系统；以农村天然气改造为契机，在有条件的地方将农村纳入城市集中供暖体系。

4. 以自由贸易试验区探索国际贸易新模式

自贸区是党中央、国务院在新形势下全面深化改革和扩大开放的战略举措。在疫情防控常态化时期，国际贸易格局必将发生深刻变化。山东对韩日贸易依赖大，受新冠肺炎疫情影响明显小于其他省市。济南片区作为山东自贸区的核心板块，在疫情防控常态化时期将大有可为。

一是加大改革试点力度，积极推广复制。自贸区具有先行先试、大胆创新的政策优势。在政府职能转变、投资领域改革、金融开放、营商环境等领域，积极探索有益经验，充分利用政策红利，向全省、全国推广复制。

二是打造内陆开放新高地，提升开放能级。山东自贸区济南片区位于半岛内陆，这为内陆打造对外开放的方式、模式、领域、政策等提供了借鉴，以济南为开放新出口，带动山东中西部对外开放与经济发展。

三是推动综合保税区高质量发展，适时扩大自贸区范围。在自贸区之外，山东还有 10 个特殊海关监管区域，其中 7 个综合保税区、2 个保税港区、1 个出口加工区。以上特殊海关监管区域在促进对外开放、吸引外资等方面发挥了巨大作用，可以进一步破解综合保税区等的政策瓶颈，适时申请扩大将其升格为自贸区，扩大自贸区试点范围。

四是以自贸区为窗口，持续吸引外资流入和先进技术。持续引进外资，首先能够补充国内资金的不足，但从济南目前的发展阶段看，引进外资的意义远不止调节资金盈余，而是在于通过外资撬动企业经营的全球网络，同时能够引进经营理念等软实力，提高济南在泛东亚、亚洲乃至全球的竞争优势。继续引进先进技术，弥补自身技术能力不足的缺陷，通过"干中学"改进自身技术，逐渐形成技术集成网络。

5. 以数字化推动全要素生产率提升

信息通信技术是一种通用技术，具有高渗透特点，能够应用于多种行业和场景。一些学者的研究已证明了使用高密度的信息技术可推动制造业全要素生产率的提升。改革开放以来的发展也表明，经济增长的源泉越来越多地依赖全要素生产率。《中共中央关于制定国民经济和社会发展第十四个五年规划和二〇三五年远景目标的建议》首次提出坚持创新在我国现代化建设全局中的核心地位，提出坚定不移建设网络强国、数字中国，加快数字化发展。济南已经拥有浪潮等具有代表性的信息技术企业，在这方面有一定基础。应以基础为依托，加快城市数字化转型。济南应在数字化方面抓住机遇。一是抓住"新城建"试点机遇，加快推进基于信息化、数字化、智能化的新型城市基础设施

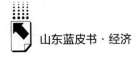

建设。二是推动数字乡村建设。三是推动"一网通办",简政放权,深化"放管服"改革。

参考文献

陈文玲:《当前国内外经济形势与双循环新格局的构建》,《河海大学学报》(哲学社会科学版)2020 年第 4 期。

董志勇、李成明:《国内国际双循环新发展格局:历史溯源、逻辑阐释与政策导向》,《中共中央党校(国家行政学院)学报》2020 年第 5 期。

江小涓、孟丽君:《内循环为主、外循环赋能与更高水平双循环——国际经验与中国实践》,《管理世界》2021 年第 1 期。

李旭章:《以双循环格局促产业链供应链升级》,《人民论坛》2020 年第 23 期。

蒲清平、杨聪林:《构建"双循环"新发展格局的现实逻辑、实施路径与时代价值》,《重庆大学学报》(社会科学版)2020 年第 6 期。

沈坤荣、赵倩:《以双循环新发展格局推动"十四五"时期经济高质量发展》,《经济纵横》2020 年第 10 期。

徐奇渊:《双循环新发展格局:如何理解和构建》,《金融论坛》2020 年第 9 期。

余淼杰:《"大变局"与中国经济"双循环"发展新格局》,《上海对外经贸大学学报》2020 年第 6 期。

张任远:《构建双循环新发展格局的思考与路径》,《区域经济评论》2020 年第 6 期。

张兴祥、王艺明:《"双循环"格局下的自贸试验区》,《人民论坛》2020 年第 27 期。

烟台：中国（山东）自由贸易试验区烟台片区制度创新成效与改革升级路径

陈 军*

摘 要： 2019年8月31日，中国（山东）自由贸易试验区烟台片区挂
牌运行。本文系统阐述了中国（山东）自由贸易试验区烟台
片区挂牌以来围绕制度创新取得的工作成效，介绍了改革实
践过程中遇到的自主创新与授权不足、顶层设计与底层推动
衔接不畅、改革创新与协同联动不够紧密等问题和难点，并
对"十四五"规划背景下烟台片区制度创新的目标方向和升
级路径进行了展望。

关键词： 自贸试验区 烟台片区 制度创新 "十四五"规划

中国（山东）自由贸易试验区烟台片区（以下简称"烟台片区"）挂牌
以来，认真贯彻落实习近平总书记关于自贸试验区建设的重要指示批示精神、
视察山东和烟台的重要指示批示精神，按照省市决策部署，在省、市各部门的
指导支持下，紧紧围绕《中国（山东）自由贸易试验区总体方案》中赋予烟
台片区"重点发展高端装备制造、新材料、新一代信息技术、节能环保、生
物医药和生产性服务业，打造中韩贸易和投资合作先行区、海洋智能制造基
地、国家科技成果和国际技术转移转化示范区"的功能定位，坚持以制度创

---

* 陈军，博士，烟台市"博士优才"计划，挂任烟台经济技术开发区管委会科技副主任兼中国
（山东）自由贸易试验区烟台片区管理委员会副主任，烟台职业学院副教授，研究方向为自
贸试验区制度创新。

新为核心，高起点谋划自贸试验区发展建设、全方位实施自贸试验区制度创新、高标准优化自贸试验区营商环境，改革红利加速释放，发展动能全面增强，为全面深化改革和扩大开放探索了新途径、积累了新经验。截至2020年8月，烟台片区100项试点任务实施率达92%，累计形成制度创新案例30项、改革经验做法30项，其中12项制度创新案例在山东省复制推广、数量居全省第2位，3项创新案例具备全国首创性并得到国家有关部委认可、数量占全省的3/7。

烟台片区坚持聚焦"为国家试制度，为地方谋发展"的主线任务，深入开展先进制造业卓越集群、现代服务业"1110"等"八大行动"，制定改革配套政策举措46项，加快建设先进制造、国际贸易、商事服务、科创合作、会展文旅、人力资本、区域金融、海洋经济等"八大中心"。特别是新冠肺炎疫情暴发以来，烟台片区统筹推进疫情防控和经济社会发展，一手抓疫情防控、一手抓片区建设，制定实施保障企业开复工七条举措、帮扶困难企业八项措施、扩大中小微企业信贷投放十条意见、提振服务业五项行动等系列举措，落实各类纾困政策资金30多亿元，截至2020年9月实现了占烟台市2‰的土地，贡献了烟台市约33%的进出口额和22%的实际利用外资，持续推动产业能级、项目投资、创新驱动、城市品质、营商环境"五大升级"。

一　自贸试验区建设主要成效

（一）创新体制机制保障，建设具有竞争力的管理模式

烟台片区坐落在烟台经济技术开发区。烟台片区充分发挥双区共生的体制机制优势，实施自贸试验区管委会与开发区管委会合署办公，负责落实总体方案的各项试点任务，开展政策研究、制度创新和产业规划等片区管理工作，建立各部门一体化的政策创新协作机制，实现制度创新与发展需求紧密衔接。同时，设立制度创新和政策研究局、综合协调局，专司自贸试验区制度政策研究，围绕重大战略、重要政策发展前沿，有针对性地提出创新建议和改革方案，推动自贸试验区功能开发和新兴产业培育等。市级层面成立烟台片区工作领导小组，负责拟定自贸试验区发展规划，研究决定自贸试验区建设重大事项。领导小组办公室设在烟台市商务局，负责对上衔接、对下督导、横向沟

通，承担领导小组日常工作，全面落实市级例会制度，集中研究解决烟台片区建设存在的困难和问题。

挂牌以来，烟台片区管委会持续优化工作推进体系，汇聚起自贸试验区建设的强大合力。一是健全任务落实机制，建立总体方案任务落实清单、问题清单和创新成果清单，常态化围绕重点行业、重点企业、重点部门、重点区域走访调研，以企业发展诉求为导向，推动试点任务落实落细。二是健全协同联动机制，推动烟台片区与海关、人民银行、税务等中央驻鲁单位和海港、空港等贸易通道平台开展联合创新、政策宣讲，优势互补、资源共享、相互促进。三是健全智库保障机制，与商务部国际贸易经济合作研究院、毕马威咨询机构等定期交流研讨创新案例，成立烟台自由贸易试验区研究院，引导烟台大学、山东工商学院等驻烟高校积极开展自贸试验区课题研究，为自贸试验区建设提供决策参考。四是健全法制保障机制，配合山东省司法厅、山东省自贸办等单位完成《中国（山东）自由贸易试验区条例》制定工作，积极反映烟台片区改革诉求，确保重大改革于法有据。

（二）强化改革系统集成，集聚要素资源配置

自贸试验区不断推动投资、贸易、金融、人才等要素资源流动便利，精心培育深化改革"试验田"，奋力打造对外开放新高地。

一是投资自由化。全面落实外商投资准入前国民待遇加负面清单管理制度，签约山东省首家外资律师事务所分支机构，建立引进外商独资职业技能培训机构的新路径，先后落地山东省首家韩资独资职业技能培训机构和山东省首家日资独资教育培训机构，签约烟台市首家外资独资旅行社。通过服务前移、流程再造，全国首创"中日韩投资便利化跨国办"，试点建设中小企业双向投资促进公共服务平台，实现日韩投资者不出国门即可获得烟台片区的市场准入和经营资格，服务事项达 21 个，相关经验做法被中央电视台《新闻联播》报道。

二是贸易便利化。落地全国首票"两步申报"空运业务通关新模式，通过"事前概要申报"和"事后完整申报"大幅压缩货物滞港时间。高标准建设国际贸易中心，探索开展数字贸易、离岸贸易等新型贸易业态，入驻企业126 家，预计全年新增进出口额达 200 亿元。抢抓获批中国（烟台）跨境电商

综合试验区机遇，全面推广跨境电商零售进口试点政策，落地烟台市首单"1210"跨境电商特殊区域出口模式业务，实现"9610"跨境电商零售一般出口、"1210"跨境电商特殊区域出口、"9710"跨境电商 B2B 直接出口和"9810"跨境电商出口海外仓四种出口模式的全覆盖，有效提高通关时效，降低企业经营成本。创新监管保税原油混兑业务，通过山东省首条直输各炼厂的原油管道，将炼厂原油调和的生产环节与港口保税仓储的物流环节相衔接，大幅降低企业采购成本和资金占用，累计混兑原油总量突破 100 万吨，数量居山东省首位，助力烟台港打造地区进口原油中转中心。2020 年 6 月，经交通运输部、国家发改委批准，烟台港西港区可接卸 40 万吨矿船，成为全国第 5 个可停靠 40 万吨级巨轮的港口、第 8 个 40 万吨矿石船泊位，有力推动了烟台港铁矿石卸船和混配业务，可带动年新增铁矿石进口 1000 万吨以上。烟台片区企业江铜国兴铜业有限公司获批关检融合后全国首个保税混铜（精矿）业务试点，实现了"国外矿山"向中国港口的前移，有效降低外国企业的混矿成本和中国企业的采购成本，提高了我国企业铜矿贸易的议价能力。

三是金融国际化。全面实施合格境外有限合伙人制度，全省率先开展资本项目收入支付便利化改革试点，截至 2020 年 9 月已为 39 家企业提供便利化支付 256 笔，总额达到 2.25 亿美元，数额居山东省首位。积极推广跨境金融区块链融资试点，通过集成企业、银行、外汇、海关的可信数据，准确核验业务真实性，有效解决企业融资过程中银企信息不对称的问题，截至 2020 年 11 月，融资规模达到 29 亿元，金额居山东省首位，成为战疫情、助复工、稳外贸的重要举措。山东省内首创"信保贷"，为"轻资产、无抵押"中小企业的银行信用贷款提供增信，打造"以信用促融资、以融资促发展"的良好金融生态环境。

四是创新平台化。设立山东省首个国际人才集团，开通线上"人才业达"云服务系统，设立线下人才服务"一站式"大厅，聚集中国科学院、清华大学、西安交通大学等 28 家高端院所设立研发机构，累计引进合作院士 20 多人、国家级人才 100 多人。建设中韩科创合作孵化基地、中加生物科技创新中心、中俄海洋技术创新中心等三处海外人才创新创业孵化中心和上海双向离岸创新创业孵化基地。规划建设八角湾中央创新区，引进落户哈尔滨工程大学研究生院，首创企校双师产教融合新模式，与 70 多家烟台企事业单位建立合作联系，初步形成校企多领域、深层次互动合作模式。以万华全球创新中心、现代汽车（中国）研发中心和张裕国家级葡萄酒研发中心等载体为依托，学习借鉴美国加州硅谷、北卡罗来纳州大三角地区等先进经验，启动建设环磁山国际科研走廊，聚焦卡脖子关键技术领域，打造全国领先、具有国际影响力的科技产业新极点。积极探索科技成果转移转化新模式，支持片区企业泰和新材联合大连理工大学等 5 家知名高校和巴斯夫等 3 家知名企业联合组建烟台先进高分子材料研究院，引进北京师范大学与片区企业显华科技共建北京师范大学分子材料基因组研究院，成立山东省先进结构材料与绿色制造重点实验室，持续打造烟台片区成为新材料产业创新方向的策源地、共性关键技术的发源地、高层次人才的集聚地。

五是产业链条化。针对新材料产业，项目总投资 168 亿元的万华化学百万吨大乙烯项目正式投产，有力地促进了万华烟台工业园聚氨酯产业链一体化平衡发展。泰和新材成为山东省继万华化学后第二家通过吸收合并控股股东实现国企整体上市的公司，加速成为国际顶尖化纤企业。针对生物医药产业，加快创新药品审批上市，片区企业荣昌生物研发的注射用泰它西普和注射用纬迪西妥单抗等 2 种新药被纳入国家药监局优先审评品种名单。复制推广药品上市许可持有人制度试点，迈百瑞国际生物医药公司建立了国内最大的生物大分子药物一站式 CDMO 服务平台，目前已承担项目近百个，帮助客户获得 FDA 等临床批件 20 余个。片区管委会与荣昌生物共建业达生物医药孵化中心，并设立2 亿元的生物医药产业基金，在省内率先开展投贷联动，目前已吸引 7 家企业入驻，产业动能持续集聚。2019 年，先进结构材料、生物医药两大产业集群入选全国首批 66 个国家级战略性新兴产业集群。

六是服务最优化。高标准建设商事服务中心，在山东省内首设企业服务专区，实行企业开办"集成式"改革，围绕高效办成"一件事"有序承接省市权限，新开办企业从营业执照申领到银行预开户全过程最快 35 分钟办结。针对工程项目建设，在全国率先推行勘验新模式，以"不见面勘验"代替传统的现场勘验，实现部分事项"受理即拿证"。在全国首推"四书合一、三一审批"，企业报告编制时间压缩 2/3，审批时间压缩 3/4，为企业减少费用支出近60%。在全国首创全链条全周期供地管理模式，实施"拿地即开工，建成即使用"，企业从取得不动产权证到获得施工许可证，仅用时 2 个工作日。推进

"证照分离"改革全覆盖，山东省内首批对餐饮、便利店、药店等 20 个行业开展"一业一证"改革试点。

七是营商法治化。成立全国首个以自贸区命名的知识产权保护中心，开通化工新材料等 3 个产业领域知识产权保护绿色通道，大幅压缩知识产权确权保护时间。成立山东省首家知识产权互联网巡回审判庭以及金融商事审判合议庭，组建金融纠纷调解委员会，构建"第三方调解＋司法确认"的金融纠纷化解模式。全面落实《最高人民检察院关于全面履行检察职能依法服务和保障自由贸易试验区建设的意见》，成立全国首家自贸试验区知识产权检察办公室。

（三）突出差异化探索，服务国家战略

烟台片区是我国距离日韩最近的自贸试验区，韩国是烟台片区的第一大贸易伙伴和第一大外资来源国。2015 年 12 月，《中华人民共和国政府和大韩民国政府自由贸易协定》（以下简称《中韩自贸协定》）正式签署，中韩（烟台）产业园合作内容被写入协定文本及配套文件。同年 10 月，我国商务部和韩国产业通商资源部签署《关于共建中韩产业园谅解备忘录》。2017 年国务院正式发布《国务院关于同意设立中韩产业园的批复》。烟台片区充分发挥全国唯一 FTZ 与 FTA 联动发展的优势，创新推出"两国双园"合作模式，相继落户山东省首家韩资律所、山东省首家韩资独资职业技能培训机构等一批"首"字项目，投入使用山东省首个集宣传推介、投资咨询、会议洽谈等多功能于一体的中韩经济文化交流中心。与韩国技术风投集团、韩国科学技术研究院合作共建山东省首个中韩科创孵化合作基地。针对全国唯一外资综合性研发中心——现代汽车研发中心在进口研发测试车辆上的诉求，烟台片区创新监管模式，推出"车型细分解决数量限制、流程再造解决境内存放期限、测试用车保证金改革释放资金压力"等创新举措，逐步形成了进口研发测试用车的监管模式，为相关政策创新的出台摸索经验。2020 年，海关总署向全国推行"对于暂时进出境测试车辆的数量，海关应当依据收发货人提供的合同、协议等相关材料予以验核"新政策，彻底解决了测试车辆进口相关问题，形成以解决企业实际问题推动改革突破的制度创新路径，增强行业集聚发展信心。

日本是烟台第二大贸易伙伴和最大出口市场。自贸试验区获批后，烟台片区高标准谋划建设 12.7 平方公里的中日产业园，目标打造日本高端产业聚集地、现代服务业转移承接地、中日文化产业合作示范地，建成中日对接发展战略、共建"一带一路"、深化投资贸易合作的先行区。起步区规划面积 2.7 平方公里，规划打造新一代信息技术园、日本中小企业产业基地和中日科创园三大园区。其中，中日科创园已落户全国首家 8K 超高清产业研究院，将通过技术引进、人才培养、产业孵化等手段，打造"8K＋5G"全新产业生态。落户山东省首家日资独资教育培训机构，投入使用山东省首个中日经济文化交流中心，助力片区企业鸿富泰精密电子（烟台）有限公司完成山东省首单全流程保税展示交易。

2018 年 3 月 8 日，习近平总书记在参加第十三届全国人民代表大会第一次会议山东代表团审议时强调，希望山东充分发挥自身优势，努力在发展海洋经济上走在前列，加快建设世界一流的海洋港口、完善的现代海洋产业体系、绿色可持续的海洋生态环境，为海洋强国建设做出山东贡献。做好经略海洋这篇大文章是山东自贸试验区的特色之一。烟台片区发挥海岸线长、海域面积大、海洋资源丰富的优势，目标打造全国首家以蓝色种业为特色、以海洋科创为引擎、以海洋新兴产业为方向的国家级海洋经济高质量发展示范区。在全国率先构建"总部基地＋孵化加速器＋专业园区"的海洋新兴产业培育模式，与山东省海洋局共建八角湾海洋科创中心，聚集包括中科院育成中心、泛海海工等 17 个涉海高端项目。作为全国国家级原良种场密度最高的地区之一，高起点谋划八角湾蓝色种业硅谷，在全国率先提出建设现代化海洋种质资源引进中转基地，目前已实现 2 批次三文鱼卵"陆海二次中转"。在全国首创将政企社科四方联动机制引入海洋增殖放流体系，构筑起政府引导、科研支撑、全社会广泛参与的海洋生物资源"大养护"模式，累计投放社会化认购鱼苗 50 万尾，实现生态效益和经济效益双提升。在全国率先组建海洋产业特色支行，首创天气风险指数评价体系，引导创新海洋牧场保险产品，有效破解海洋牧场融资难题。上述两个案例获得农业农村部领导肯定性批示，相关经验印发全国学习推广。烟台片区发挥海工装备产业优势，在全国率先启动实施现代化海洋牧场"百箱计划"，落户投资百亿元的 500 强项目——烟台经海渔业，拟建设"亚洲单体规模最大、装备水平最高、综合效益最好"的高端装备型深海海洋牧场。深化"海工装备制造＋服务"模式，依托中集来福士半潜式多功能生活支持平台设计改造，启动发布全球首个海上超级文旅综合体，打造海上文化艺术城。

二 烟台片区建设面临的主要问题

烟台片区挂牌以来虽然取得一定成效，但从改革实践看，也面临一些发展的瓶颈，突出表现为三个方面。

一是自主创新与授权不足。自贸试验区的核心任务是制度创新，要求是大胆试、大胆闯、自主改，为国家全面深化改革和扩大开放探索新路径。但在改革创新实践中，面临法律、事权方面的制约和束缚。目前烟台片区未实施的 8 项试点任务，如企业原油进口资质、汽车整车进口口岸建设等均为中央事权，需要国家部委同意或批复才能实施。例如，烟台港是全国第三大商品车外贸出口口岸，相继开通了包括美洲、东南亚、东非等国际航线在内的 12 条国内外滚装航线，2019 年完成商品车外贸船作业 95 次、出口整车 14.3 万辆，由于不是整车进口口岸，运输船舶往往是满船出、空船回，较大地增加了企业物流成本，影响了烟台商品车装卸、仓储以及整备等其他增值业务的发展。

二是顶层设计与底层推动衔接不畅。自贸试验区的建设是党中央、国务院的重要战略部署，承担了国家使命和任务，各地自贸试验区被赋予了自主试验的权限和各具特色的试验任务，基层结合地方发展实际创新试验，试验成果由中央进行统筹把控并在更大范围内复制推广，逐步形成了地方与中央协同推动制度创新的双向路径。但是，随着自贸试验区改革不断向系统集成性方向推进，跨部门联动、多要素协同的诉求越来越强烈。一项改革制度的实施，往往需要打通多个部门及司局之间的分工壁垒，依次通过相关部门的讨论协商和审批同意，做到上下顺畅、左右贯通，这种"自下而上"的推进模式不仅难度大、效率低、耗时长，而且目前双向路径缺乏机制保障。例如，烟台片区企业富士康已在片区内开展境外国产货物和境内集团资产货物的保税维修业务，希望能够拓展至全球维修业务。2020 年 5 月，商务部、生态环境部和海关总署联合发布了《关于支持综合保税区内企业开展维修业务的公告》，公布了第一批准予开展的维修货物目录，但不包括富士康的维修产品，导致企业无法承接其他来源订单。以新增维修货物目录为例，即涉及三个部门多个司局的审批。

三是改革创新与协同联动不够紧密。自贸试验区在建设之初的思路就是面向国际高标准的贸易投资规则，形成与国际投资贸易通行规则相衔接的基本制度框架，但是在具体实践中，自贸试验区改革创新与自贸协定谈判的联动仍不够紧密，FTA 与 FTZ 协同发展的红利仍没有得到最大化释放。例如，片区企业斗山工程机械公司是韩国投资企业，大部分生产用原材料和部品来自韩国供应商，根据 2015 年签署的《中韩自贸协定》，企业需要逐票报关单提供原产地证书，致使企业每年办理原产地证书 4000 余份，录入商品项数 6 万余条，鉴于办证时间和费用成本以及通关时效的考虑，企业对于货值低的零部件主动放弃享受 FTA 优惠税率。针对该企业诉求，片区管委会同属地海关，积极探讨针对同一原产国、同一生产厂商、同一产品名称、同一规格型号的产品拟实施原产地证书备案制管理模式，但由于《中韩自贸协定》中的对等、互认等问题，还需要通过中韩自贸谈判沟通协调。

三　下一步制度创新的目标方向

一是将制度创新与构建新发展格局结合起来。党的十九届五中全会做出"加快构建以国内大循环为主体、国内国际双循环相互促进的新发展格局"的重大部署，对于"十四五"时期我国经济发展具有极为重要的指导意义。2020 年 9 月，习近平总书记在中央全面深化改革委员会第十五次会议上强调，"要把构建新发展格局同实施国家区域协调发展战略、建设自由贸易试验区等衔接起来，在有条件的区域率先探索形成新发展格局，打造改革开放新高地"。新发展格局既强调要以国内经济为主，也要持续对外开放发展，通过发挥内需潜力，使国内市场和国际市场更好地联通，统筹利用国内国际两个市场、两种资源。自贸试验区作为扩大开放的新窗口和深化改革的"试验田"，既能在内循环中引领带动产业升级，又能在双循环中提升要素市场的内外联通效率，是外循环和内循环的一个纽带或支点。谋划"十四五"时期的自贸试验区制度创新，需要主动探讨如何更好地对接国际先进规则、试验国际经贸合作新规则，疏通国内经济大循环的断点和堵点、把握扩大内需的战略支点，培育参与国际合作和竞争的新优势，推进更高能级的制度创新。

二是将制度创新与新阶段高质量发展的新要求结合起来。我国自贸试验区形成了包括投资自由化、贸易便利化、金融开放创新、加强事中事后监管、完善营商环境、科技创新和服务国家战略等 7 类特色要素体系。烟台片区的承接地——烟台经济技术开发区是我国首批 14 个国家级经济技术开发区，经过 30 多年的奋斗耕耘，产业基础雄厚、贸易通道完善、战略机遇叠加，现有市场主体 5 万多家，工业企业近 3000 家，过十亿企业 29 家，世界 500 强项目达到 82 个，形成机械制造、电子信息、生物医药、化工新材料、智能制造等产业格局。集聚各类金融机构 120 余家，设立各类基金 170 余只、总规模超过 1300 亿元，累计设立韩资企业 540 余家，日资企业 150 余家，其中韩资世界 500 强项目 20 个，构建起了制造业和服务业双轮驱动、第二和第三产业融合互动的现代产业体系，为制度创新提供了丰富的应用场景。谋划"十四五"的制度创新，要主动衔接开发区高质量发展的新要求，聚焦烟台片区特色定位，探讨如何将制度创新与推动产业转型升级、贸易结构优化、经济发展质量变革等结合起来，打造创新链、提升产业链、实现价值链，最大化释放自贸红利。

三是将制度创新与自贸试验区增容扩区的新形势结合起来。2013 年 9 月，中国（上海）自贸试验区正式挂牌运行，我国产生了第一家与此前的经济特区、开发区、产业园区在指导思想、总体目标、功能定位、任务措施等方面有所不同的改革开放载体。目前，全国已有 21 个自贸试验区设立，初步形成了"1+3+7+1+6+3"的国家自贸试验区体系，已覆盖沿海、中西部和沿边境地区等，各片区所在的城市具有不同的经济规模、不同的发展水平、不同的开放程度、不同的产业结构。同时，自海南自由贸易港和上海自贸试验区临港新片区建设以来，舟山、厦门等地纷纷提出申建自由贸易港的诉求。谋划"十四五"的制度创新，需要自觉融入国家自贸试验区体系中，思考如何进一步突出差异化探索、集成式改革，凝练特色、铸就品牌，实现联动发展、错位竞争，种好"试验田"，输出更多可复制可推广经验。

四 下一步制度创新的升级路径

一是贸易通道便利升级。郑州自贸试验区通过打造"空中、陆上、网上、海上"四条丝绸之路，不断拓展开放空间，让郑州从内陆城市走向了开放前沿。烟台片区拥有千万人次的机场、可靠泊世界上最大船舶的烟台西港，加强烟台片区与空港、海港的联动发展，推动空铁海多式联运协同发展，持续畅通贸易通道；积极申建进口水果、冰鲜水产品、汽车整车、药品和生物制品等指定口岸，不断丰富口岸功能体系；深化中日韩多港联动，持续增强跨境贸易便利，承接更多中转功能，构建东联日韩西接欧亚大陆的更高能级贸易通道，对于推动烟台片区开放发展具有重要意义。

二是推动全产业链开放创新升级。浙江自贸试验区抢抓国家油气产业改革机遇，发挥舟山港货物吞吐量全球第一大港体量优势，对接国际经贸规则开展制度创新，在不产一滴油的情况下培育起万亿级产业。苏州自贸试验区以推进实体经济创新发展、探索产业转型升级和开放合作新模式为核心，重点培育生物医药、集成电路等"2 + 3 + 1"特色产业，构建苏州制造业的全产业链。全产业链开放升级是通过以制度创新为战略牵引，自主实践补链、强链、延链、拓链，主动探索"链"接世界，核心是促进当地高端制造业创新发展，培育先进制造业集群。烟台片区产业基础好，产业链"链主"多，推动烟台片区全产业链创新升级，既要紧盯国家产业调整机遇，又要聚焦烟台片区战略特色定位，以企业需求为导向、以产业发展为抓手，串联科技创新、金融创新、人力资本创新等不同改革领域，形成系统集成、协同推进的制度创新与推进体系。

三是优化经济结构升级。自2015年起，北京服务业扩大开放试点经历三轮迭代更新，在科技服务、文化旅游、教育、医疗等领域推出系列创新举措。抢抓服务业扩大开放机遇，吸引境外服务业投资者，有利于促进服务业竞争、提升整体水平。抢抓综保区优化升级机遇，发展仓储物流、研发设计、检验检测、保税维修、国际结算、分销、展览等服务贸易，有利于企业统筹用好国内国际两个市场、两种资源。抢抓疫情防控常态化时期贸易转型发展新机遇，积极培育跨境电商、市场采购贸易、数字化贸易、离岸贸易等贸易新业态新模式，为服务贸易国际化、高端化、便利化发展注入新动力，探索新路径。

四是完善营商环境升级。加快转变政府职能，更好激发市场主体活力和社会创造力，打造一流营商环境是全国自贸区改革创新的共性任务。制度创新赋能营商环境完善，既包括承接国家和省市的改革试点，也包括深化"放管服"改革、加强事中事后监管的基层探索。2019年11月，国务院印发《关于在全国自贸试验区开展"证照分离"改革全覆盖试点的通知》，有利于大幅降低企业制度性交易成本。山东自贸试验区全国首创负面清单制放权，有利于涉企经营审批扁平化、便利化。做好"证照分离"改革、负面清单承接放权等试点，争取更多上级试点，也是体现自贸试验区内外营商环境差异、释放自贸红利的重要方面。

五是区域辐射带动升级。从前四批自贸试验区发展经验看，自贸试验区与周边地区联动发展，有利于放大制度创新溢出效应，能够在联动区域内率先复制推广改革成果，带动区域营商环境的整体提升；也可以通过开辟制度创新"双向通道"，建立合作效益共享机制，帮助企业争取国家政策支持，实现制度创新应用场景互补协同。其中，自贸试验区与临空经济区、临港经济区共同具有开放型经济和枢纽型经济的特征，构成了两者联动发展的基础，能够助力港口产业与自贸功能业态耦合共生。

六是服务国家战略升级。一方面，中日韩自贸谈判一直是全球关注热点。另一方面，烟台片区是全国唯一具有 FTA 和 FTZ 的自贸区，双区叠加战略协同。做好中日韩合作这篇大文章，既可以自贸试验区制度创新为出发点，持续对标日韩经贸规则谋创新，有效降低跨国经营产生的制度性交易成本，又可以自贸协定谈判为落脚点，积极参与试验国际经贸合作新规则，吸引更多日韩资源集聚。做好经略海洋这篇大文章是山东自贸试验区的特色之一，也是烟台片区差异化探索的重要发力点。通过发挥自贸试验区的制度创新优势，能够不断拓展国际海洋交流合作路径，输出更多海洋生态治理的有效制度供给，进一步探索蓝色经济高质量发展的有效举措，培育地方特色海洋经济、推动传统海洋产业转型升级。

参考文献

国务院：《国务院关于同意设立中韩产业园的批复》，http：//www. gov. cn/zhengce/content/
    2017－12/15/content_ 5247404. htm。
国务院：《中国（山东）自由贸易试验区总体方案》，2019 年 8 月 2 日。
交通运输部、国家发展改革委：《关于港口接靠 40 万吨矿石船有关问题的通知》（交规
    划发〔2020〕68 号），http：//xxgk. mot. gov. cn/2020/jigou/syj/202006/t20200623_
    3313544. html。

山东省人民代表大会常务委员会：《中国（山东）自由贸易试验区条例》，2020 年 9 月 25 日。

烟台经济技术开发区管委办公室：《烟台经济技术开发区　中国（山东）自由贸易试验区烟台片区关于促进消费、提振服务业五大行动十五条举措》，http：//www. yeda. gov. cn/art/2020/3/27/art_ 27782_ 2900776. html？xxgkhide＝1。

烟台经济技术开发区管理委员会：《烟台开发区关于鼓励银行扩大信贷投放、支持中小微企业抗疫情稳发展的若干意见（试行）》，http：//www. yeda. gov. cn/art/2020/2/20/art_ 40234_ 2663043. html。

烟台经济技术开发区管理委员会：《烟台开发区强化疫情防控　保障企业开复工的七条举措》，http：//www. yeda. gov. cn/art/2020/3/3/art_ 40234_ 2662635. html。

最高人民检察院：《最高人民检察院关于全面履行检察职能依法服务和保障自由贸易试验区建设的意见》，https：//www. spp. gov. cn/xwfbh/wsfbt/202010/t20201028_ 483246. shtml#2。

B.17
青岛：促进文化产业高质量发展的实施路径

金花 刘玫 韩萍*

摘　要： 作为青岛市"十四五"期间重点发展的产业之一，文化产业近年来得到长足发展，在规模、增速和质量等方面取得了显著增长。本报告基于青岛市文化产业发展现状，客观分析了青岛市文化产业的发展成绩和不足，同时，学鉴国内文化产业发展发达地区上海市发展经验，从战略布局、体制设计、产业引导三个方面提出青岛市实现文化产业高质量发展的思路和实施路径。

关键词： 文化产业　高质量发展　青岛市

高质量发展作为新时期我国经济社会发展的新坐标和新命题，其内涵随着中国特色社会主义基本内涵的不断丰富而不断深化。文化产业作为支撑青岛经济社会高质量发展不可或缺的重要组成要素，承载着推动经济社会发展的主动力和新动能。近年来，市委、市政府十分重视文化产业的发展，关注文化产业对区域经济发展的影响力，文化产业发展取得积极成效，持续助力全市经济社会发展。2021年是"十四五"规划实施起始年，也是青岛文化产业发展的重要时期。如何发展、怎样发展文化产业不仅与青岛经济社会发展关联度极高，也对青岛产业发展、城市发展至关重要。

---

* 金花，博士，青岛市委党校经济学部副主任、教授，研究方向为产业经济；刘玫，青岛市委党校科研部、副教授，研究方向为公共管理；韩萍，青岛市委党校管理学部、副教授，研究方向为社会治理。

一 青岛市文化产业发展现状及存在的主要问题

青岛市自 2012 年提出建设"文化强市"目标以来，积极推进文化要素在各领域发挥作用，在加速文化产业发展的同时，促进文化产业的多元融合，如强化文旅产业发展生态，促进文旅深度融合，不断培育发展文化产业新业态，全面推进现代产业体系建设，实现文化产业的高质量、高水平持续发展，使文化产业成为青岛现代服务业发展的重要支柱。截至 2019 年，青岛市规模以上文化及相关产业 583 家，实现营业收入 1537.8 亿元，占全省的 30.0%。2020年虽受新冠肺炎疫情影响，但前三季度，青岛市规模以上文化及相关产业实现营业收入 841.6 亿元，同比增长 15.4%，分别比全国、全省高 16 个百分点和15.3 个百分点。文化产业持续助力全市经济社会发展。

（一）青岛市文化产业发展现状

1. 政策助推产业发展

近年来，青岛市委、市政府先后出台《关于推进文化青岛建设打造文化强市的意见》（2012 年）、《青岛市文化产业投资引导基金管理暂行办法》（2015年）、《青岛市文化人才培养和引进计划》（2013 年），以及《关于推进文化创意产业创新发展的实施意见》《青岛滨海文化长廊行动纲要》等，从文化产业的发展需求、人才需求、资金需求等全面扶持青岛市文化产业提速发展。为了应对新冠肺炎疫情，市政府办公厅印发《关于应对新冠肺炎疫情影响支持文化和旅游业发展若干政策措施》，制定 20 条具体措施，投入财政资金 3000 万元，帮助文旅企业渡难关、谋发展。

2. 夯实产业发展载体

文化产业具有多业态、多形式、多元化发展的产业特色。截至 2020 年，青岛市共有经认定的文化产业园区（基地）37 个，其中国家级 1 个、省级 25个、市级 11 个。拥有网吧、娱乐业、新闻出版企业、出版物发行单位、影视类企业（含影院）、演出行业企业等文化企业近 11000 家。拥有 A 级旅游景区112 处，其中 5A 级旅游景区 1 处；星级酒店 90 个，其中五星级酒店 9 个。拥有旅行社 594 家，其中，经营出境旅游业务旅行社 59 家。

3. 促进产业结构优化

文化产业结构是一国文化产业发展水平、发展阶段、发展方向的重要标志，体现国家文化软实力。在文化产业布局中，更多地体现在文化创意和文化旅游等核心产业。截至 2019 年，青岛市文化核心产业实现营业收入 314.8 亿元，占全市规模以上文化及相关产业营业收入的 20.5%，实现利润总额 28.4 亿元，占规模以上全部文化企业的 76.7%。同时，文化产业园区平稳发展，青岛市影视文化产业、现代海洋旅游产业呈现集群式发展。

4. 产业融合发展

文化与工业、旅游、科技等融合发展而形成的诸如文旅产业、研学旅游、工业旅游、康养旅游、邮轮旅游等，是产业融合发展的新业态。近年来，产业的融合发展给城市发展带来了新的机遇。如邮轮旅游已成为青岛提升旅游行业竞争力的重要支点，2019 年，青岛共接待邮轮 93 航次，游客 17.6 万人次，在全国 13 个邮轮母港中 11 个业绩下滑的情况下，逆势同比分别增长 31% 和 57%，增幅居全国首位。

5. 影视产业异军突起

近年来，影视产业是青岛发展最快、成长最好的文化产业之一。除了专门设立东方影都影视产业发展专项资金外，还为一些佳作提供资助，如《流浪地球》《长城》《疯狂的外星人》等，全面助推影视行业加快发展。同时，为了扩大产业效应，积极拓展影视产业发展路径，如举办青岛电影交易博览会、"电影之都青岛峰会"、中国电影表演艺术学会奖（金凤凰奖）颁奖、上合组织国家电影节、2019 青岛国际影视博览会等影视文化活动。一些影视产品取得了良好的发展业绩，如 2019 年青岛原创动画影片《C9 回家》，曾获第 32 届中国电影金鸡奖评委会最佳美术片提名。

6. 新闻出版业繁荣发展

近年来，青岛市委不断加强主流舆论宣传引导。做好聚焦重大主题宣传，特别是抓好习近平新时代中国特色社会主义思想和庆祝中国共产党成立 100 周年等重大主题宣传，营造良好的舆论环境。同时，积极聚焦精品、主题作品。做好不同重点时段和黄金档期的革命历史主题、红色文化教育主题等作品，积极弘扬优秀传统文化。目前，全市共有 73 家新闻和出版单位，出版物发行单位 1430 家，网上书店 305 家。

（二）青岛市文化产业发展存在的主要问题

结合全市第四次经济普查，以及新冠肺炎疫情对青岛市文化产业发展的影响，青岛市文化产业发展存在的主要问题表现在以下四个方面。

1. 文化产业受新冠肺炎疫情影响较大

诸如院线电影、舞台演艺、旅游休闲、节庆会展等高度依赖人群集聚消费的文化企业和园区首当其冲。自2020年初开始，多数文化企业和园区业务处于暂停、停业状态，难以维持企业正常运行。市委宣传部等相关部门针对文化产业、产业园、企业进行的专题调研显示，不仅复工复产难、企业恢复原态难，而且融资难等老问题更加突出，甚至影响企业生存和全市就业。如青岛出版集团预计，"2020年春节假期期间营收预计损失1500万元，一季度整体营收预计同比下降20%"。特别是青岛市文化企业以中小企业为主，应对市场突变的实力偏低，加之应急应变的能力弱，客观上放大了新冠疫情影响，即便有政府的救助政策，也很难在短期内走出困境。

2. 文化产业集中度偏低

长期以来，"小、散、弱"是青岛市文化产业发展的症结，大规模、高水平、产业链完整的文化骨干企业数量不足，限制了文化产业的整体竞争力和影响力。2018年全市文化产业法人单位中，小微型企业数量占比为99.5%，占据文化市场主体的绝大多数，大中型企业占比仅为0.5%。与此对应，文化产业领域缺少规模较大、产业链条完整的龙头企业，特别是文化艺术、广播影视、出版发行、文化科技等核心领域增长乏力。以全国文化企业30强为例，自2008年起已连续评选多届，青岛市仅青岛出版集团1家企业获得提名。另外，青岛市文化企业存续时间普遍较短，实力雄厚的文化企业较少，与建立健全成熟的文化市场体系目标相比还有较大差距。截至2018年，全市文化产业法人企业开业成立时间不足5年的单位有2.27万家，占全部文化产业法人单位数量的64.9%，开业成立时间10年以上的占21.2%，开业时间超过20年的仅有11.6%。

3. 文化产业增速连年下滑

从现有已发布的统计数据看，2015~2017年，青岛市文化及相关产业增加值占地区生产总值比重依次为5.99%、5.92%和5.71%，文化产业增速依次为 14.8%、8.3% 和 4.4%，均呈逐年下降态势。2017 年，全市文化产业增速为 4.4%，远低于当年青岛地区生产总值 8.3% 的现价增速。与此相关，文化企业利润空间在缩小，营业利润较以往出现下滑趋势。2018 年，全市规模以上文化产业企业营业收入利润率为 3.4%，比 2013 年下降 2.3 个百分点，低于副省级城市规模以上文化产业企业利润率平均水平 6.7 个百分点，与深圳相比低 6 个百分点。此外，多数文化企业经营模式过于单一，应急能力普遍较弱，受新冠肺炎疫情影响，企业收入断崖式下降，产业发展面临严峻挑战。

4. 文化企业成本费用难降

由于文化企业经营的特殊性，其经营成本与其他企业有所不同，缺少可以用于抵扣的进项税，同时轻资产的特性也决定了其高度依赖知识产权保护，保护知识产权费用占据很大一部分经营成本。2018 年，全市规模以上文化产业企业成本费用合计 2060.20 亿元，比 2013 年增长 28.3%，高出营业收入增速 10.7 个百分点。这一点需要引起极大重视，通过降费和其他金融手段予以弥补。

此外，青岛市文化产业发展基础较为薄弱，存在的总体规模小、缺乏龙头企业、产业园区少、产业层次低、新业态迭代慢、文旅项目落地难、缺乏专业人才支撑等问题亟待解决。

二　学鉴上海市文化产业发展的主要经验

（一）强有力的组织体系是加快文化产业发展的基础

上海市委、市政府牵头抓总成立市、区两级文化创意产业推进领导小组和办公室。市级文化创意产业推进领导小组由市委常委、宣传部部长任组长，分管经济和文化的两位副市长任副组长，全市相关 17 个委办局为领导小组成员，统筹全市文化创意产业推进工作，完成了"五个统一"，包括确定了统一的领导机构、编制了统一的发展规划、完善了统一的产业分类和指标体系、建立了统一的财政专项扶持资金、明确了统一的文化创意产业园区认定标准。在推动全市文创加强与市成员单位、各区市工作协调联动的基础上，又推动成立协调各类文创行业组织的"上海文化创意产业促进会"，以此为引领性平台推动各类行业组织的健全完善、规范运作，强化了产业服务的能力。上海市文创办和文化创意产业促进会成立后采取一系列措施，凝心聚力，推进了上海文创产业的快速发展。

（二）清晰的城市文化定位是促进文化产业发展的前提

上海市在"十二五"期间正式提出建设国际文化大都市，并采取一系列措施，加强与纽约、巴黎、伦敦、东京等全球文化都市文化发展的对比研究，提出打造上海文化品牌的对策建议。上海围绕国际文化大都市建设，主张"文化＋"跨界融合发展，构建文化创意产业要素集聚和整合能力，形成文化创意产业链。2017年，上海市委、市政府提出着力推动影视、演艺、动漫游戏、网络文学、创意设计、出版、艺术品交易、文化装备等八大领域文化创意产业发展。2019年，上海又提出进一步聚焦"二中心、二都、两高地建设"，即围绕建设全球影视创制中心、国际重要艺术品交易中心、亚洲演艺之都、全球电竞之都、网络文化产业高地、创意设计产品高地重点布局发展文创产业。清晰的城市文化定位为文化创意产业的加快发展指明了方向。

（三）突出重点的文创政策是文化产业发展的助推器

2017年底，上海市委、市政府印发《关于加快本市文化创意产业创新发展的若干意见》（上海"文创政策50条"）。根据该意见，市文创办每年列支3亿多元文创资金用于文创项目的扶持，2012年以来已扶持了众多园区的建设，特别是对2482个优秀文创项目的扶持，大大促进了一批优秀文创企业的发展，如莉莉丝、淘米网、米哈游、腾竞体育、流利说、趣头条、洛可可设计、极臻三维等。对知名头部文创企业，如哔哩哔哩、沪江网、喜马拉雅、上海麦克风文化传媒（蜻蜓FM）等互联网视听企业在早期阶段就进行扶持。2020年扶持文创资金总额达3.33亿元，共扶持312个在建项目、521个类成果项目和10个研究项目。另外，市委、市政府还相继出台了"旅游30条""体育产业30条""电竞产业20条"等政策，使政策措施更加完备，进一步推动了文创产业的集群式发展。

（四）不同层级载体是文化产业发展的孵化器

上海作为中国现代工业的发源地，基于老旧厂房改造的文化创意产业园区最早在2000年都市型工业的规划下便开始萌芽。自2008年起，上海陆续出台了《关于促进土地节约集约利用加快经济发展方式转变的若干意见》（沪府办发〔2008〕37号）、《上海市加快创意产业发展的指导意见》（沪经规〔2008〕452号）、《上海市人民政府关于进一步做好本市促进创业带动就业工作的若干意见》（沪府发〔2009〕1号）等一系列文件，支持产权人在不改变土地用途、不破坏房屋结构安全的前提下发展创意产业园区。此后，上海文化创意产业园区呈现快速发展。2015年，市文创办制定了《上海市文化创意产业示范园区认定和管理实施细则》（沪文创办〔2015〕2号），统一认定文创产业园区。截至2020年上海共有文创园区400多家，其中认定市级文创园区共有137家（20家为示范园区），总建筑面积近700万平方米，入驻文创企业2万余家，入驻企业总营业收入近5500亿元；认定市级文创示范楼宇10家，文创示范空间20家。经过近年大力发展，上海文创园区形成了专业化经营和企业服务的局面，如锦和集团打造"越界"系列文创园区，形成标准化服务；德必集团形成了"德必易园""德必WE""运动LOFT"等不同特色的连锁系列；科房集团拥有"智慧湾""明珠园""同和"等品牌线。部分园区坚持聚焦重点领域和行业，形成核心主导产业清晰、特色鲜明等优势，如以艺术业为主题的M50、田子坊等，以创意设计为主题的8号桥、800秀等，以时尚产业为主题的尚街LOFT、时尚园等，以文化科技融合发展为主题的惠合软件园、天地软件园等，以文旅融合发展为特色的金山嘴渔村、七宝老街等。

（五）搭建平台培育企业是撬动文化产业发展的金钥匙

上海市围绕文化产业发展打造"两城、三会"等一系列平台，促进了文创企业的快速发展。上海市颁布《上海市推进科技创新中心建设条例》，把"聚焦张江科技城"作为重要举措，推动优质科创资源进一步集中。张江科技城文化创意产业园区已经发展成为全国知名度和集约程度最高的文创园区之一，数字出版、文化装备、动漫游戏影视、数字创意技术四大产业集群已经形成，累计入驻文创企业600多家，产值过亿元的文创企业40多家，其中包括阅文集团、哔哩哔哩、盛大游戏、喜马拉雅等独角兽企业和骨干企业。张江文创企业最突出的特点是追求跨界融合和创新，形成了上下游产业链集中的企业集群；松江区2019年发布《上海科技影都总体概念规划》和《松江区关于促进上海科技影都影视产业发展的若干政策》，助力上海建设全球影视创制中心，构筑中国电影工业制作新高地。上海科技影都力争 3～5 年内完成核心区规划建设，到 2025 年前后基本完成科技影都功能，2035 年打造成为具有世界影响力的科技影都。科技影都拥有 60 个摄影棚，其中高科技摄影棚 10 万平方米，配套拍摄空间 30 万平方米，引进了若干影视产业链上下游标杆企业，提供了 5 万平方米办公空间，未来松江将形成影视企业集聚基地；长三角文博会已举办三届，每年汇集 300 多家长三角及海内外文创企业参会，特别是借助长三角文博会成立了包括长三角动漫产业合作联盟、文旅产业联盟、影视制作基地联盟、XR 创意媒体发展联盟、电子竞技产业与协同创新中心等在内的 10 个长三角文化产业专业联盟与合作平台，极大地推动了长三角文创企业的合作与发展；中国国际动漫游戏博览会（CCG EXPO），自 2005 年首次创立以来，已经成为动漫游戏电竞企业的巨港，不仅成为向公众提供动漫游戏文化消费产品，为行业提供权威信息发布窗口，更是为整个动漫游戏行业提供交流和交易空间，成为推动动漫产业要素加快流通的多功能平台。2019 年现场交易额超过 2.57 亿元，意向交易额达 21.3 亿元；中国国际数码互动娱乐展览会（Chinajoy）是中国规模最大、最有影响力的数码互动娱乐展览会，2019 年入场总人数达到 36.47 万人次，Chinajoy Cosplay 嘉年华全国大赛总决赛、Chinajoy 舞艺超群全国舞团盛典总决赛、第三届 Chinajoy 电子竞技大赛、华纳兄弟蝙蝠侠 80 周年纪念活动等多项活动，大大充实了 Chinajoy 的数字娱乐品牌，并广泛覆盖游戏、动漫、二次元音乐、电竞、数字娱乐、衍生产品等各个领域的爱好者和广大的年轻人群体，逐步成为业界最瞩目的高端平台。这些平台的打造为上海文创产业发展提供了广阔的舞台。

（六）发挥比较优势是文化产业合理布局的动力

上海各区县拥有各自发展文化产业的资源要素，进而依托各自优势形成布局合理的发展格局。浦东新区依托张江科技城的科创优势发展"文化＋科技"跨界融合的数字网络文化产业，阅文集团、喜马拉雅等网络文学、网络视听等文创企业已经成为国内具有影响力的龙头企业；依托自贸区的政策优势布局国家对外文化贸易基地，着力建设重要的国际艺术品交易中心。黄浦区依托剧场集群优势布局建设"演艺大世界",在人民广场附近有剧场和展演空间39个,堪称全国规模最大、密度最高的剧场群,成为汇聚和展示上海乃至全球演艺业的窗口。静安区则利用江宁路、南京西路到华山路形成的狭长带状剧场发展"现代戏剧台",充分发挥上海戏剧学院和上海话剧艺术中心专业作用,成为上海建设亚洲演艺之都的"源头活水"。另外,徐汇区打造西岸艺术中心、闵行区打造网络视听基地、松江区布局科技影都、奉贤区打造东方美谷、虹口区布局邮轮旅游文化等,各区县都依托各自优势形成了自己的主导文化产业布局。合理的文化产业布局有利于城市文化的产业链分工,形成有机的协调发展,共同促进上海文创产业的繁荣。

(七)建设国家对外文化贸易基地是实现文化要素国内国际良性双循环的关键

2007年,上海市委宣传部会同浦东新区管委会利用外高桥保税区和浦东综合配套改革政策发起建立"上海国际文化服务贸易平台",旨在促进文化创意产业发展和文化"走出去"。2011年10月,此平台升级,被文化部命名为中国首个"国家对外文化贸易基地",定位于"五大功能",即文化产品进出口、文化贸易品牌企业集聚、文化贸易金融政策试验、文化产品展览展示推介、文化经营贸易人才培训。上海国家对外贸易基地实行政府主导、企业运营的模式,实现了双向互动,取得了良好成效,是率先立足于国内国际双循环发展的典型案例。通过功能拓展,基地相继率先创建保税片库、国际艺术品交易中心及保税仓库,已成为服务与开拓影视对外合作、后期制作加工以及联通国内外艺术品交易市场、集聚中外艺术机构的重要平台、通道和服务窗口。截至2020年,基地内已集聚各类文化企业超过1200家,如演出、影视、娱乐、动漫、游戏、出版、印刷、拍卖、艺术品、文化投资及文化装备等文化各领域的国内外一些著名企业机构,吸引投资规模已超过500亿元,年贸易规模近400亿元。

(八)推动文旅数字化行动是实现文化产业升级的重要抓手

上海"十四五"规划明确提出实施"文化+"战略,以数字文化产业为引领,加快发展新型文化业态,全面深化与旅游、科技、金融、贸易、教育、体育等融合发展。上海市委、市政府相继制定出台了关于促进数字经济和在线新经济发展的行动方案，要求加强数字基础设施建设，借助人工智能、5G互联网、大数据、区块链等智能交互技术，与现代生产制造、商务金融、文娱消费、教育健康和流通出行深度融合，发展具有在线、智能、交互特征的新业态新模式。上海市文旅局根据该行动方案，制定了《上海在线新文旅发展行动方案（2020—2022年）》，围绕大力拓展智慧互联的文旅价值链、努力培育文旅流通的平台服务链、积极推进迭代更新的科技研发链、有效构建跨界融合的产业链的总体目标，推进公共服务"数字赋能"、城市数字"文化旅游名片"、数字内容产业发展、新型基础设施建设等四大重点专项行动任务，切实挖掘培育文旅数字新业态，推动文化创意产业的迭代升级。上海市发展数字文化产业的经验值得青岛认真学习。

三　青岛文化产业高质量发展的实施路径

（一）注重顶层设计，积极谋划战略布局

1. 明确城市的文化产业定位与布局

青岛在上一轮城市规划中的文旅定位是滨海度假旅游城市、历史文化名城。青岛还是联合国教科文组织认定的"电影之都"、中日韩三国认定的"东亚文化之都"，电影、音乐、出版、演艺、短视频、艺术培训等产业发展较好，有国际艺术博览会、国际版权交易会、中国工艺品博览会暨旅游商品展览会等重要节会平台，具有发展文旅产业的基础。结合青岛特质，建议青岛文化定位进一步聚焦，打造"亚洲艺术之都"，着重发展以影视、音乐、演艺、出版、艺术品交易为核心的文化产业，逐步向建设国际艺术中心城市迈进。从整体而言，要做好城市的艺术策划和规划建设，把这座城市作为一个艺术品进行打造，从每个角落，无论是城市的总体风貌，还是城区的街头巷尾，都能感受到艺术的魅力。从产业布局上讲，建议西海岸重点发展影视、演艺及艺术品交易，市南区重点发展时尚文创园区及美术设计展览，市北区重点发展短视频及网红经济，崂山区重点发展文化、金融及出版演艺，即墨区重点发展音乐产业，李沧区和城阳区重点发展文旅街区，其他区市重点发展文旅小镇和文化装

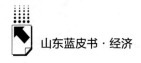

备制造。

2. 主动融入长三角城市文化发展经济圈

随着沿海高铁的开通，青岛到上海的高铁出行时间缩短到 4 个多小时，为青岛融入长三角经济圈奠定了良好的基础。上海对长三角及周边区域的经济辐射带动作用已经辐射到徐州、连云港，随着经济体量的不断增长，其经济辐射带动力必会延伸到山东。青岛应尽早布局，主动"南下"，与上海及长三角"结对子"，融入长三角经济圈。在发展文化产业方面，应主动加入长三角的文化产业联盟，参加长三角文博会展览及交流，加强与以上海为首的长三角城市的文化互动和资源市场嫁接，学习上海等长三角城市发展文化产业的先进经验和做法。

3. 积极创建文化载体，谋划艺术高等院校建设

青岛的几所大学，如青岛大学、青岛科技大学虽然有艺术学院，但并不聚焦。目前引进的清华大学艺术创新研究院正在建设中，中央美术学院青岛校区正在推进当中。青岛仅有的艺术高等院校实质上只有北京电影学院创意媒体学院，而且是个独立学院，办学水平并不是很高。建议青岛尽早考虑建立独立设置的艺术高等院校，如青岛艺术学院、青岛电影学院、青岛音乐学院等，也可以在西海岸发展集团收购北京电影学院创意媒体学院基础上加大投资力度，吸引高端教学专业人才，申请将其改建为青岛电影艺术学院，在此基础上发展为综合性的综合高等艺术院校。有艺术高等院校做专业人才支撑，青岛的文化产业才有可能真正崛起，在当前阶段要重点利用现有条件做好专业人才培训培养。

4. 加快文化基础设施及载体投入与建设

超前的文化基础设施及载体建设是文化产业跨越式发展的重要前提，应引导政府投资与民间投资并重，加快进行布局。特别是加大文化基础设施的投入。一是应以直辖市或省会城市的标准规划布局文化基础设施，可考虑面向未来 20 ~ 30 年超前规划大文化中心，选址未来城市规划发展中心区域，建设集演艺、图书阅览、美术展览、音乐欣赏、舞蹈、电影发行等于一体的大型文化场馆集群；二是近期应加快补短板，通过政府投融资、吸引民间投资等方式加快建设市区两级博物馆、图书馆、文化馆、美术馆等文化基础设施，使之尽快达到国家标准；三是通过扶持引导建设一批文创园区和艺术空间。这些

文化基础设施在建设时就要全面体现其艺术性，每个建筑设施都要有其含义或故事。

（二）注重战略落地，积极谋划体制设计

1.建立推动文创产业发展机制

成立强有力推动文创产业的领导组织机构是非常必要的。文创产业涉及多个领域和部门，需要加强协调联动。建议在市委宣传部设立市文创办，由市委宣传部统一领导，市工信局、市文旅局、市体育局、市财政局、市统计局等部门共同参加。市文创办统一负责全市文创产业发展规划、企业服务、文创园区评定、政策扶持、文创产业统计等。通过成立市文创办，整合各方力量共谋文创产业发展。

2.组建国有大型文化投资集团

文化产业既有产业属性，也有意识形态属性。上海几个重点领域文化产业都是由国有企业作为头部企业引领发展的，如东方国际引领时尚产业、上海文化广播影视集团（SMG）引领的影视文娱板块、阅文集团引领的网络阅读产业等。文化产业是满足人民群众对美好生活需求的产业，会随着居民收入提高而有巨大的发展潜力。青岛应借鉴上海经验，尽快整合或成立国有文化投资集团，重点聚焦数字文化、文化科技、影视、音乐、演艺、文创园区等领域发力投资。同时，依托国有文化投资集团筹建文化投资基金并进行运作，通过融资、扶持、参股等形式培育新业态的文化企业集群，进而推动文化产业加快发展。

3.筹划招引建设一批文旅大项目

青岛有自己的优势文化资源，应充分利用起来，筹划招引一批文旅大项目。可以主动与国内外文旅大企业集团沟通，给予政策在青岛复制建设一些成熟的文旅大项目，如可否与迪士尼或环球影城洽谈海上文化项目；可否引进华侨城集团建设文化乐园项目等。也可以依托青岛本地资源优势，筹划建设海洋科技馆集群、机车博物馆、琅琊文化古城、崂山道宫、海岛休闲度假、温泉疗养、新媒体数字艺术中心、东方音乐宫殿、时尚艺术街区、上合风情街等项目，通过国有企业引导招引各类企业或基金参加，做成既有国际文化视野，又有科技含量，还能体现地方文化的文旅大项目，形成具有核心吸引力的文化新

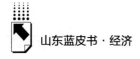

地标。

4. 研究出台促进文创产业发展的新政策

2018年出台的上一轮促进文创产业发展的"48条"政策虽然涵盖了文创的方方面面，但由于可操作性较差，给文创企业兑现政策的情况并不理想。建议结合体制机制调整，尽快出台促进文创产业发展的新政策。新政策重点对青岛谋划的产业发展方向加大扶持力度，特别是面向未来的数字文化科技产业。

（三）注重多元发展，积极谋划产业引导

1. 打造具有国际影响力的艺术展览节会

要结合青岛产业发展的实际需求，持续发力打造具有国际影响力的艺术展览节会，如打造面向上合和共建"一带一路"国家的"一带一路"国际艺术节，使之成为上合国家和共建"一带一路"国家文化交流展示的盛会；进一步扩大青岛艺博会的国际影响力和带动力，办成中国乃至世界的艺术博览盛宴；扩大影视周的影响力，打造成国际影视节暨影视博览会；扩大青岛国际版权交易会规模、档次，进一步提升国际影响力等。通过打造国际知名节会和博览会平台，扩大青岛企业国际文化互动交流，进而促进青岛文化产业的发展。

2. 建设面向上合国家和日、韩的对外文化贸易基地

青岛具有与上合国家和日韩对外贸易的优势，应借助这一优势，尽快在自贸区内建设面向这些国家的对外贸易基地。可以成立一个国有公司具体运作这一对外文化贸易基地，也可以吸引上海国家文化贸易基地运营方——上海东方汇文国际文化服务贸易有限公司控股建设青岛对外文化贸易基地。与上海国家对外文化贸易基地合作的形式可把上海经营多年对外文化贸易基地的经验做法带过来，能够实现尽快运作。在自贸区内结合对外文化贸易基地的建设，还可以规划建设日韩风情街、上合风情街等配套设施，打造外国友人文化娱乐消费新空间。

3. 加快布局文化装备产业

青岛具有传统的工业基础，有海尔、海信、青啤等实力雄厚的工业企业，借助工业互联网平台，具备进军文化装备产业的潜力。随着文化产业的加快发展，演艺、音乐、影视拍摄等文化装备需求旺盛，但由于这一产业科技水平要求高，青岛的工业企业尚未实质进入这一行业领域。应抓紧研究这一行业需求

前景，引导青岛有一定科研力量的工业企业尽早进入这一领域，如引导海尔、海信、青啤等成立文化装备公司，通过培养壮大使之成为文化装备产业领域的生力军。

4. 引导文创企业加快数字文化转型

借鉴上海经验，青岛应尽快研究制定促进数字文化产业行动方案，主动适应全球新一轮信息技术变革趋势，依托大数据、云计算、物联网、移动互联网、人工智能、5G+4K/8K、区块链、人脸识别等新技术，加快文化科技创新，催生文化新业态，推动数字文化成为文化产业发展的主流方向。对金东科技等一些龙头数字文化企业要加大扶持力度，使之尽快融资上市，成为独角兽企业。对5G高清视频产业园等数字文化园要全力推进，争取打造成全国数字文化示范园区。通过制定具体行动方案，加大对文创企业和载体的扶持力度，进而实现文创企业加快发展和文化产业的转型升级。

参考文献

赫斯蒙德夫：《文化产业》，张菲娜译，中国人民大学出版社，2007。

郭新茹、陈天宇：《文化产业集聚、空间溢出与经济高质量发展》，《现代经济探讨》2021年第2期。

蔺晔超：《我国文化产业的问题与对策研究》，《文化产业》2021年第2期。

任丽：《着力打造万亿级文化和旅游产业集群》，《中国旅游报》2021年2月19日。

王伟：《疫情防控常态化下文化创意产业发展及格局研究》，《文化产业》2021年第5期。

B.18
东营：推动新旧动能转换实现质量发展

张月锐 *

摘　要：　自2018年起，东营市围绕落实国家建设山东省新旧动能转换综合试验区重大部署，以新发展理念为统领，大力发展"四新"经济，积极催生新动能、提升壮大传统动能，地区经济社会各项事业保持健康快速可持续发展态势，高质量发展迈出坚实步伐，新旧动能转换在东营取得成功实践。

关键词：　新旧动能转换　优势产业　东营市

　　党的十九届五中全会提出，适应我国进入新发展阶段的时代要求，要全面落实新发展理念，加快构建新发展格局，推动形成高质量发展新局面。近几年来，东营市坚持高端站位，认真学习贯彻习近平新时代中国特色社会主义思想，按照十九届五中全会总体部署，始终抓牢第一要务，深化创新改革开放，坚定不移实施新旧动能转换重大工程，地区经济社会各项事业保持健康快速可持续发展态势，全市高质量发展迈出坚实步伐。

一　坚持科学谋势与战略推动，全市新旧动能转换蔚然成势，成效凸显

　　当今世界，新一轮科技革命和产业变革呈现多领域、跨学科、集群性突破新态势，以新技术、新产业、新业态、新模式为核心，以知识、技术、数据等

---

* 张月锐，东营市新旧动能办副主任、副研究员，研究方向区域经济。

新生产要素为支撑的经济发展新动能逐渐成为引领发展的主导力量。实施新旧动能转换重大工程，是适应当前形势发展、从国家层面赋予山东的新的重大历史任务，也是东营实现高质量发展的重要机遇。东营准确把握国家部署精神，突出高点站位，努力增强使命担当。成立市级领导小组，建立市委常委会、市政府常务会以及专题会、调度会等研究推进机制，顶格谋划全市新旧动能转换的思路举措。在具体发展方向上，按照国家批复山东的建设规划中提出的"一年全面起势、三年初见成效、五年取得突破、十年塑成优势"目标要求，以新发展理念为统领，立足发展"四新"经济，着眼形成现代化经济体系，研究提出"打造山东高质量发展的增长极，黄河入海文化旅游目的地，建设富有活力的现代化湿地城市"新时代东营高质量发展目标定位，扎实开展"四项重点工作"和"九个三年行动计划""十大改革攻坚"，引领全市新旧动能转换重大工程加快实施，新动能厚积成势。

聚焦区域禀赋，编制完成了全市实施规划和专项规划，科学规划布局。突出资源型城市转型、经济转型升级"两大任务"，明确了"三区带动、四片支撑、融合互动"的发展布局，着力发展"5+2+2"新旧动能转换产业体系。同时，抢抓黄河流域生态保护和高质量发展上升为国家重大战略机遇，高标准编制东营市黄河三角洲生态保护和高质量发展实施规划，树立"大江大河三角洲生态保护治理的重要标杆、国家现代能源经济示范区、盐碱地高质高效农业创新高地、黄河入海文化旅游目的地、沿黄沿海和山东半岛城市群交通物流重要节点城市"等战略定位，提出着眼长远、面向未来的发展战略，全力推动东营在生态文明建设和经济社会发展上实现更高质量发展。

2020年以来，面对突如其来的新冠肺炎疫情，东营市委、市政府始终把人民群众生命安全和身体健康放在第一位，统筹推进疫情防控和新旧动能转换，持续强化"外防输入、内防反弹"防控策略，切实抓好疫情防控，全力推动企业复工复产，经济社会秩序加快恢复。东营成为全省唯一未出现病例的地级市，也是全省最早实现经济企稳运行、各项指标积极向好的地级市，展现出实施新旧动能转换所形成的强大发展韧劲和潜在的活力。

通过三年来的加压奋进，东营市高质量发展呈现快速发展新局面。一是综合实力迈上新台阶。几年来，全市经济保持了中高速增长态势，2020年全市地区生产总值接近3000亿元，人均地区生产总值达13.7万元以上，位居全省、全国前列。二是发展质量显著增强。2019 年，全市"四新"经济增加值由 2017 年的 324.65 亿元增长到 489.98 亿元，占全市地区生产总值比重由 12.3% 提高到 17.7%，增加 5.4 个百分点。十强产业增加值占地区生产总值比重提高到 38.48%。"四新"经济投资占比达 48.1%，战略性新兴产业增速达到 17.3%。三是活力动力明显提升。成功获批建设国家创新型城市，创新能力指数在全国地级市中名列第 23 位。高新技术企业数量达 263 家，高新技术产业增加值增速达 31.3%。7 家企业入围中国企业 500 强，15 家企业入围中国民营企业 500 强，17 家企业入围省民营企业 100 强，15 家企业入围山东综合百强，均居全省前列。广饶县列 2020 年中国工业百强县（市）第 35 位。

二 突出打造绿色循环能源石化产业基地，优势特色产业实现高端升级

发挥油气资源丰富、产业基础雄厚、配套设施完善等优势，把建设绿色循环能源石化产业基地，作为全市新旧动能转换的突破口，全力打造国家现代能源经济示范区。

（一）坚持高端、智能、绿色方向，有序推进炼化产能优化整合，逐步形成"一区、一片、多点"发展布局

以东营港经济开发区为主体，基地化建设，链条化培育，统筹产业、环境容量、管网基础设施，着力建设鲁北高端石化产业基地核心区。扎实推进基础设施、物流、能源、安全环保应急、产业产品协同"五个一体化"，努力使园区内不同企业间生产装置相邻互联、上下游产品互供，公用工程和辅助设施集中建设、统一供应服务。

（二）综合运用大数据、人工智能、物联网等新一代信息技术，加快园区智能化、产业数字化

东营港经济开发区入选中国石油和化学工业联合会第一批"中国智慧化工园区试点示范单位"，2020 年建成全国首个"5G +"智慧化工园区。加强

与国家级科研院所、高等院校、央企等高水平科研机构的合作，扎实推进化工中试基地、化工安全技术研究院、化工安全应急等平台建设，与美国霍尼韦尔UOP共建的协同创新中心正式投入运营。

（三）按照"先立后破"原则，依托威联化学200万吨/年PX项目，向上整合炼化产能，向下延伸产业链条，打造万亿级产业集群

目前，PX一期已正式投产，中国振华丙烷脱氢项目已开工建设，中国化工乙烯项目计划年内由储备转规划。全市7家化工园区、25家化工重点监控点通过省政府认定，东营港开发区临港产业园丙烯产业集群入选省首批"雁阵形"产业集群储备库。利华益集团于2019年入选首批全省高端化工产业领军企业，两年来，坚持创新突破，围绕主导产业链条，不断加强全产业链条延伸和构建，仅其在聚碳酸酯生产链条方面，已形成非光气法聚碳酸酯全产业链，凸显低成本、低风险、高效益、高竞争力的硬核优势。2020年，该集团名列全国石油和化工企业500强的第18位。

三 综合施策化解过剩产能淘汰落后动能，动能转换发展新空间不断释放

把化解过剩产能作为加快产业结构调整、优化存量资源配置的首要任务，综合运用法治化、市场化手段，"消化一批、转移一批、整合一批、淘汰一批"过剩产能，分业施策、多管齐下、标本兼治，建立健全化解过剩产能长效机制，实现过剩产能企业优胜劣汰，推进整个产业转型升级。在具体落实工作中，东营市坚持政策先行，着力加大环保、能耗、质量、安全、技术等法律法规和产业政策的执行力度，通过梳理，突出对产品质量低效、工艺装备落后，尤其是能耗安全及污染物排放不达标等重点企业，持续强化跟踪监管，加快化解和出清。与此同时，结合新旧动能转换工程实施，强化规划引导，推进过剩产能产业布局调整，集中到专业园区，纳入产业集群，统一优化出清。另外，建立扶持政策体系，通过技改投入、产品补助等方式，支持和引导过剩产能企业加快转型转产，或兼并重组、环保搬迁和梯度转移，并借助"走出去"战略，把化解过剩产能、促进产业升级与拓展国际市场和提高企业国际化经营

能力相结合，加快开展国际产能合作。在全省率先开展化工生产企业"四评级一评价"，并根据评级评价结果，深入实施"五个一批"工程（关停一批、转产一批、重组一批、搬迁一批、升级一批），在企业数量上继续做减法、在发展质量效益上持续做加法，推动产业转型升级。经过几年努力，全市地炼、橡胶等去产能重点行业，产品结构明显优化，炼油行业向高价值链进一步延伸，轮胎产品结构有较大优化，低档产品基本出清，高端产能比重有了极大提高，市场占有率和质量效益明显提升，核心竞争力明显增强，清洁生产和污染治理水平显著提高，资源综合利用水平大大提升。截至2020年，全市水泥行业企业全部完成清洁生产审核，车用成品油质量全部达到国五标准，轮胎子午化率达到90%以上。3家炼油企业实现转型转产。东营区齐发化工有限公司5万吨异丁烯生产装置自主拆除。全面完成国家下达的重点用能企业节能目标任务，其中炼油、橡胶轮胎等重点过剩产能行业中，75%以上的产品单位能耗达到或超过国内先进水平，55%以上的主要产品单位能耗达到或超过国际先进水平，主要耗能设备变压器电动机中央空调等全部达到国家一级能效水平。全市16家申报进口原油使用资质的石化企业进行了落后产能淘汰工作，其中淘汰落后炼油装置累计达47套，实现淘汰落后产能3304万吨/年。建成区内35蒸吨/小时以下燃煤锅炉、其他区域20蒸吨/小时以下燃煤锅炉有序关停。

四　数字赋能传统产业改造和新兴产业培育，高质量发展新动能累积壮大

突出产业基础优势，以高质量发展为主题，加快产业数字化智能化，积极培育新经济增长点，引领和支撑经济发展的新动能不断蓄积发力。

（一）应用新技术新模式，推动石化、有色金属、橡胶、石油装备和新材料等特色产业全产业链整体跃升，培育形成新动能基础力量

深入开展"优势产业＋人工智能"三年行动计划，培育一批数字产业、智能工厂。除本市推行的数字智能项目外，2019～2020年，全市入选省级"现代优势产业集群＋人工智能"试点示范项目达21个，数量在全

省位列第三，较好地发挥了示范引导效应。高端石化产业规模不断扩大，竞争优势明显增强。全市规模以上石化企业达 119 家，一次性原油加工能力超过 7000 万吨。2020 年上半年，全市石化产业增加值同比增长 13.1%。橡胶轮胎产业重组加快推进，整体实力显著提高。突出抓好与浙江物产等国内外知名企业合资合作，推动华盛轮胎、恒丰轮胎等骨干企业参与产能整合，培植壮大骨干企业，实施"名牌轮胎、东营制造"推广行动，提升产业集中度、品牌影响力。到 2020 年，全球轮胎行业 75 强中东营市有 7 家企业入围。石油装备产业不断加强技术研发，加快推进智能制造，提升产业核心竞争能力。建成了国家采油装备工程技术研究中心，并获批国家火炬计划石油装备特色产业基地，为石油装备产业提供了坚实科技支撑。东营区石油装备产业集群入选山东省首批"雁阵形"产业集群。国内首家油气能源装备 B2B 跨境电商平台——易瑞跨境电商平台，实现签约企业 3000 余家，累计实现线上交易额 7.52 亿美元。威飞海洋装备制造有限公司年产 300 套海洋水下生产系统项目，入选 2020 年山东省政府重大项目，对加快我国突破水下、深水和超深水智能装备国产化发展瓶颈，保障国家能源安全具有重要战略意义。2020 年 1～9 月，石油装备产值同比增长 8.9%，增速列全省"十强"产业第一位。有色金属产业加快延伸产业链条，智能制造化水平明显提升，产品应用领域更加广泛，被列入山东省主导产业集群转型升级示范工程。方圆集团成为全国有色金属行业循环经济标准化示范单位，东营鲁方金属材料有限公司入选全国第四批绿色工厂。新材料产业中建成首家国家级稀土催化研究院、高性能氧化铝纤维研究院等科创平台，以此为技术支撑，加快建设功能陶瓷新材料产业园、稀土催化材料产业园、高性能氧化铝纤维产业园等载体，预计两年内将形成 2000 亿元级产业集群。稀土催化研究院实行"大学 + 行业龙头 + 学术团队 + 政府"的新型运营模式，组成由 10 名院士和多名行业专家参与的学术委员会，构建起产学研用一体的项目链条。国瓷公司是功能陶瓷材料、纳米级复合氧化锆生产企业，也是高档纳米级钛酸钡生产企业；胜利新大管业为碳纤维连续抽油杆生产基地。国瓷、新大均为制造业领军企业，国瓷公司成功入选 2020 年山东省"十强"产业领军企业，其企业技术中心入选国家企业技术中心拟认定公示名单。东珩国纤打破国际垄断，是国内较少可以产业化生产氧化铝纤维的企业；九章膜公司是实现反渗透膜元件产业化的高科技企业。

（二）加快互联网、大数据和实体经济深度融合，推动文化旅游、现代高效农业两大优势产业和生物医药、航空航天两大未来产业加速崛起，培育形成新动能主体力量

自 2019 年起，全市启动实施"旅游富民"三年行动计划，借助文化旅游产业增强效益贡献能力。发挥地处入海口特色，着力打响"黄河入海、我们回家"旅游品牌，宣扬黄河厚重文化积淀，讲好新时代黄河入海故事。黄河口生态旅游区成功创建为国家 AAAAA 级景区，成为全市第一家 AAAAA 级景区；孙子文化园入选中国文化和旅游总评榜"2019 中国文旅融合示范景区"，东营市被确定为"2021 中国休闲度假大会"承办城市。围绕乡村振兴战略深入实施，加快现代高效农业发展，全市农业农村现代化水平日益提高。两年来，有 1 个县、9 个乡镇和 95 个村庄被列入全省乡村振兴"十百千"示范创建工程，建成乡村振兴特色示范片区 7 个，沿黄、沿海、盐碱地三大特色带基本形成。农业龙头企业、农民合作社、家庭农场分别发展到 682 家、2579 家和 2153 家，土地规模化经营比重达65%，农业园区化率达50%。垦利区现代农业产业园、市现代农业示范区分别获准创建第一批、第二批省级产业园，规划创建了 6 个市级产业园和一批县级产业园，全市国家、省、市、县现代农业产业园"四级"联创格局初步形成。黄三角农高区成为第二家国家级农业高新区，突出盐碱地农业技术研发、成果转化和示范推广，全力打造盐碱地高质高效农业创新高地。生物医药业产业培育规模以上工业企业达 17 家，天东制药产品通过了美国 FDA 和欧盟 EDQM 认证，山东凤凰制药被国家列入综合性新药研究开发技术大平台（山东）产业化示范企业。航空航天产业以建设民机试飞基地、中转枢纽机场和山东北翼空港经济中心为目标，不断加强和拓宽与中国商飞、北京航空航天大学等单位合作，积极推进航空产业综合配套、中国商飞民用飞机试飞中心东营基地试验试飞技术保障中心、航空导航与飞行校验测试基地、美国米德 PET 芯材等项目建设，航空航天产业呈现快速崛起态势。

（三）强化高质量项目带动，助推优势产业集群和领军企业壮大发展

按照"四个一批"要求，建立优势产业项目推进机制，形成项目科学谋划、及早开工、快速推进、充分储备的良好局面。2018年以来，聚焦新经济新业态实施一批重点项目，其中新旧动能转换优选项目301个、省优选项目32个、省重大项目20个、市重点项目410个，其中过百亿元项目9个、过30亿元项目16个、过10亿元项目90个。"四新"项目投资增长21.6%，同比提高4.4个百分点；高新技术产业投资增长35.7%，占工业投资的比重为31.2%，同比提高7.7个百分点。为保障项目落地开工，东营市建立了重点工作指挥平台，构建起"3+N""1+N"决策会商机制、"2+2"行动攻坚机制、"四个一"统筹调度机制和"挂图作战+领导包靠"工作机制，同时配套"要素跟着项目走""亩产效益评价"等措施。截至2020年第三季度，争取省统筹用地指标1586亩；处置闲置土地3483亩，盘活19628亩城镇低效用地；完成"标准地"供应7宗、679亩；率先在全省非试点地区实现集体经营性建设用地入市；争取7个项目获省批复能耗88.6万吨。研究出台《东营市市级重大项目建设管理工作方案》和东营市新旧动能转换项目库管理办法，为促进项目早落地、早投产、早见效建立良好保障。重大项目快速投用，放大了资源集聚效应，加速了东营市优势产业集群和领军企业跃升发展。

五　持续精准深化改革创新，新旧动能
转换动力愈加强劲

着力发挥改革创新的助推作用，持续把深化改革、推动创新作为推动新旧动能转换的根本动力，强化顶层设计，加强系统谋划，坚持协同发力，努力激发新旧动能转换的活力和创新力。

一是用足用好改革关键一招。落实山东省委"重点工作攻坚年"部署要求，在山东省九大改革攻坚行动基础上，把创新市域社会治理一并纳入，扎实推进"十大改革攻坚"，不断消除阻碍经济发展的堵点，新旧动能转换途径更加顺畅。商事制度改革、油地纪检监察工作协作办案机制、环境资源审判工作模式、刑事执行人权保障中心建设、人社服务快办行动、打造全要素网格化服

务管理体系等 60 余项改革典型做法走在全国前列；电子政务网络"光纤村村通"、危化品道路运输监管、职业农民职称评定、完善救助"网格化"服务管理等一批改革经验被山东省发文推广；截至 2020 年，承接国家级、省级试点 293 项，其中国家级 73 项，省级 220 项。持续深化放管服改革，印发《东营市深化"放管服"改革提升政府服务效能保障新旧动能转换工作方案》，全面推行"一窗受理、一次办好、一网通办"，加快构建"互联网＋政务服务"体系和"1＋12＋N"流程再造制度体系。建成全市统一的电子政务云平台和安全认证服务平台，全面推行"双随机一公开"监管和"多证合一、一照一码"登记制度，国务院对东营市在深化商事制度改革、落实事中事后监管方面予以通报表扬。行政审批基层便民服务站点实现全覆盖，使群众在家门口就能办理各类便民服务事项，打通服务群众"最后一公里"。在全省率先推出企业开办"政府免单服务"，与济南等省会经济圈城市实现企业开办 7 市"全域通办"。深化市域治理管理体制改革，获首批全国市域社会治理现代化试点合格城市创建资格，率先在全省组建首家市域治理运行管理中心，建成"多网合一、一网运行"社会治理网格化服务管理体系。坚持"以社区为基本单元、市县乡社区相贯通、线上线下相结合"，建立实体化的矛盾纠纷多元化解调处中心 409 个，具有东营特色的市域社会治理"三中心一体系"初步形成。省级以上开发区全部改革完成，是全省第一个全面完成改革任务的地级市。深化投融资体制改革，建立企业投资市场主导、融资渠道丰富畅通、政府管理简明规范、法治体系保障健全的新型投融资体制，地方政府融资平台实现市场化转型。500 亿元市级产业发展基金、6 亿元科技成果转化等 5只子基金和 3 亿元技改资金，全力助推实体经济发展。完成市属企业公司制改制、全市经营性国有资产集中统一监管、全市国有企业退休人员社会化移交工作。

二是突出提升区域创新动能、增强企业创新能力、打造创新型园区等六大领域建设任务，开展"创新型城市建设"三年行动，加快推进创新平台、创新体系建设。高度重视油地校人才科技资源融合发展，推动实施了国家大学科技园、产学研合作平台、中国石油大学胜利学院、东营科教园区等一批油地校融合项目，科技人才沟通交流进一步加强，油校科技成果进一步在地方落地转化。截至 2020 年第三季度，国家科技型中小企业入库企业 629 家，较 2018 年翻了两番；高新技术企业 310 家，较 2017 年翻了一番。全市拥有市级以上科技企业孵化器 15 家，其中国家级 5 家；市级以上众创空间 26 家，其中国家级 4 家。完善科技型企业梯次培育体系，企业主体地位不断巩固。实施高成长型中小企业培育计划，对首批纳入的 35 家中小型企业每家企业给予 1000 万元贷款担保，并在企业保险、所得税等方面累计减负 2137 万元。

三是强力推进"双招双引"。制定出台《关于全面加强招商引资工作的意见》，成立市招商引资、招才引智两个"服务中心"，组建了 13 个市直部门"双招双引"服务中心及 N 个专业招商团队，构建起"2＋13＋N"专业化招引服务体系。不断创新招商模式，提高招商效率。推行市级领导帮包重点招商引资项目机制，出台招商大使聘任管理办法，建设城市会客厅，积极开展线上"云招商"。突出与央企、国企合作，在东营央企数量达 22 个。截至 2020 年第三季度，全市外商投资企业发展到 573 户，同比增长 18.4%，居全省第 4 位，重点新兴产业、"四新"经济和重点产业链项目占引进项目的 90% 以上。

六　全力塑强支撑保障体系，筑牢建优新旧动能转换一流环境

坚持"工业为主、企业为尊"，大力倡树敢闯敢拼、敢为人先的创业精神，积极营造尊企惠企的氛围，不断优化有利于企业产业的发展环境。

一是政策环境更加实效。聚焦新旧动能转换重大任务推进，不断细化完善支持政策体系，扩大政策导向效应。2018 年以来，先后制定了动能转换落地见效"35 条"和经济运行"32 条"，台账式推进重点任务落实。2020 年又出台了《关于推动开发区体制机制改革创新促进高质量发展的实施意见》《关于实施新一轮技术改造促进工业高质量发展的意见》《关于加快工业互联网发展的实施意见》《关于加快推进普惠金融发展的实施意见》等政策文件，强化支持实体经济、扩内需补短板政策集成。

二是推进机制更富效率。建立新旧动能转换重大任务推送清单制度，配套督导办法，加强督促引导，推动新旧动能转换各项任务落地落细。围绕优势产业培育，构建"7 个 1"推进体系，即由 1 名市级领导同志牵头 1 个产业，统

筹推动1个专班、1个智库、1个规划、1只基金、1个协会、1个综合平台运作。围绕科技创新、"放管服"、高层次人才引进、重大基础设施等支撑保障服务，建立"3个1"推进体系，即由1名市级领导同志牵头，1个专班推进，1套政策保障，凝聚合力，协调联动。建立了可视化、信息化、智能化重点工作指挥平台，将新旧动能转换产业培育、改革攻坚、重点工作、重大项目等事项全过程纳入管理，集中调度、统一指挥。

三是营商环境更趋优越。市委、市政府成立营商环境专班，在全省率先出台《东营市政务服务管理办法》，按照"放管服是一个有机整体"的理念，建立起政务服务标准化机制、差异化监管机制和部门协同运行机制"三大机制"，形成政策、环境、服务"三位一体"集成优势，打造"审批事项少、办事效率高、服务质量优、群众获得感强"的一流营商环境。作为试点城市，建成全省唯一"一业一证"县区全覆盖试点地级市。出台信用"红黑名单"管理办法、政府失信问题专项治理工作方案，完成数据归集、联合奖惩措施清单编制，联合奖惩和银企互信平台上线运行。山东省政府先后两年在东营召开金融支持东营高质量发展会议，全市金融生态环境进一步优化。推进"市县同权"改革，将270项市级行政许可事项（涉及保密等事项除外），全部下放至所有县区、开发区，实现事项同权办理。进一步优化工程建设项目审批，优化流程再造，全面推行工程建设项目"六简审批"和"拿地即开工"审批模式，把项目全过程审批时间控制在90个工作日以内，审批时间分别比国家缩短30个工作日，比全省平均时间缩短10个工作日，其中社会投资工业建设项目审批时间不超过20个工作日，东营市被国家列入全国工程建设项目审批制度改革样本城市。创新服务企业方式，率先在全省推出政府解决企业难题直通车制度，通过政府信息平台，建立与企业"面对面"解决问题沟通协商机制。先后组织开展"百名局长服务百家企业""银行行长走进百家企业"等活动，努力搭建惠企政策服务通道。截至2020年第三季度，东营市新登记市场主体5.15万户，同比增长9.41%。其中，新登记外商投资企业49户，同比增长122.73%；新登记私营企业19444户，同比增长51.61%；新增有进出口业绩企业101家，累计达693家。

四是重大基础设施更加完善。编制完成全市综合交通网和现代物流业中长期发展规划，谋划实施重大交通项目216个。京沪高铁二通道加快推进，跨黄河节点性工程即将开工。长深高速广饶至高青段建成通车，黄大铁路东营段、东营港疏港铁路正式运行通车，胜利机场通航城市增至 15 个。东营港 10 万吨级航道、25 万吨级原油进口泊位及配套工程开工建设。南水北调工程配套工程竣工，新增调水能力 2 亿立方米。4G 网络实现全覆盖，建成区实现 5G 网络全覆盖。生态城市特色进一步彰显，全市湿地保护率达 56%，2018 年被评为首批国际湿地城市。

总体来看，东营市坚持推进新旧动能转换重大工程，顺利实现"三年初见成效"的阶段性目标，质量效益全面提高，创新能力有了显著提升，"四新"经济发展规模，高端石化、装备制造、新材料、生态旅游等产业增长速度以及地区创新能力指数等指标，位居全省前列。另外，一批极具资源禀赋和潜力的新型经济业态正在崛起，将成为东营市新旧动能快速转换的新突破点。

同时，也应看到全市新旧动能转换还存在一些问题和短板。比如经济发展质量和效益不够高，新动能对经济发展的引领作用还比较弱。财政收支矛盾突出，民生领域存在不少欠账和短板，公共服务能力有待进一步提升。重大交通基础设施建设相对滞后，融入国家战略和大开放格局深度不够。基础研究薄弱，自主研发和创新能力不足。科技市场发育不充分，创新创业体系不健全，高端要素吸引力不强等。为此，今后一个时期，要瞄准到 2022 年新旧动能转换"五年取得突破"目标，围绕新时代东营高质量发展目标定位，统筹推进新冠肺炎疫情防控和经济社会发展，全面落实黄河流域生态保护和高质量发展重大国家战略，深入开展"九大改革攻坚""四项重点工作""九个三年行动计划"，以产业高质量发展和项目为抓手，不断强化"5 + 2 + 2"产业和四大支撑体系专班工作体制机制建设，推进全市经济质量显著提升，新动能成为经济发展的重要引擎。

一是在实施重大国家战略上走在前列。抓住用好黄河流域生态保护和高质量发展上升为重大国家战略的历史机遇，扎实做好黄河三角洲生态保护和高质量发展规划及专项规划编制工作。筛选论证一批生态保护项目、基础设施项目、高端产业项目，及时跟进争取国家部委和省直部门单位的支持。积极推进黄河口国家公园建设，打造大江大河三角洲生态保护治理的示范和标杆。突出黄河三角洲生态系统完整性，实施黄河三角洲湿地生态系统修复工程，构筑生态防护屏障，提高生物多样性。积极推进国家现代能源经济示范区建设。充分发挥东营原油储量和土地资源丰富以及港口、管道、物流配套完善和战略储备环境良好等优势条件,大力发展绿色循环石化产业,开展国家级能源革命综合改革试点,形成采储炼一体化发展格局。着力打造黄河入海文化旅游目的地。紧扣"黄河入海"地域标识特色,建设一批文化旅游精品项目,打响"黄河入海、我们回家"文化旅游品牌,努力让黄河三角洲成为向世界展示黄河文化的标志地。打造盐碱地高质高效农业创新高地。布局一批国家级研发平台、中试基地和孵化园区,推动盐碱地农业技术研发、成果转化和示范推广,在盐碱地综合治理等方面走在全国前列,建立可复制、可推广的发展新模式。建设沿黄沿海和山东半岛城市群交通物流重要节点城市。依托东营沿黄沿海区位优势,加快重大交通基础设施建设,构建互联互通大通道,辐射带动黄河流域开放合作。

二是在做优做强优势产业集群上取得突破。第一,强化规划引导。按照"5+2+2"各产业规划,研究细化发展路径,谋划好配套的重点企业、项目、技术、产品,增强规划可操作性。突出重点领域,加快研究出台石化、石油装备、新材料、生物医药等行业细分规划,推动打造具有东营特色的先进制造业聚集区。第二,加强产业集群和领军企业培育。以纳入全省"十强"产业"雁阵形"集群和领军企业为重点,加强优势产业和骨干企业扶持培育,在土地供应、资金安排、能耗指标、重大项目等方面给予政策支持,形成"产业集群+领军企业+特色园区"推进态势。第三,积极打造新旧动能转换高地。深化支持各类开发区和功能园区高质量发展的政策措施,在推进放管服改革、优化开发建设主体和运营主体管理机制、健全完善绩效激励机制等方面赋予更大改革自主权,提高吸纳先进要素能力,尽快建成实施新旧动能转换重大工程的先行区。

三是在融入新发展格局上取得突破。坚持扩大内需战略基点,打通各类要素循环堵点,促进消费与投资协调互动、供给与需求动态平衡,激发经济发展内生动力,筑牢经济平稳健康增长基础。制定完善促进消费升级的政策措施,充分挖掘县乡消费潜力,推动大宗消费回流,开展新一轮汽车下乡和以旧换新,帮扶旅游、文体娱乐等行业企稳回升,促进住房消费健康发展。促进消费新业态发展,推动线上线下消费有机融合,加速"互联网+"与传统消费领域融合,赋能消费升级。大力发展定制消费、体验消费等个性化、品质化消费，推动消费市场分层、领域细分、多点爆发。提升精准投资成效。发挥投资对优化供给结构的关键性作用，创新投资理念，优化投向、保持投速、提高投效，增强发展后劲。聚焦提升产业能级，在增强基础能力、保障链条安全等领域，投资建设一批增强产业核心竞争力的重大项目。

四是在持续加大改革创新攻坚力度上取得突破。围绕全市确定的资源环境、流程再造等 10 个领域改革攻坚，大力开展新旧动能转换改革攻坚，持续推出一批制度创新成果。加快推行"亩产效益"评价改革，发挥杠杆效应，全面提高资源利用效率。坚持"五个一视同仁"的要求，全面实施市场准入负面清单制度，引导民企加快建立现代企业制度。深化融资体系改革，推动行业龙头骨干企业、"四新"企业和科技型企业到资本市场上市挂牌，运营好省、市新旧动能转换基金，积极推广供应链金融，培育壮大资本市场。

五是在推进高水平重大基础设施建设上取得突破。加快构建东西南北衔接顺畅的立体交通网络。推动京沪高铁二通道津潍段、济南至滨州至东营高铁尽快开工，争取将淄博至东营高铁纳入国家、山东省规划，建设沿黄高铁通道。加强跨市域高速路网衔接，重点实施济南至高青高速公路建设、东青高速公路扩容、滨东潍沿海高速公路建设等工程。明确东营港在黄河流域和省会经济圈发展定位，加快推进液体集装箱泊位、25 万吨级原油进口泊位及配套工程、4×10 万吨级液化品泊位、LNG 码头等项目建设，打造黄河流域重要出海口和省会经济圈主力港；加快推进小清河复航，把广利港建设成为海河联运中转枢纽港。发挥东营机场区位和净空优势，增加航班加紧航线，建设过夜基地，开通沿黄城市经东营中转至日韩国家航线和连接我国东北、东南、西南、南方地区航线，打造东西南北中转枢纽机场。完善现代物流体系，着力构建"一总部、四园区、两中心"物流节点网络，建设全省重要的生产服务型区域物流枢纽。

参考文献

东营市发展改革委：《新旧新旧动能转换重大工程实施规划》，2018。

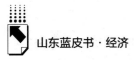
东营市新旧动能转换综合试验区建设办公室：《2020 年度东营市新旧动能转换材料汇编》，2021。

东营市新旧动能转换综合试验区建设办公室：《2019 年度东营市新旧动能转换材料汇编》，2020。

东营市重大办：《2018 年度东营市新旧动能转换材料汇编》，2019。

Abstract

2020 is the final year of building a moderately prosperous society and the 13th Five-Year Plan. Facing the suddennovel coronavirus pneumoniaepidemic and the complicated domestic and foreign environment, Shandong fully implemented the decisions and deployments of the Party Central Committee, the State Council, the Provincial Party Committee, and the Provincial Government, coordinated the epidemic prevention and economic and social development, and did a solid job of "six stability", "six guarantees". Economic growth has stabilized and rebounded since the second quarter, showing a steady recovery as a whole, and the annual GDP increased by 3.6%. Looking forward to 2021, the world economy is expected to achieve an overall recovery, but there are still many uncertain factors; China's development is still in a period of important strategic opportunities, with strong economic resilience and large room for maneuver, it is expected to continue to achieve steady growth. Shandong still needs to focus on stabilizing growth, in-depth implementation of the eight major development strategies, continue to consolidate the momentum of economic recovery, strive to overcome the difficulties in economic operation, further enhance the stamina for development, and accelerate integration into the domestic and international dual cycles, strives to shape new advantages for high-quality development, and achieves a good start for economic and social development during the "14th Five-Year Plan" period. In 2021, Shandong's GDP growth rate is expected to be around 6.0%.

Keywords: Shandong Economy; High-quality Development; "14th Five-Year Plan" Beginning; New Development Pattern

Contents

I   General Reports

B.1   Analysis and Forecast of Shandong's Economic Situation from 2020 to 2021 and Outlook for Shandong's Economic Development during the 14th Five Year Plan

Shandong Academy of Social Sciences "Shandong Economic

Situation Analysis and Forecast" Research Group / 001

Abstract: In 2020, facing the sudden Novel Coronavirus Pneumonia epidemic and the complicated and severe domestic and foreign environment, Shandong coordinate epidemic prevention and control with economic and social development, and do a solid job of "six stability" and "six guarantees", economic growth has stabilized and rebounded since the second quarter, showing a steady recovery as a whole, with annual GDP growth of 3.6%. In 2021, the world economy is expected to achieve an overall recovery, but the impact of the epidemic is widespread and far-reaching, and there are still many uncertain and unstable factors. Shandong still needs to focus on stabilizing growth, while continuing to prevent and control the epidemic, take active measures to hedge the impact of the epidemic, focus on eight major development strategies, focus on "six stability" and "six guarantees", and focus on building a new dual-cycle development pattern, create new advantages for high-quality development, and make a good start for the implementation of the "14th Five-Year Plan".

Keywords: Shandong Economy Epidemic of COVID − 19; "Six Stability" and "Six Guarantees"; New Development Pattern

B. 2 Statistical Analysis of Shandong's Economic Operation from

2020 to 2021 *Dong Xiaoqing，Yang Yuanheng / 036*

Abstract：In 2020, under the instruction of Xi Jinping's The Thought on Socialism with Chinese Characteristics for a New Era, Shandong actively responded to the unexpected impact of the COVID − 19 epidemic and the complex macroeconomic situation by putting "Stability On The Six Fronts" into effect and fulfilling the "Security In The Six Areas" with the vigorous promotion of the eight development strategies and the accelerating implementation of the nine reforms. Shandong introduced a series of effective policies, which impressively promoted the restoration of production and people's living, so that the market supply and demand relationship has steadily improved, the development vitality continued to increase, and the employment as well as people's living conditions are strongly protected. The comprehensive economic development in Shandong province has recovered from "cold" in the first quarter to "warm" in the second quarter, followed by "forward" in the third quarter, and continued to revive. Even though Shandong has revealed the resilient capacity from the economic development, pursuing high-quality development, seeking stability of overall society, problems still exist: insufficient development of service-oriented manufactures, prominent structural contradiction between labor supply and demand, and many industrial barriers in openness. In 2021, with the long term uncertainty, and the coexistence of "dangers" and "opportunities" in the external economic situation, Shandong ought to keenly recognize shocks, actively transform, take strengths, and quickly remedy defects, in order to advance the province's economy on a "steady, progressive and high-quality" level.

Keywords：Economic Operation；Livelihood Guarantee；High-quality Development

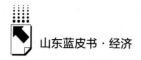
山东蓝皮书·经济

II Industry Development and Special Analysis

B . 3   The Present Situation, Trend and Countermeasures of Digital

Transformation of Shandong Manufacturing Industry

Wang Na / 055

Abstract: With the explosion of a new generation of information technology, the digital economy is further integrated with the real economy, and digital transformation has become the only way for the high-quality development of Shandong manufacturing industry. Shandong occupies an important position in the national manufacturing industry, and Shandong has significant advantages in the upgrading of industrial base, the modernization of industrial chain and the digital transformation. At present, in the process of digital transformation, Shandong still faced with problems such as the lack of enterprise transformation consciousness, the obvious shortcoming of enterprise capital and technology, the large gap of talent demand and so on. In the future, Shandong should grasp the development law and trend of the digital transformation, and focus on promoting the digital transformation of the manufacturing industry from the aspects of doing a good job in top-level design, developing service-oriented manufacturing, digging the value of big data, building an industrial interconnected ecological system, and strengthening digital training.

Keywords: Manufacturing Industry; Digital Transformation; Industrial Networks

B . 4   The Basic Ideas and Countermeasures for the High-quality

Development of Shandong's Modern Service Industry

Wang Shuang / 071

Abstract: Since the "13th Five-Year Plan", the scale of Shandong's service industry has continued to grow, the modern service sector is showing good growth momentum. 2020 is the 13th Five-Year ending battle, Shandong's service industry showed rapid growth: growth in the service sector turned from negative to positive, continued progress has made in industrial restructuring, key areas continued to improve, emerging industries grew rapidly and business confidence has steadily improved. Looking to the "14th Five-Year Plan", Shandong will speed up the construction of a modern service industry system with high-quality development: we will further integrate producer services with advanced manufacturing, enrich the supply of modern service products, deepen the division of labor and promote industrial integration and interaction, promote the development of the consumer service industry toward refinement and high quality, strengthen the development of qualified personnel and foster a first-class business environment.

Keywords: Modern Service Industry; High-quality Development; Shandong

B.5 The Measures and Development of Marine Economy in Shandong

Liu Kang / 088

Abstract: The highland of maritime high-quality development is historic obligation of Shandong. In 2019, The marine economy in Shandong take a big success with world level port construction, modern marine industries structure, and marine eco-civilization. Compared with national requirements, the whole capacity and quality of marine economy need to be improved. The regional coordination insufficient, new driving force nurture lagging, impact of coastal environment, and lack of maritime innovation are still the obstacle of marine sustainable development in Shandong. In the future, we should be clarifying the strategic position of marine economy furtherly, optimizing the regional planning, strengthening the coastal ecological recovery, competing the national pilot zone of marine economy high-quality development.

Keywords: Marine Economy; Driving Force Conversion; High-quality Development

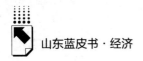
B.6　Analysis and Countermeasures for Shandong Fixed Asset
　　　　Investment from 2020 −2021

Research Group of Shandong Development and Reform Commission / 103

Abstract：In 2020, Shandong Province achieved a stably rebounded of fixed asset investment, reversed the situation of low operation since 2019, providing an important support for addressing epidemic impact, coordinate epidemic prevention and economic and social development. This report system combed the main practice of promoting key projects in Shandong Province, and analyzed the operation trend of fixed asset investment, proposed the overall goal of maintaining a steady growth in investment and improving investment effectiveness, and the key tasks in the ten areas, clarified the next six step, strive to promote high quality development with high quality investment, and better play the key role of investment in supply structure optimization during the "14th Five-Year Plan" period.

Keywords：Fixed Asset Investment; Supply Structure Optimization; Shandong

B.7　Shandong Achieved Three-year Progress in Replacing Old
　　　　Growth Drivers With New Ones：Based on Data Survey
　　　　and Analysis of Nearly 10000 Enterprises　　*Shao Shuai* / 119

Abstract：Since the implementation of the major project to replace old growth drivers with new ones, Shandong has made steady progress and achieved new results in accordance with the overall plan of "gaining momentum in one year, achieving results in three years, making breakthroughs in five years and building advantages in ten years". According to the feedback of more than 9000 surveyed enterprises, most of them have significantly improved their development quality and efficiency in production and operation, technological innovation, opening-up and market-oriented development, and ecological and environmental protection. They also give high recognition to the changes made in the business environment in the past three years, and the future growth potential is foreseeable. The year 2021 is the first year of the "14th Five-Year Plan", and also the key period for Shandong to make breakthroughs in the "five-year plan" by replacing old growth drivers with new ones. On the basis of comprehensively summarizing the results of the transformation of the old and new driving forces, Shandong should focus on strengthening the industrial chain, enhancing the ability of scientific and technological innovation, promoting regional collaboration, and better integrating into the double cycle, so as to achieve new breakthroughs in the replace old growth drivers with new ones through greater efforts of reform and innovation.

Keywords: Replace Old Growth Drivers with New ones; Investigation and Analysis; Shandong

B.8 The Characteristic Path of Building Qilu Model of Rural Revitalization

Research Group of Shandong Development and Reform Commission / 136

Abstract: Building Qilu model of Rural Revitalization is a major historical mission entrusted to Shandong by the Party Central Committee. Over the past three years, Shandong has thoroughly implemented the spirit of the important instructions of general secretary Xi Jinping on Rural Revitalization, focusing on building a reproducible and sustainable "Shandong scheme". We should speed up the establishment of a Rural Revitalization system framework and policy system, and build up a strong force to build a model, and promote rural revitalization at a high starting point, and create a modern version of the "Fuchun residential map" with its own characteristics. 2021 is the first year of the "14th Five-Year Plan". It is of great significance to summarize the practice and experience of building Qilu model of rural revitalization. Shandong Development and Reform Commission, together with the Provincial College of agricultural engineering and other relevant departments, formed a special research group to carry out in-depth investigation and research in the relevant cities, counties, townships and villages of Shandong Province, summed up the ten typical experience models of Shandong Province in building Qilu model of rural

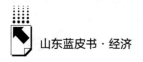

revitalization, and focused on how to comprehensively promote rural revitalization and build Qilu model of rural revitalization during the "14th Five-Year Plan" period, This paper puts forward relevant countermeasures and suggestions from the aspects of new pattern of village development, vigorously developing county economy, encouraging the development of new agricultural business entities and stimulating new energy of agricultural and rural development.

Keywords: Rural Revitalization; Qilu Model; Shandong

Ⅲ   Regional Development and Opening up

B.9 Countermeasures and Suggestions for the Construction of the Shandong Peninsula Urban Agglomeration with Global Influence   *Yuan Aizhi* / 148

Abstract: Urban agglomeration has increasingly become the main form of new urbanization and the new engine of high-quality development. The central government has clearly proposed that "Shandong Peninsula urban agglomeration should play a leading role and promote the high-quality development of central cities and urban agglomerations along the Yellow River". Shandong Peninsula Urban Agglomeration ushers in a major historical development opportunity. Building a globally influential Shandong Peninsula urban agglomeration is conducive to integrating Shandong's regional economic strategy and enhancing Shandong's regional economic competitiveness. This report combs the historical evolution of the spatial scope of Shandong Peninsula urban agglomeration, makes a scientific evaluation of the comprehensive competitiveness of Shandong Peninsula urban agglomeration, and puts forward five suggestions for building a globally influential Shandong Peninsula urban agglomeration.

Keywords: Competitive Ability; High-quality Development; Shandong Peninsula Urban Agglomeration

Contents ◣▶⁙⁙⁙

B.10   Comparative Analysis and Policy Recommendations on
       County Economic Development in Shandong, Jiangsu
       and Zhejiang Provinces

Research Group of the People's Bank of China Jinan Branch / 161

Abstract: By comparing the main economic indicators of Shandong, Jiangsu and Zhejiang from 2009 to 2018, this paper analyzes the gap between Shandong Province and advanced provinces in terms of economic growth, regional culture, government services, financial reform and technological innovation, and put forward the policy suggestion of promoting the development of county economy in shandong province:

First, take the opportunity of establishing national central cities and give play to the role of core cities in driving the development of counties. Second, we will take the opportunity of accelerating the construction of comprehensive pilot zones for replacing old growth drivers with new ones to transform and upgrade the industrial structure at the county level. Third, take the opportunity of creating a model for rural revitalization in Qilu to accelerate the integrated development of county-level urban-rural integration. Fourth, take the opportunity of applying for the establishment of a national financial reform pilot zone to further promote the county finance to serve the real economy. Fifth, we will take the reform of the free trade zone as an opportunity to promote the opening up and development of counties. Sixth, deepen the reform of decentralization and service to promote the modernization of the county governance system and governance capabilities. Seventh, take the reform of the scientific and technological innovation system as an opportunity to give full play to the supporting power of talents. Eighth, take the opportunity of changes in the international economic landscape and rising demand for capital hedging to vigorously attract international talent and capital.

Keywords: County Economy; Reform and Innovation; Integrated Urban-rural Development

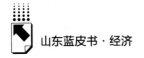

B.11　Countermeasures and Suggestions for the Innovation

　　　Development of Shandong Foreign Trade　　*Wang Shuang* / 184

Abstract：In 2020, under the promotion of a series of national and local policies and measures, the innovative development of Shandong's foreign trade have achieved remarkable results, showing a good development trend in terms of scale efficiency, market layout, and development environment. Meanwhile, it is also challenging to promote the innovative development of Shandong's foreign trade especially considering the complex global situations and domestic environment. Thus, it should work hard to transform the foreign trade momentum from factor-driven to innovation-driven, integrate into the new development pattern, and accelerate the establishment of the new advantages of international competition and cooperation in Shandong province.

Keywords：Foreign Trade；Innovative Development；International Competitiveness；Shandong

B.12　Analysis of the Situation of Shandong Deepening Investment

　　　Cooperation with ASEAN and Countermeasures

　　　　　　　　　　　　　　　　　　　　　　　　　Duan Xiaoyu / 203

Abstract：In the new era, under the new development pattern of "dual cycles", Shandong should seize new opportunities, propose new ideas, make new arrangements, and achieve new breakthroughs in foreign investment cooperation. For a long time, Shandong Province has persisted in leveraging its advantages in opening up to the world, actively advancing its development strategy and policy alignment with ASEAN, and has continuously made new achievements in two-way investment cooperation with ASEAN. In recent years, the scale and growth rate of the two-way investment between Shandong and ASEAN have maintained a relatively high level. Recently, Shandong Province has made full use of the construction of the platform and actively held promotion activities. The investments between Shandong and ASEAN has progressed smoothly and achieved remarkable results. The signing of a series of free trade and investment agreements has brought new investment opportunities for Shandong, and a new round of technological revolution has also brought new impetus for Shandong to expand its international investment market. However, in the face of the complex and changeable international political and economic situation, the deepening of Shandong and ASEAN have many difficulties and challenges. There are still problems in the international investment cooperation between Shandong and ASEAN, such as the potential for foreign investment cooperation shall be actively stimulated and the partners shall be diversified. Regarding the issues above, Shandong should firstly stimulate new vitality in international investment cooperation and empower new areas of investment cooperation. Secondly, Shandong should promote institutional openness and form a new system that is integrated with international investment rules. Thirdly, Shandong Province should create a good business environment, promote the international investment facilitation and liberalization. Fourthly, Shandong should reduce the investment imbalances and promote the diversified development of foreign investment cooperation. At last, the government should actively explore large platforms for multilateral and bilateral investment cooperation.

Keywords: Outward Foreign Direct Investment; Two-way Opening up; Association of Southeast Asian Nations; Shandong

B.13 The Status, Trend and Countermeasures of Korean Investment in Shandong   *Chen Xiaoqian* / 217

Abstract: Since the outbreak of the COVID - 19, China and South Korea have been in the same boat through storms, watching and helping each other, strengthening cooperation in the fight against the epidemic, and have achieved remarkable results. Shandong is committed to maintaining and developing the economic and trade cooperation between the two countries, and keeping the industrial chains and supply chain of the two countries stable and smooth. Shandong is the closest province to South Korea in China and plays a pivotal role in the economic and trade cooperation between China and South Korea. At present, under the new

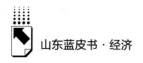

development pattern of "dual circulation", Shandong should continue to deepen the high-quality development of attracting South Korean investment, create a new pattern of attracting South Korean investment, play a new role in attracting South Korean investment, build a new system to attract South Korean investment, and finally cultivate new advantages to attract South Korean investment, so as to play a greater role in the new era.

Keywords: Korean Investment; Shandong's Foreign Investment

B. 14 Thoughts and Countermeasures for Deepening Shandong's Investment in Countries along the Belt & Road *Lu Qinghua* / 233

Abstract: Countries along the "Belt and Road" have abundant energy resources, vast markets, huge populations and development potential, and are in a period of rapid economic growth and transition. As a major economic province and a major open province in China, Shandong actively participates in the "Belt and Road" initiative. Shandong takes structural optimization and innovation-driven as the main line, coordinating the simultaneous development of "bringing in" and "going out". In particular, vigorously develop investment cooperation with countries along the "Belt and Road". To vigorously develop investment cooperation with countries along the "Belt and Road", several key measures should be adopted: One is to further raise awareness of the urgency and necessity of investment in countries along the "Belt and Road"; the second is to further accelerate the reform of the management system for investment in countries along the "Belt and Road"; the third is to further improve the investment incentive policies for countries along the "Belt and Road"; the fourth is to further improve Shandong's financing policies for investments in countries along the "One Belt and Road"; the fifth, further optimize the main structure of Shandong's investment in countries along the "Belt and Road"; the sixth, further improve the service system of Shandong's investment in countries along the "Belt and Road".

Keywords: Belt & Road; Investment Cooperation; Shandong

IV　Typical Analysis

B.15　Jinan: To Build a Domestic Large-scale Circulation Center Node and a Domestic and International Dual-circulation Strategic Fulcrum　　*Gao Ke, Liu Shuai and Yang Yang* / 246

Abstract: As the capital of Shandong province, Jinan actively promotes the construction of a national central city, and has the conditions to become the central node of the domestic circulation and the strategic fulcrum of dual cycle. This article analyzes the advantages of Jinan in the new development pattern, including location advantages, foreign trade advantages, market advantages, industrial advantages, and policy advantages. This paper put forward to policy recommendations: too create a national central city and coordinate to promote Jinan's construction of a domestic circulation center node, use the free trade pilot zone to help Jinan build a dual cycle strategic fulcrum, and take Jinan as the center to accelerate the formation of a new development pattern Shandong demonstration zone.

Keywords: Domestic Circulation; Domestic and International Dual Circulations; National Center City; Jinan

B.16　Yantai: China (Shandong) Pilot Free Trade Zone Yantai Area System Innovation Effect and Reform Path

Chen Jun / 257

Abstract: On 31 Auguest, 2019, China (Shandong) Pilot Free Trade Zone Yantai Area was launched. This report clarified the work of institutional innovation since yantai area launched, presented the problem and difficulties during the reforming practice, and the further work is prospeceted.

Keywords: Free Trade Zone; Yantai Area; Institutional Innovation; 14th Five- Year Plan

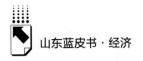

B.17 Qingdao: Promoting the High Quality Development of

Cultural Industry   *Jin Hua*, *Liu Mei and Han Ping* / 270

Abstract: As one of the key industries in Qingdao during the "14th Five-Year Plan" period, Qingdao's cultural industry has made great progress in recent years, and has also made significant growth in scale, growth rate and quality. Based on the current development of Qingdao's cultural industry, this report objectively analyzes the development achievements and shortcomings. At the same time, compared with the developed areas of domestic cultural industry (such as Shanghai), it draws ideas and methods from the development experience and puts forward the ideas and implementation paths for Qingdao to achieve high-quality development of cultural industry.

Keywords: Cultural Industry; High-quality Development; Qingdao

B.18 Dongying: Promote the Conversion of New and Old

Kinetic Energy to Achieve Quality Development

Zhang Yuerui / 284

Abstract: Since 2018, centering around the implementation of the important strategical plan to build the national comprehensive pilot zone for replacing old growth drivers with new ones in Shandong Province, and being led by new development concept, Dongying City takes great efforts to develop "four-new" economy, takes positive steps to expedite the new growth drivers and improve and strengthen the old growth drivers, and all its social and economic causes have kept healthy and rapid sustainable development state, its high quality development has taken solid steps and the conversion between old and new growth drivers has gained successful practice.

Keywords: Replacing Old Growth Drivers with New Ones; Advantage Industry; Dongying

社会科学文献出版社

皮 书

智库报告的主要形式
同一主题智库报告的聚合

✤ 皮书定义 ✤

皮书是对中国与世界发展状况和热点问题进行年度监测，以专业的角度、专家的视野和实证研究方法，针对某一领域或区域现状与发展态势展开分析和预测，具备前沿性、原创性、实证性、连续性、时效性等特点的公开出版物，由一系列权威研究报告组成。

✤ 皮书作者 ✤

皮书系列报告作者以国内外一流研究机构、知名高校等重点智库的研究人员为主，多为相关领域一流专家学者，他们的观点代表了当下学界对中国与世界的现实和未来最高水平的解读与分析。截至 2021 年，皮书研创机构有近千家，报告作者累计超过 7 万人。

✤ 皮书荣誉 ✤

皮书系列已成为社会科学文献出版社的著名图书品牌和中国社会科学院的知名学术品牌。2016 年皮书系列正式列入"十三五"国家重点出版规划项目；2013~2021 年，重点皮书列入中国社会科学院承担的国家哲学社会科学创新工程项目。

中国皮书网

（网址：www.pishu.cn）

发布皮书研创资讯，传播皮书精彩内容
引领皮书出版潮流，打造皮书服务平台

栏目设置

◆ **关于皮书**

何谓皮书、皮书分类、皮书大事记、
皮书荣誉、皮书出版第一人、皮书编辑部

◆ **最新资讯**

通知公告、新闻动态、媒体聚焦、
网站专题、视频直播、下载专区

◆ **皮书研创**

皮书规范、皮书选题、皮书出版、
皮书研究、研创团队

◆ **皮书评奖评价**

指标体系、皮书评价、皮书评奖

◆ **皮书研究院理事会**

理事会章程、理事单位、个人理事、高级
研究员、理事会秘书处、入会指南

◆ **互动专区**

皮书说、社科数托邦、皮书微博、留言板

所获荣誉

◆ 2008 年、2011 年、2014 年，中国皮书
网均在全国新闻出版业网站荣誉评选中
获得"最具商业价值网站"称号；

◆ 2012 年，获得"出版业网站百强"称号。

网库合一

2014 年，中国皮书网与皮书数据库端口
合一，实现资源共享。

中国皮书网

权威报告·一手数据·特色资源

皮书数据库
ANNUAL REPORT(YEARBOOK)
DATABASE

分析解读当下中国发展变迁的高端智库平台

所获荣誉

- 2019年，入围国家新闻出版署数字出版精品遴选推荐计划项目
- 2016年，入选"'十三五'国家重点电子出版物出版规划骨干工程"
- 2015年，荣获"搜索中国正能量 点赞2015""创新中国科技创新奖"
- 2013年，荣获"中国出版政府奖·网络出版物奖"提名奖
- 连续多年荣获中国数字出版博览会"数字出版·优秀品牌"奖

成为会员

通过网址www.pishu.com.cn访问皮书数据库网站或下载皮书数据库APP，进行手机号码验证或邮箱验证即可成为皮书数据库会员。

会员福利

- 已注册用户购书后可免费获赠100元皮书数据库充值卡。刮开充值卡涂层获取充值密码，登录并进入"会员中心"—"在线充值"—"充值卡充值"，充值成功即可购买和查看数据库内容。
- 会员福利最终解释权归社会科学文献出版社所有。

数据库服务热线：400-008-6695
数据库服务QQ：2475522410
数据库服务邮箱：database@ssap.cn
图书销售热线：010-59367070/7028
图书服务QQ：1265056568
图书服务邮箱：duzhe@ssap.cn

社会科学文献出版社 皮书系列
SOCIAL SCIENCES ACADEMIC PRESS (CHINA)
卡号：153371937773
密码：

S 基本子库
SUB DATABASE

中国社会发展数据库（下设 12 个子库）

整合国内外中国社会发展研究成果，汇聚独家统计数据、深度分析报告，涉及社会、人口、政治、教育、法律等 12 个领域，为了解中国社会发展动态、跟踪社会核心热点、分析社会发展趋势提供一站式资源搜索和数据服务。

中国经济发展数据库（下设 12 个子库）

围绕国内外中国经济发展主题研究报告、学术资讯、基础数据等资料构建，内容涵盖宏观经济、农业经济、工业经济、产业经济等 12 个重点经济领域，为实时掌控经济运行态势、把握经济发展规律、洞察经济形势、进行经济决策提供参考和依据。

中国行业发展数据库（下设 17 个子库）

以中国国民经济行业分类为依据，覆盖金融业、旅游、医疗卫生、交通运输、能源矿产等 100 多个行业，跟踪分析国民经济相关行业市场运行状况和政策导向，汇集行业发展前沿资讯，为投资、从业及各种经济决策提供理论基础和实践指导。

中国区域发展数据库（下设 6 个子库）

对中国特定区域内的经济、社会、文化等领域现状与发展情况进行深度分析和预测，研究层级至县及县以下行政区，涉及省份、区域经济体、城市、农村等不同维度，为地方经济社会宏观态势研究、发展经验研究、案例分析提供数据服务。

中国文化传媒数据库（下设 18 个子库）

汇聚文化传媒领域专家观点、热点资讯，梳理国内外中国文化发展相关学术研究成果、一手统计数据，涵盖文化产业、新闻传播、电影娱乐、文学艺术、群众文化等 18 个重点研究领域。为文化传媒研究提供相关数据、研究报告和综合分析服务。

世界经济与国际关系数据库（下设 6 个子库）

立足"皮书系列"世界经济、国际关系相关学术资源，整合世界经济、国际政治、世界文化与科技、全球性问题、国际组织与国际法、区域研究 6 大领域研究成果，为世界经济与国际关系研究提供全方位数据分析，为决策和形势研判提供参考。

法律声明